객관적이고
과학적인
공부법

객관적이고 과학적인 공부법

이지성 · 인현진 지음

차이정원

일러두기

◆ 통상적으로 사용하는 구어체 표기와 맞춤법 일부를 그대로 따랐습니다.
◆ 외래어 표기는 국립국어원 원칙을 따르되, 일반적으로 통용되어 굳어진 용어들은 그대로 사용했습니다. 외국인 인명 또한 국립국어원 원칙을 따르되, 도서명에 인명이 들어간 경우는 해당 도서명의 표기를 그대로 사용했습니다.
◆ 문장 부호는 다음의 기준에 맞춰 사용했습니다.
《 》단행본·신문·잡지·정기간행물 등
〈 〉칼럼·논문·기사·영화·노래 등

차례

| 1부 | 만남

| 2부 | 변화

| 3부 | 생성

| 4부 | 혼돈

| 5부 | 창조

| 6부 | 이별

등장인물

강지은(27)

한 골목에서 30년 넘게 음식 장사를 해온 '강씨네' 딸. 입사 3년 차의 회사원. 사상 초유의 팬데믹을 겪으며 부모님 가게가 문을 닫은 데다, 자신은 갑작스러운 부서 이동으로 인재(人材)에서 인재(人災)로 전락하고 말았다. 생소한 업무 앞에서 그간의 경험은 그야말로 무용지물. 업무에 필요한 정확한 수치조차 몰라 날마다 통곡의 계단(회사 비상계단)에서 소리 없는 아우성을 지르는 중이다.

제이 정(36)

지은의 공부 멘토. 실리콘밸리에서 성공한 IT 사업가이다.《타임》《피플》《이코노미스트》 등에서 다투어 그의 얼굴을 표지에 실으며, 넥스트 잡스도 넥스트 머스크도 아닌, 오리지널 제이로 소개하고 있지만 개인사는 베일에 싸여 있다. 지은에게 객관적이고 과학적인 공부법 멘토링, 일명 '객과공 멘토링'을 하며 새로운 인생의 문을 열도록 도와준다.

박 과장(36)

지은의 상사. 팀의 에이스이자 제이의 절친이다. 매출액, 영업이익, 재무비율 등 숫자와 관련된 것이면 무엇이든, 옆구리만 툭 쳐도 탁 나오는 신기를 발휘한다. 지은의 모든 행동을 순식간에 감지해서 지은이 붙인 별명은 케르베로스(지옥문을 지키는 머리 세 개 달린 개).

이 대리(30)

지은의 사수. 박 과장의 오른팔. 우직한 성격으로, 머릿속에 한번 입력된 사실은 어지간한 자극이나 충격으로는 바뀌지 않는다. 갑작스러운 부서 이동으로 일에 실수가 많은 지은을 백업해주지만 은근히 갈구기도 한다. 김치찌개와 계란말이로 지은에게 큰 깨달음을 준다.

이지란(27)

지은의 27년 지기 절친. 평소엔 발랄, 술 먹으면 지랄이 된다. 어릴 때부터 패션에 관심이 많았고, 대학 졸업 후 전공을 살려 2030 여성을 위한 쇼핑몰 '지란'을 운영하고 있다. 썸이 끝날 때마다 지은을 붙잡고 술주정이다. 서로의 흑역사를 알알이 꿰고 있다.

지은의 가족

부모님 : 30년 동안 명절 당일 빼고는 한 번도 가게문을 닫은 적이 없지만, 코로나19로 인해 최근 문을 닫고 말았다. 성실하고 부지런한 생활인으로 딸인 지은을 아끼고 사랑한다.

강지수 : 지은의 연년생 남동생. 특기와 취미가 공부인 의대생. 세상에서 공부가 제일 쉽다고 생각한다. 집에서 누나에게 치이는 건 자신이라고 생각하지만, 지은에겐 공부 열등감 유발자다.

프롤로그

지옥의 문이 열릴 때

고통의 시간이 엄습했을 때, 어떻게 해야 할까.

이 고통이 끝나지 않는 고통이라면?

이 시간은 내 몸과 마음은 물론 영혼까지 갈아넣기를 원한다.

내게 이 시간을 통과할 힘과 지혜가 있을까.

힘껏 노력해도 돌아오는 것은

깨진 감정의 부스러기와 너덜너덜해진 멘탈뿐.

누구나 한번은 삶에서 나와 같은 경험을 할까.

아니면 오직 나만이 이런 치욕을 겪는 것일까.

과연 내게 희망이란 게 있을까.

펼쳐져 있는 것은 지옥일 뿐인데.

– 지은의 일기 중에서

인생은 뜻대로 되지 않는다.

사내 조직 개편과 함께 대대적인 부서 이동이 있을 것이란 소문이 돌때만 해도, 설마 내가 이동할 거라는 생각은 하지 않았다. 그런데 이커머스팀으로 발령을 받았다. 갑작스러운 통보였다.

'이커머스? 내가? 왜?'

이커머스팀은 사내에서도 경영 전략, 마케팅, 서비스, IT 산업 전반에 대한 관심이 높고 특히 현실적으로 숫자에 강한 이들이 가는 곳으로 유명했다. 나와는 맞는 구석이 하나도 없었다.

입사 3년 차. 이제야 기획팀 업무에 조금씩 눈을 떠가는 중이었다. 그런데 갑자기 이커머스라니! 관련 지식도 없고 흥미도 갖지 않던 부서였기에, '거기' 의자에 앉을 일은 평생 없을 줄 알았다. 하지만 하루아침에 '거기'에 뚝 떨어지고 말았다. 아이처럼 징징댈 수도 없는 노릇이라, 억지로라도 낙관적으로 생각하기로 했다.

'일하다보면 적응하겠지. 거기도 사람 일하는 덴데 뭐 별다를 것 있겠어. 강지은! 해보자!'

하지만 굳은 다짐도 잠시뿐, 의지만으로 할 수 있는 일이 아니라는 것을 깨닫는 데는 하루도 채 걸리지 않았다. 알 수 없는 용어들, 읽을 수 없는 숫자들, 게다가 박 과장의 속사포로 쏟아지는 업무 지시까지! 이커머스팀의 에이스 박 과장은 처음 해보는 업무에 당황한 나를 봐주지 않고, 첫날부터 어마어마한 일감을 던져줬다. 그렇게 80년 같은 8시간이 지났고, 단 하루 만에 영혼이 탈탈 털린 나는 이렇게 생각했다.

'산 채로 지옥에 떨어졌구나.'

기진맥진한 상태로 퇴근한 그날 밤, 엄마한테 전화가 왔다.

"가게문 닫았다."

"뭐? 진짜?"

자리에서 벌떡 일어났다. 부서 이동보다 더 심각한 일이었다.

"지독하다, 지독해. 평생 이런 일은 처음이다."

"그래도 반년이나 버텼는데……."

재개발과 재건축의 광풍 속에서도 지켜냈던 가게였다. 내가 태어나기 전부터 명절 당일 빼고는 한 번도 쉰 적이 없었다던 장사를 그만두었다는 소식을 들으니 눈물부터 났다. 나도 기가 막힌 상황이었지만, 나보다 더 힘들 엄마에게 속상한 기색을 내비칠 수는 없었다. 목울대를 꾹꾹 눌러가며 겨우 말을 이어갔다.

"잠시 쉰다고 생각해. 그동안 고생 많이 했잖아. 금방 괜찮아질 거야. 장사야 다시 하면 되지."

"나야 그렇다 쳐도 아빠가 아주 맘고생이 말도 못해. 일단 모른 척하고 있어라. 너한테 절대 말하지 말라고 했는데, 하도 답답해서 전화한 거니까."

"엄마, 많이 힘들지?"

엄마는 힘들다고도 힘들지 않다고도 말하지 않고, 뜬금없이 집에 김치는 있냐고 물었다. 이 와중에도 사회적 거리 두기 2단계가 넘어서면서 본가에 못 간 지 오래된 딸의 끼니가 걱정된 모양이다.

"김치 담글 거니까, 좀 익혀서 택배 보낼게."

"지금 이 상황에서 김치가 다 뭐야. 사 먹으면 돼. 걱정 마. 지금 엄마가 김치 담그고 있을 때야?"

"뭐라도 안 하면 마음이 더 심란해서 그래. 배추 절인 것도 남았고. 아이고, 이 양반이 벌써 들어왔네. 이만 끊어."

인사를 하는 둥 마는 둥 전화가 끊겼다. 사상 초유의 팬데믹은 30년 넘게 버텨온 가게의 문을 하루아침에 닫게 만들 만큼 강력했다. 동생은 몇 년 전부터 배달 쪽으로 옮겨야 한다고 했지만, 음식은 해서 바로 먹어야 제맛이라며 부모님과 나는 귓등으로도 듣지 않았다. 그게 잘못된 결정이었던 걸까?

'이대로 그냥 둘 순 없어. 뭔가 방법을 취해야 해.'

그러나 무엇을 어떻게 해야 할지 나 또한 아는 것이 없었다.

◆ ◆ ◆

한번 들어선 지옥의 출구는 보이지 않았다. 지옥철을 타고 출근하면 회사 문은 지옥불로 이어져 있었다. 하루에도 몇 번씩 7층 사무실에서 비상계단으로 내려가, 5층과 6층 사이의 벽을 붙잡고 소리 없이 통곡했다. 회사에서 나를 받아주는 것은 이 벽밖에 없었다. 한 달이 지났을 무렵, 진심으로 생각했다.

'퇴사할까?'

부서 이동 전에는 만사가 순조로웠다. 팀에서 나름 인정도 받았고, 업무에 큰 어려움이 없다보니 휴일에는 일 생각 없이 편히 쉴 수 있었다.

휴가도 꼬박꼬박 다녀왔고, 지난해에는 난생처음 발리로 해외여행도 갔다. 친구들과 석양으로 붉게 물든 바다를 보며 시원한 맥주 한 모금을 넘긴 순간, 저절로 감탄이 터져나왔다. "여기가 바로 천국이구나!" 그런데 고작 1년 만에 천국에서 지옥으로 떨어지다니, 인생의 희비 곡선이 이렇게까지 극단적일 수가 있단 말인가.

한숨을 내쉬다가 어깨가 움찔했다. 뒤에서 케르베로스, 아니 박 과장의 시선이 느껴졌다. 케르베로스는 지옥문을 지키는 머리가 세 개 달린 개인데, 내가 박 과장 몰래 붙인 별명이었다. 박 과장은 내가 틀린 부분을 찾아내는 데 특출한 재능이 있었다.

"강지은 씨, 이거 제대로 확인한 겁니까?"

"네. 과장님. 몇 번씩 확인했는데 무슨 문제라도 있나요?"

"숫자가 틀리네요. 몇 번씩 확인한 게 중요한 게 아니라, 정확히 맞는 게 중요하죠. 다시 확인하세요. 아, 아닙니다. 이 대리님이 다시 확인하는 게 좋네요. 급한 서류니까 1시간 이내로 해주세요."

결재 서류를 받으러 일어섰다가 다시 자리에 주저앉고 말았다. 조심스럽게 앉았지만 엉덩이가 따끔거렸다. 바늘방석이 따로 없었다. 마음이 불편하면 몸도 힘들다는 사실을 최근 한 달 동안 몸소 겪는 중이었다. 한번은 박 과장 머리에서 불꽃이 터지는 것을 본 적도 있다. 내 눈에는 정말 그렇게 보였다. 그리고 지금 또 한 명, 속이 터져나가고 있는 사람이 있었다. 내 사수인 이 대리였다.

"어떻게 이걸 못할 수가 있지. 인간이 말이야, 머리라는 게 있고, 계산기라는 게 있고, 숫자만 눌러서 확인하면 되는데. 손도 있고, 눈도 있는, 인간이 말이야."

박 과장에게 서류를 넘겨받은 이 대리는 한숨을 푹푹 내쉬며 혼잣말을 쏟아냈다. 이 대리의 한숨은 단순한 한숨이 아니었다. 장대한 빡침이 꽉꽉 담겨 있는 한숨이었다. 자신의 업무만으로도 온몸의 털이 곤두설 만큼 예민해질 때가 많은데, 번번이 내가 한 일까지 재검토해야 했으니 지금 이 순간에도 인내력이 빠른 속도로 고갈되고 있을 터였다.

'망했다. 오늘 점심 어떡하지? 다이어트중이라고 할까?'

나도 모르게 눈살을 찌푸리다가 이 대리와 눈이 마주치고 말았다. 이 대리가 '뭐야?' 하는 눈빛으로 바라봤지만 조용히 고개를 숙였다. 이유를 알 리 없는 이 대리는 '강지은 저 모지리가 일을 떠넘긴 주제에 표정 관리까지 못하는구나' 생각할 터였다. 이 대리와의 사이에 오해력 1이 상승하는 순간이었다. 더이상 상승할 레벨이 있을까 싶을 만큼 산더미 같은 오해가 쌓였는데도, 매일 매 순간 상승하고 있으니 참으로 신기한 노릇이다.

하루 종일 다른 팀원들의 눈치 보랴, 새로운 업무에 적응하랴 매운맛, 아니 지옥의 불 맛을 경험하자니, 누가 내 이름만 불러도 심장이 타들어갔다.

'강지은, 생각이란 걸 하자!'

나는 생각했다. 열심히 생각하고, 간절히 생각하고, 온 우주를 불러올 만큼 생각했다. 그러나 아무리 생각해도 서류에 왜 오류가 났는지 알 수 없었다.

내가 백번 들여다봐도 찾지 못한 오류를 박 과장과 이 대리는 한 번에 귀신같이 찾았다. 이커머스팀 에이스로 불리는 박 과장, 그리고 박 과장 미니어처 같은 이 대리. 이들의 혈관 속엔 피 대신 기호와 숫자가 흐를 것이라는 생각마저 들었다. 그들 사이에 내가 낄 자리는 없었다.

익숙하지 않은 업무는 말할 것도 없었지만 더 힘든 것은 사람 관계였다. 한때 창의적인 아이디어를 내는 인재라며 상사의 칭찬도 더러 받았건만, 어제의 인재(人材)는 오늘의 인재(人災)로 전락하고 말았다. 누가 나를 창의적인 사원이라고 했던가. 지금은 먼지보다 못한 존재였다. 일을 못하니 자존감이 떨어져 사람들의 말 한마디, 작은 표정 하나에도 상처를 받았다. 매일 바늘방석에 엉덩이를 붙이고 앉아 있는 것 자체가 고역이었다.

'마음의 병이 몸의 병이 된다더니, 진짜 아프네.'

퇴근 직전 화장실에서 조심스럽게 엉덩이를 까고 손으로 아픈 부위를 만져보았다.

"으아아아악!"

살짝 스치기만 했을 뿐인데도 펄쩍 뛸 만큼 아팠다. 난생처음 느껴본 통증에 눈물이 났다. 성이 날 대로 난, 거대한 종기였다.

◆ ◆ ◆

'오늘은 기필코 박 과장 책상에 사표를 던지고 말리라.'

비장한 마음으로 가슴에 사표를 품고 출근했다. 그러나 눈코 뜰 새 없이 바빠 사표를 꺼낼 시간조차 없었다. 하루가 죽을 만큼 길어도 정신 차려보면 어느덧 퇴근 시간이었다.

밤마다 악몽을 꾸는 날이 늘었다. 정말로 머리가 셋 달린 박 과장이 빨갛게 가위표를 한 서류 뭉치를 들고 쫓아오는 꿈도 꾸었다. 회사에 출근하면 수면 부족으로 자꾸 감기는 눈을 부릅뜨며 PV(페이지 뷰)를 확인하고 CR(구매 전환율)을 들여다보았다. 이 대리와 함께하는 점심시간에는 그저 밥을 꾸역꾸역 입속으로 밀어넣기 바빴다.

그렇게 한 달, 또 한 달이 지났다. 사회적 거리 두기가 강화되어 재택근무를 할 때나, 조금 완화되어 출근을 할 때나 업무에 익숙하지 않으니 힘들기는 마찬가지였다. 살아도 살아 있는 것 같지 않은 나날이 이어지던 어느 날, 박 과장이 나를 불렀다.

"강지은 씨, 회사 계속 다닐 거죠?"

'설마 퇴사를 하라는 건가?'

박 과장의 의도를 알 수 없어 눈만 껌벅였다.

"만약 일을 잘할 수 있는 방법이 있다면 어떻게 할래요?"

"제가 이 일을 잘하게 된다고요?"

하마터면 분위기 파악 못하고 웃음을 터뜨릴 뻔했다. 필사적으로 혀를 깨물며 참았지만 박 과장의 말은 동네 개가 들어도 웃을 터였다. 내 인생에 그런 일은 일어나지 않을 것이라고 생각했지만, 솔직하게 말할 수도 없는 노릇이었다. 억지로 양미간에 힘을 주어 잔뜩 찌푸리는 것이 최선이었다.

"한 가지 방법이 있긴 한데. 이 친구한테 공부법 좀 배워요."

"공부법이요?"

난데없이 공부법은 또 무슨 소리인지, 또다시 눈만 껌벅였다.

"업무를 잘하려면 배우고 익혀야죠. '업무력'은 일종의 '공부력'입니다. 업무 공부는 학교 공부와 다르겠지만 기본은 같습니다. 핵심을 파악하고, 중요한 부분은 외우고, 폭넓으면서도 정확하게 응용할 줄 알아야 하죠. 지은 씨는 지금 자신이 맡은 일을 잘하고 있다고 생각하나요? 아니, 잘하고 싶나요?"

"잘할 수만 있다면 저도 잘하고 싶죠."

"'잘하고 싶다'고 생각만 할 게 아니라, '잘하고 말겠다'고 결심을 해야죠. 그런 결심을 해보긴 했습니까?"

"그럼요. 저도 결심은……."

나는 하던 말을 접었다. 이 분위기에선 무슨 말을 하든지 '결심만 하는 바보'가 되거나 '상사에게 말대꾸하는 바보'가 되거나 그것도 아니면 '분위기도 못 읽는 바보'가 될 것 같았다. 지금 상황에선 뭘 해도 '그냥 바보'일 터였다.

"결심이 서야 어떻게 목표를 이룰 수 있을지 방법을 생각할 것 아닙니까. 그리고 그 목표를 이룰 때까지 해야 할 일들을 해내야 성과가 나죠. 지난 분기 우리 신제품 시장점유율은 어떻게 되죠? 경쟁사인 효림상사 쪽은 얼마입니까?"

"그게 그러니까 우리는 10퍼센트 조금 넘는……."

"우리 13.7퍼센트. 효림 12.1퍼센트. 우리가 1.6퍼센트 우위죠."

"아, 네……."

"지난해 최고 판매를 이룬 우리 제품 2개는요? 이번 달과 지난달 매출 증가율은 얼마던가요?"

"……."

"1위는 19퍼센트 증가했지만 2위는 3.7퍼센트에 그쳤죠. 그런데 기획팀에서는 1위 제품에 대한 이벤트를 기획중인 것 같더군요. 이 숫자가 말하는 게 뭔지 알고 있습니까?"

"……."

"지난해 우리 회사 영업이익이 얼마죠?"

"……."

"530억 7842만 8205원입니다."

"네. 그러니까…… 530억 7천……"

내 귀를 의심할 뻔했다. 백분율부터 억 단위의 숫자까지 한 음절도 틀리지 않고 랩처럼 쏟아내는 박 과장은 과연 사람인가, 컴퓨터인가. 지금까지 이런 인간은 본 적이 없었다.

"그걸 어떻게 외우고 계세요?"

"일을 잘하고 싶다면서 이 정도도 못 외우나요? 지금 지은 씨는 팀에 아무런 도움도 되지 않을뿐더러 민폐를 끼치고 있습니다. 회사 그만두기 싫으면 스스로 달라지는 수밖에 없겠죠."

◆ ◆ ◆

잠이 오질 않았다. 사표를 낼 것인가, 스스로 달라질 것인가. 밤새 몸을 뒤척이며 박 과장이 배우라는 공부가 무엇인지 고민하고 또 고민했다. 낮에는 당장이라도 퇴사하라는 듯 압박을 가하던 박 과장이 퇴근하며 주고 간 것은 메모지 한 장이었다. 낯선 휴대폰 번호 아래 익숙한 이름 석 자가 적혀 있었다. 직장인이라면 누구라도 알 정도로 유명한 사람, 현재 실리콘밸리에서 가장 핫한 인물이었다.

'분명 친구라고 했는데, 동명이인인가? 박 과장님이 그렇게 유명한 사람과 친구일 리가 없잖아. 아니면 설마…… 진짜 친구……?'

박 과장은 친절하게 설명해주는 상사가 아니었다. 일단 무지막지하게 들이밀어넣고 상대가 어떻게 해내는지 보았다. 벼랑에서 밀어뜨려 살아남는 새끼만 키운다는 사자 같았다. 1년을 못 버티고 사표를 쓰거나 트라우마가 생긴 채 지방으로 전출당한 직원이 수두룩하다는 사내 괴담도 있었다. 오직 이 대리만 4년 넘게 박 과장 밑에 있었다는 걸 보면 소문이 사실인지도 몰랐다.

'독한 놈!'

나는 이 대리를 생각하며 몸을 부르르 떨었다.

'어떻게 사람이! 일주일에 4일을! 김치찌개만 먹을 수 있냐!'

나머지 하루도 김치볶음밥 아니면 김치두루치기, 혹은 김치찜이었다. 박 과장과 다른 팀원들은 외근이 잦아서 점심은 주로 사수인 이 대리와

먹었다. 가끔은 혼밥을 즐기고 싶은 날도 있었지만 지은 죄가 많다보니 이 대리가 "지은 씨 밥 먹으러 가죠" 하면 군말 없이 따라갔다. 집에서 밥을 먹을 땐 김치는 냉장고에서 아예 꺼내지도 않았다.

점심 메뉴는 김치찌개밖에 모르는 이 대리였지만 실력 하나는 발군이었다. 뼈를 발라내는 것 같은 업무 파악 능력과 전광석화 같은 업무 처리 속도는 타 부서의 과장급에 견줄 만했다. 하지만 날고 기는 이 대리라 하더라도 박 과장에 비할 바는 아니었다.

박 과장과 이 대리는 그 상사에 그 부하였다. 박 과장은 곰살맞은 성격이 결코 아니었고, 이 대리도 애교 있는 성격이 절대 아니었다. 그런데도 두 사람은 곧잘 농담을 주고받곤 했다. 두 사람만 알 수 있는 농담이었다. 사적인 사정까지 서로 잘 아는 사이인지는 알 수 없었지만, 끈끈한 신뢰로 묶여 있는 것만은 분명해 보였다.

두 사람이 일하는 모습을 보고 있노라면 잘 맞는 팀워크는 음악과 같다는 생각이 저절로 들었다. 어느 것 하나 더할 것이 없었고, 뺄 것도 없었다. 아름다운 화음을 내는 두 사람 사이에서 나란 존재는 불협화음일 뿐이었다.

내 자리가 아닌데 억지로 끼여 있는 기분이 들 때마다, 잊고 있던 과거의 기억이 떠올랐다. 동생이 수학 시험 100점을 받아 왔을 때, 88점 맞은 시험지를 숨겼던 일이다. 내 중학교 3년 역사상 최고의 수학 점수였지만, 동생이 받은 100점 앞에선 0점이나 마찬가지였다. 아무 상관없는 옛날 일이 떠오르다니 이상한 일이었다. 갑자기 툭툭 튀어나오는 옛 기억 때문에 현재 상황이 더욱 혼란스럽게 느껴졌다.

'업무를 잘하기 위해 공부법을 배워야 한다니…….'

일어나서 불을 켜고 재킷 주머니에서 메모지를 꺼내 보았다. 살짝 오른쪽으로 기울어진 필체였다. 숫자와 이름을 물끄러미 바라보면서 생각했다.

'도대체 무슨 공부법을 배우라는 거지?'

팀뿐 아니라 회사 일 전체 흐름을 꿰고 있을 만큼 출중한 실력을 갖춘 박 과장이 만나라고 한 사람이었다. 과장 직급인데도 사장단 회의 때 번번이 호출받아 들어가는 것을 석 달 동안 열 번도 넘게 보지 않았던가.

지난 석 달 동안 종기 고름을 몇 번씩 짜내며 온몸으로 배운 것이 있다면, 지금까지 해왔던 방법으로는 안 된다는 것이었다. 이제 마지막 줄이라도 잡아야 할 때였다.

"그래! 만나보자. 설마 죽이기야 하겠냐!"

박 과장이 소개한 인물에게 연락을 해보기로 했다. 더이상 지옥에서 괴로움에 몸부림치며 지내고 싶진 않았다. 이 지옥에서 벗어날 수만 있다면, 썩은 동아줄이라도 잡고 싶었다.

새벽, 어슴푸레 날이 밝기 시작할 무렵에야 생각을 정리하고 잠이 들었다. 손에는 메모지를 꼭 쥔 채였다. 메모지에 적혀 있는 이름의 주인공이 앞으로 내 인생에 거대한 허리케인을 일으키리라는 것을 이때는 아직 몰랐다.

| 1부 |

만남

세 가지 질문

멘토링 약속 시간 5분 전, 카톡 알림이 울렸다. 화상회의 링크였다. 노트북을 켜고 키보드를 누르는데, 손끝이 파르르 떨렸다. 하루에도 몇 번씩 하던 일이었지만 마치 처음인 듯 식은땀이 났다. 'J.J.' 검은 화면 속에 하얀 두 글자가 보였다. 심장이 미친듯이 두근거렸다. 정각이 되자 화면에 그가 나타났다.

"지은 씨, 웰컴, 반가워요."

"아, 안녕하세요?"

제이가 가볍게 미소를 지었다. 나도 덩달아 웃기는 했지만 화면 속의 제이를 보면서도 얼떨떨했다.

'우와! 진짜! 이거 실화냐?'

눈앞에 제이가 앉아 있었다. 비록 화면 속이었지만 손을 뻗으면 악수라도 할 수 있을 만큼 가까웠다.

제이 정. 본명보다 'J. J'라는 이니셜로 통하는 남자. 실리콘밸리에서 가장 촉망받는 IT 사업가였다. 컴퓨터 같은 정확성, 강철 같은 의지, 미래를 예견하는 통찰로 'AI 제이'라고 불리고 있지만 그가 이룬 성공에 비해 과거는 크게 알려진 바가 없었다. 그럼에도 그는 창업을 꿈꾸는 전 세계 청년들의 영웅이었다.

30대 중반에 세계 최고의 인플루언서가 된 제이는 사진보다 실제 인상이 훨씬 강렬했다. '아우라'라는 것이 진짜 있구나, 라는 생각이 들 정도로 존재만으로 사람을 압도하는 면이 있었다.

멘토링을 시작하기 전 제이가 내세운 조건은 세 가지였다.

첫째, 약속한 시간은 6주 동안, 일주일에 하루 2시간으로 한정.

둘째, 멘토링 받는 기간 동안 매일 일기를 쓸 것.

셋째, 어떤 상황에서도 솔직하게 자신의 생각을 말할 것.

"오늘 이야기를 시작하기 전에 궁금한 게 있나요?"

물론 있었다. 한정된 시간 안에 최대치의 효과를 얻기 위해선 어떤 형식으로 진행이 되는지 알고 싶었다. 멘토링 방식에 대해 들은 바는 아무것도 없었다. 1분 1초가 아까운 마음에 서둘러 물었다.

"멘토링은 어떤 식으로 진행되나요?"

"오직 대화로만 진행됩니다."

"대화로만……요?"

"네. 저와 만나는 시간 동안, 제 이야기를 듣고 지은 씨가 생각한 것을 말하는 것. 그것이 멘토링의 전부입니다. 저는 이 교육법을 실리콘밸리에서 배웠습니다. 지금도 세계 유수의 교육기관에서 이 방법으로 교육을 하고 있지요. 대표적으로 하버드 법과대학원과 경영대학원이 있고요. 대화는 최고의 학습법이에요. 인류의 위대한 스승이라고 불리는 소크라테스도 즐겨 사용하던 방법이지요. 앞으로 저의 멘토링 또한 소크라테스식 대화법으로 진행할 겁니다."

"다른 동영상을 본다든가, 어떤 책을 읽어야 한다든가, 누구를 만난다든가, 그런 것도 없나요?"

"멘토링 시간엔 저와 나누는 대화에만 집중하면 됩니다. 아마 지금은 대화의 위력을 실감하지 못하시겠죠. 하지만 시간이 지날수록 제가 왜 대화가 최고의 학습법이라고 했는지 깨닫게 될 거예요."

제이가 확신에 가득찬 어조로 말했다. 그 기세에 눌려 나도 모르게 고개를 끄덕이고 말았다. 하지만 마음속에선 불안이 스멀스멀 피어오르고 있었다.

얼굴을 마주보고 하는 멘토링이니 당연히 '대화'를 나눌 것이라고는 짐작했지만, 대화가 멘토링의 전부일 것이라곤 예상하지 못했다. 그러나 내가 이러쿵저러쿵할 입장은 아니었다. 대화로만 이루어지는 멘토링 방식이 낯설었지만 잠자코 고개를 끄덕였다.

◆ ◆ ◆

'설마 대화만 나누다가 끝나는 건 아니겠지?'

이런 나의 속내를 아는지 모르는지 제이는 테이블에 놓인 유리잔을 들어 한 모금 마시고 내려놓았다. 단지 유리잔을 들어올렸다가 내려놓은 것뿐인데, 그 작은 동작 하나에도 절제된 우아함과 눈길을 끄는 아름다움이 배어 있었다. 그러면서도 도도하고 강한 수컷의 분위기를 물씬 풍겼다. 드넓은 아프리카 초원에서 황금빛 갈기를 휘날리며 당당하게 질주하는 사자가 떠올랐다.

'이런 사람의 진짜 정체는 뭘까. 사실 보기와 다르게…….'

상상의 나래를 펴다가 퍼뜩 정신을 차렸다.

'미쳤냐, 강지은! 정신 차려! 지금이 추리소설 쓸 때냐.'

추리물을 정말로 사랑하는 나였지만 지금은 한가하게 망상에 빠질 때가 아니었다.

'추리 따위 개나 줘버렷!'

소리 없는 아우성을 미친듯이 외치고 영업 미소를 장착한 후 제이를 바라보았다. 벌써 5분이나 지나 있었다. 천금 같은 기회를 헛되이 보낼 수는 없었다. 제이와의 멘토링은 내가 붙잡을 수 있는 유일한 동아줄이었다.

내가 혼자 생쇼를 하는 동안 미동도 없이 바라보던 제이가 뒤늦게 생각난 게 있다는 듯 덧붙였다.

"아 참, 세 가지 조건 외에 중요한 게 또 하나 있습니다."

'그럼 그렇지!'

멘토링을 대화로만 끝낼 리는 없을 터였다. 좀더 강력하고, 훨씬 색다른, 녹슨 고철도 고강도 강철로 변신시킬 수 있는, 초강력 울트라 슈퍼 멘토링이 있을 것이다! 나는 침을 꿀꺽 삼키고 제이의 말을 기다렸다.

"멘토링 마지막 시간엔 세 가지 질문에 대한 답을 해야 합니다."

"세 가지 질문이요……?"

나는 제이를 바라보았다. 상대의 마음을 꿰뚫어 보는 듯 명징하면서도 어딘가 깊이를 알 수 없는 눈이었다. 문득 고대 어느 나라에 전설처럼 전해지는, 진실을 말해야 통과할 수 있다는 문이 떠올랐다.

제이가 천천히 말을 이었다.

"나는 누구인가? 나는 어떤 사람이 될 것인가? 나는 어떤 삶을 살 것인가? 바로 이 세 가지입니다."

표면적인 문장의 뜻은 이해했지만, 세 가지 질문이 공부법과 무슨 연관이 있는지 도통 종잡을 수 없었다. 대화로만 이뤄진다는 멘토링보다 이게 더 의아했다.

"어, 그러니까, 그게 저, 제가 공부법을 배우는 것과 무슨 상관이 있는지요……?"

"세 가지 질문은 공부의 기술과도 연관됩니다. 만약 이에 대한 자신의 답을 찾지 못한다면, 제가 알려드리는 공부법은 절반만 유용할 겁니다. 그러나 너무 걱정은 하지 마세요. We will find a way. We always have(우린 답을 찾을 거예요. 늘 그랬듯이)."

영화 〈인터스텔라〉의 명대사를 이렇게 듣게 될 줄은 몰랐다. 확신에 찬 제이의 말투에 화답하며 나는 두 주먹 불끈 쥐고 "Yes, sure!"를 외쳤다. 제이의 웃음소리가 명랑하게 울려 퍼졌다.

"오케이. 좋습니다. 인류 최초로 달에 발을 내디뎠던 닐 암스트롱도, 지구를 떠나 달에 착륙해서 우주선 밖으로 나오는 한 걸음을 걸었기에 인류의 역사를 새로 쓸 수 있었지요. 지은 씨 또한 지금까지 살아온 좁은 세계를 벗어나 공부라는 위대한 세계로 떠나는 첫 여정을 시작하는 셈입니다. 이제부터 우린 동지입니다. 지은 씨는 저와 함께 한 번도 가보지 않은 길을 가게 될 겁니다. 그러나 저는 안내자일 뿐, 직접 걷는 사람은 지은 씨라는 사실을 명심하세요. 오직 지은 씨의 한 걸음 한 걸음만이 미래로 향하는 길을 만들어낼 수 있습니다."

나는 제이를 똑바로 바라보았다. 제이도 나를 바라보았다.

"계약 성립."

제이가 한쪽 입꼬리를 올리며 특유의 미소를 지었다.

내가, 당신이, 그리고 우리가 공부를 못했던 이유

“지은 씨는 지금까지 어떻게 공부를 해왔나요?”

“음…… 무엇부터 말씀드려야 할까요?”

“생각나는 초기 기억부터 말해봐요.”

나는 잠시 생각을 정리한 후 기억나는 대로 말을 꺼냈다.

“초등학교 때, 아니 초등학교 입학 전인 것 같아요. 한글을 배우고, 영단어를 외웠죠. ‘레드 카, 옐로 바나나, 블루 워터’ 이런 말을 하면 엄마가 되게 좋아했던 기억이 나요. 저에 대한 기대가 높아져서 일찌감치 수학, 영어 등 수많은 학원으로 뺑뺑이 돌렸어요. 심지어 할머니 할아버지는 우리 손녀가 천재라면서 만나는 사람마다 붙잡고 자랑을 하셨대요.”

하지만 그것은 강씨 집안에 진정한 천재가 태어나기 전까지의 일이었다. 동생이 탁월하게 공부를 잘한다는 사실이 드러난 이후 내 성적은 가족의 관심 밖으로 밀려났다. 아무리 노력해도 공부를 잘하는 동생을 따라잡을 수는 없었다.

“사실은 동생이 공부를 정말 잘했어요. 지금도 집안의 기대를 한 몸에 받고 있죠. 저야 뭐, 태어난 순서가 앞서서 잠시 기대를 받았던 것뿐, 공부에는 소질이 없었어요.”

“아이들은 누구나 천재입니다. 자라면서 천재성을 잃어버리는 게 안타까울 뿐이죠. 아니 잃어버리는 게 아니라 잊어버리는 건지도 모릅니다. 지은 씨도 분명히 천재였습니다.”

뜬금없는 ‘강지은 어린이 천재설’에 어리둥절해졌지만 나는 이후의 이야기를 이어갔다.

“초등학생 때는 그래도 제법 공부를 잘했던 것 같아요. 그러다 수학이 조금씩 어려워졌어요. 분수 개념이나 0, 마이너스 개념을 이해하는 데도 오래 걸렸죠.”

“눈으로 보이지 않는 것이나 형태가 손에 잡히지 않는 것을 어떻게 받아들여야 할지 곤혹스러웠을 겁니다. 추상적 개념에 대한 이해가 잡히지 않던 나이여서 더욱 어려웠을 테고요. 아이가 성장해가는 발달단계마다 이해할 수 있는 인지 능력이 달라지지요. 지은 씨만 겪었던 이상한 일은 아니에요.”

“음, 그랬을까요? 잘 모르겠어요. 동생과 비교하면 전 그냥 머리가 나쁜 거예요. 고등학생이 되고 본격적인 입시 공부를 시작하면서 더욱 절감했죠. 아무리 노력해도 돌아오는 결과는 같았어요. 전교 1등을 쉽게 하는 동생과 달리 전 반에서 손꼽히는 등수조차 들어본 적이 없었어요.

공부 머리가 없었던 거죠."

갑자기 고3 때 기억이 솟아올랐다. 잠을 줄이고 수험서를 달달 외우다시피 공부를 해도 머릿속에 남아 있는 지식은 한 줌도 되지 않았다. 게다가 시험엔 내가 공부한 것은 거의 나오지 않았다. '듣도 보도 못한' 지문들 앞에서 나는 '검은 것은 글씨고 흰 것은 종이구나' 망연자실했다. 대입 시험에 실패하고 재수를 할 때 글자를 읽을 수 없을 만큼 스트레스를 받았던 시기도 있다. 책을 펴면 글자가 눈에 들어오지 않아 혹시 난독증이 아닐까 심각하게 고민했지만, 좋아하는 추리소설을 읽고 웹 사이트를 넘나들며 온갖 소설을 읽을 때는 멀쩡했다.

"말하고 보니 민망할 정도로 별게 없네요. 공부에 대한 건 이게 다예요. 귀기울여 들을 만한 이야기가 아니라 지루하시죠?"

"전혀요. 지은 씨 이야기는 충분히 흥미롭습니다."

제이의 눈이 반짝 빛났다. '엄청난 사업 아이디어를 갖고 있군요! 제가 당장 그 아이디어를 사고 싶은데요!'라고 말하는 듯한 눈빛이었다. 정말로 그렇게 착각할 만큼 제이는 내 이야기를 흥미롭게 들었다. 이 상황에서 어리둥절함은 온전히 내 몫이었다.

"지은 씨 이야기에는 공부를 어떻게 '생각'했는지, 열정과 좌절, 그리고 희망과 절망까지 고스란히 담겨 있군요. 말하자면 '강지은'이라는 한 인간이 삶에 어떤 발자취를 남기며 살아왔는지, 한 사람으로서의 개성이 녹아 있다는 말이죠. 말하는 방식, 특정한 기억을 말할 때의 표정, 각기 다른 단어를 내뱉을 때 나타나는 미묘한 목소리의 변화…… 이 모든 것이 당신이 걸어온 '공부의 역사'를 말해주고 있습니다."

"제가 걸어온 공부의 역사요?"

"네. 한마디로 본인과 공부에 대한 오해와 왜곡의 역사죠. 당신은 결코 머리가 나쁘거나 능력이 부족했던 게 아니에요. 그저 제대로 공부하는 법을 몰랐던 것뿐입니다."

◆ ◆ ◆

나는 한동안 말을 이을 수 없었다.

"그러니까, 제가 공부를 잘 못했던 이유가, 단지 '제대로 된' 공부법을 몰라서였다고요?"

"지은 씨만의 문제는 아닙니다. 예전엔 저도 그랬으니까. 특정한 사람의 문제가 아니라 우리 모두의……."

"결국 모든 문제가 제대로 된 공부법을 만나지 못해서였다고요?"

참지 못하고 중간에 말을 끊고 말았다. 제이는 대답을 하는 대신 나를 바라보았다. '그것 이외에 또 다른 이유가 있나요?'라고 반문하는 눈빛이었다. 제이의 강렬한 눈빛이 레이저처럼 곧게 뻗어 내 가슴을 강타했다. 가슴에 쩍, 금이 가는 소리가 났다. 제이에 대한 신뢰에 금이 가는 소리였다.

"저도 '제대로 된' 공부법이라면 제법 많이 알고 있어요. 열심히 적용하고 시도해보면서 효과를 높이기 위해 애썼죠. 새벽 공부법부터 시작해서 하루 4시간 몰입 공부법, 큰 소리 공부법 등 유명세를 타며 효과가 좋다는 것은 다 해봤다고요."

그러나 모두 효과가 없었다. 마치 할머니가 사 온 약들처럼. 할머니가 약장수에게 속아 약을 사 올 때마다 엄마는 잔소리를 늘어놓았다. 그러면 할머니는 이번은 다르다고, 이번 약은 진짜 용하다고, 그리고 약을 사는 건 이번이 마지막이라고 말했다. 하지만 이후에도 번번이 새로운 약을 사 왔고, 그때마다 속았다며 후회하기 일쑤였다. 나 역시 새로운 공부법을 시도할 때마다, 새로운 약을 소개받은 할머니와 같이 생각하곤 했다.

'이번엔 진짜다! 이 공부법으로 내 인생이 바뀔 것이다!'

'제대로 된' 공부법을 말하는 사람들은 하나같이 자신이 가르쳐주는 대로만 하면 원하는 성적을 얻을 것이라고 했다. 그러나 기대가 높을수록 실망의 나락도 깊었다. 나는 변하지 못했고, 가슴 설레며 구매한 새로운 공부법을 담은 책들은 얼마 지나지 않아 중고 서점에 싼값으로 팔아 버렸다. 그런데 마지막으로 믿어보려 했던 제이조차 공부를 못했던 이유가 '제대로 된' 공부법을 몰랐기 때문이라고 말하고 있으니 깊은 배신감마저 느껴졌다.

"……결국 다른 사람들과 다를 바가 없군요."

나는 생각나는 대로 말을 꺼냈다. 멘토링 조항 세번째에 어떤 상황에서도 솔직하게 의견을 말해야 한다는 조건이 있지 않았던가. 할말을 하지 않을 이유가 없었다.

"다들 그렇게 말하죠. 자신이 말하는 공부법을 따라 하면 성공할 거라고. 하지만 그건 가짜 약을 파는 것과 같아요. 공부법을 주장하는 사람마다 자기 게 최고라고, 자기가 한 방식만 따라 하면 된다고 하는데, 도대체 누구 장단에 춤을 추라는 건가요? 세상에 정말 '제대로 된' 공부법이 있다면, 왜 다들 자기는 옳고 다른 사람은 틀렸다고 목소리를 높이는 거죠? 진짜, 그런 게 있긴 있나요?"

"물론 있습니다. 제가 바로 그 증인입니다."

확신에 찬 제이의 말에 나는 잠시 할말을 잃었다. 그리고 찾아온 정적과 침묵.

'으아! 어색하다, 어색해. 어떡하지?'

나는 식은땀을 흘리며 성급히 말한 것을 후회했다.

'이놈의 성질머리!'

그러나 제이는 아무 말도 하지 않고 있었다. 내가 할 수 있는 건 침묵을 견디는 일이었다. 1초가 1시간처럼 느껴졌다. 얼마나 지났을까, 제이가 천천히 말문을 열었다.

"성미가 급한 분이군요. 조급하게 판단하는 점을 고치는 게 공부에 도움이 될 겁니다. 상대의 말을 끝까지 듣지 않는 버릇도요."

속이 뜨끔했다. 엄마 아빠가 늘 하는 말이었기 때문이다. 세상에서 나를 가장 사랑해서 단 한 번도 야단친 적 없는 할머니조차 성급하게 판단해서 좋을 것은 없다고 걱정 어린 말씀을 하시곤 했다. 가족뿐만 아니라 친한 친구들에게도 듣던 말이었다. 그러나 늘 한 귀로 듣고 한 귀로 흘리곤 했다. 타고난 성격을 고칠 수도 없으려니와, 그냥 생긴 대로 사는 게 나쁜 일은 아니지 않느냐는, 묘한 반항심이 들었기 때문이다.

'앉은 자리에서 바로 상대의 취약점을 간파하다니!'

방심하고 있다가 한 방 먹은 기분이었다. 그나마 화상으로 만난 게 다행이다 싶었다. 실제 얼굴을 마주하고 앉았다면 이 불편하고 어색한 분위기를 어쩔까 싶었다. 나는 숨을 깊이 내쉬었다. 한가하게 대화나 나눌 거라는 생각은 하지 않았지만, 어쩌면 내 생각보다 훨씬 더 드라마틱한 멘토링이 될 듯한 예감이 들었다.

세상 모든 공부법의 핵심

"지은 씨는 많은 공부법을 시도했군요. 그리고 모두 실패했고요."

"네."

제이는 사실을 물었다. 그리고 나는 사실대로 대답했다. 단순한 질문과 답을 주고받는 일이었지만 마음 한구석이 자꾸 불편해졌다.

많은 공부법을 시도했다. 그리고 모두 실패했다.

요약할 것도 없이 단순한 말이었다. 그런데 제이의 목소리를 타고 나온 이 두 문장이 송곳처럼 나를 찔렀다. 형체가 없는 말이, 형체를 가진 무기처럼 느껴진 것은 처음이었다.

"이유가 뭐라고 생각하시나요?"

"제가 머리가 나빠서죠."

"그렇게 생각하는 이유는 무엇입니까?"

나는 어깨를 으쓱했다. 그거 말고는 다른 이유가 없었으니까.

"자신만의 공부법을 주장하며 책을 낸 사람들은 그 방법으로 성공을 했잖아요. 그런데 저는 같은 방법을 써도 성공하지 못했으니 잘못은 제게 있는 거죠."

"정말 자신의 머리가 나빠서라고 생각하십니까?"

"네."

"그걸 진심으로 믿습니까?"

"그렇다니까요!"

"오 마이 갓! 정말 놀라운 일입니다. 공부 못하는 걸 자기 머리가 나쁜 탓으로 생각하다니!"

제이는 정말 놀랐는지 두 손을 번쩍 들었다. 그러나 놀란 쪽은 나였다. 공부를 못하는 이유가 머리가 나쁜 탓이 아니라면 그 수많은 실패를 어떻게 설명할 수 있단 말인가?

물론 남 탓도 조금, 아니 조금 많이, 솔직히 말하자면 엄청나게 많이 했다. 선생 탓도 했고, 학원 탓도 했고, 공부법이 엉터리라며 책을 쓴 저자 탓도 했다. 그러나 정말 그들의 잘못이라면 성공한 사람이 아무도 없어야 했다. 그런데 누군가는 그 방법으로 성공을 했다. 결국 내가 못나서 못했던 것뿐이다.

이 뻔한 사실을 도대체 제이는 왜 자꾸 묻는 걸까. 많은 공부법을 따라 했어도 실패했기에 또 공부법이냐고 투덜거리긴 했지만, 나도 알고 있었다. 성공한 사람들이 말한 공부법 자체에는 문제가 없다는 것을. 만약 문제가 있다면 그들의 성공도 없어야 했다.

"자신만의 공부법으로 어려운 시험에 합격하고, 원하던 직장에 들어가고, 결국 승승장구 성공한 사람들이 있는 반면, 저는 성공하지 못했으니까요. 그러니 제게 문제가 있다고 생각하는 게 당연하죠."

"당연하다…… 흰 것은 희고, 검은 것은 검다는 말인가요?"

"네."

"치맥 좋아합니까?"

깜빡이도 없이 훅 들어온 치맥이었다. 그러나 다른 것도 아니고 치맥이지 않은가. 언제 어떤 상황에서도 그 단어를 꺼내면 즐거운 분위기로 전환되는, 만고의 진리 치맥. 무릇 치맥 이야기를 할 땐 열정을 다해서 말해야 하는 법이다.

"그럼요. 엄청 좋아하죠!"

퇴근 후 치맥은 인생의 커다란 즐거움이었다. 코로나19만 아니었어도 지금쯤 친구들과 퇴근 후 한잔을 즐기고 있을 터였다. 문득 그때의 일상이 눈물겹게 그리웠다.

"저도 그렇습니다. 갓 튀긴 치킨에 신선한 맥주는 정말 맛의 진리죠. 하지만 세상 모든 사람이 그걸 즐길 거라곤 생각하지 않습니다."

"하지만 치맥이잖아요. 치맥을 싫어하는 사람도 있나요? 그건 옳지 않은데요."

"하하하. 음식은 취향의 문제지 옳고 그름의 문제가 아니죠."

치맥을 떠올리며 기운이 솟았던 것도 잠시. 김빠진 맥주를 마시는 기분이었다.

"누군가는 맛있다고 느껴도 나는 맛없다고 느낄 수 있지요. 맛없다고 느껴지는 음식의 경우, 내 입맛이나 혀에 문제가 있어서가 아니라 단지 그 음식이 '내겐' 맛이 없을 뿐입니다. 그렇다면 공부는 어떨까요? 누군가에겐 효과가 있지만 누군가에겐 효과가 없다면, 효과를 못 본 사람의 이해력이나 머리가 잘못된 걸까요? 당연히 아닙니다. 그 공부법이 '그 사람에겐' 안 맞았을 뿐이죠. 단언컨대, 이 한 가지는 확실합니다. 머리가 나빠서 공부를 못하는 사람은 없다는 것이죠. 공부가 머리로만 하는 것이라면 공부를 잘할 수 있는 사람은 따로 있겠죠. 하지만 공부는 몸으로 들이는 습관입니다. 누구라도 제대로 된 방법으로 공부하면 원하는 바를 이룰 수 있습니다. 머리가 나쁘다니! 당신 머리는 아무 죄가 없습니다."

"공부를 못한 게 제 머리 탓이 아니라면 누구라도 성공할 수 있는 공부법, 뭐 이런 마법 같은 게 존재한다는 건가요?"

농담처럼 던진 말이었는데 제이의 표정은 진지했다.

"누구나 배울 수 있고, 누구나 효과를 볼 수 있는 공부법이 정말 없을까요? 이것이 바로 우리가 앞으로 할 이야기입니다."

'설마? 진짜 그런 게 있다고? 에이, 말도 안 돼.'

하지만 그 말도 안 되는 게 제이한테는 말이 되는 것인가보았다.

"공부의 역사는 인류의 역사와 함께해왔습니다. 인류는 지난 수천 년 동안 수많은 공부법을 개발해왔습니다. 하지만 알다시피, 그것은 어떤 특별한 개인의 지식이나 경험을 기반으로 한 것이었습니다. 지은 씨는 어떤 과정을 거쳐 공부법을 전수받았습니까?"

"음…… 일단은 학교죠. 선생님, 선배들, 동기들에게 배울 때가 많았고요. 그리고 학원 선생님이나 과외 선생님, 그리고 성인이 되어서는 공부법 책이나 동영상을 통해서 배웠죠."

"세상엔 수많은 공부법이 있습니다. 그중엔 자신의 주관적인 경험이 바탕이 된 것들이 많지요."

"그 사람에게는 맞지만, 모두에게 맞는 공부법은 아니다?"

제이가 "빙고!"를 외쳤다.

"남이 맛있다고 하는 음식이 늘 맛있던가요?"

"솔직히 파스타 맛은 잘 모르겠어요. 전 라면이 더 좋거든요."

"남에게 잘 어울리는 옷이 당신에게도 잘 맞았습니까?"

"아니요. 힙합 하는 친구 옷을 제가 입으면 동네 양아치가 돼요."

"남들이 재미있다는 영화가 항상 만족스러웠습니까?"

나는 고개를 저었다. 내 취향은 확고했다. 타인의 취향은 존중하지만 남들이 재미있다는 영화는 그들의 기준을 따른 것일 뿐이었다. 그러나 취향과 상관없이 감동을 받은 명작들도 분명 있었다.

"하지만 훌륭한 영화는 장르에 상관없이 감동을 받아요."

"저도 그렇습니다. 힙합을 좋아하지만 클래식도 듣죠. 좋은 음악은 장르에 상관없이 마음을 움직이니까요. 귀여운 아기를 보면 머리를 쓰다듬어주고 싶지 않나요?"

"맞아요. 어린 새끼는 바퀴벌레도 귀엽더라고요."

나는 넉살 좋게 대답했다. 이 말이 그렇게까지 웃을 일인지 모르겠지만 제이는 손뼉까지 치며 박장대소했다. 한바탕 웃고 난 덕분에 초반의 어색한 분위기가 풀린 것은 다행이었다.

◆ ◆ ◆

"공부법도 그와 비슷합니다. 대부분 자신의 성격이나 취향, 환경에 맞춰 개발한 것들이라 모두에게 적용하긴 어렵죠. 그러나 그 모든 걸 뛰어넘는 게 있고, 우리가 배워야 할 것은 바로 그 공부법입니다."

"그게 뭔데요?"

진짜로 그런 공부법이 있다면 완전 대박이었다. 나는 두 눈과 두 귀를 최대한 크게 열어놓은 채 제이의 말을 기다렸다.

"그건 말입니다."

나는 더욱 집중해서 제이를 바라보았다. 그런데 이게 무슨 일인가. 제이가 싱긋, 미소를 짓더니 갑자기 말문을 닫아버린 것이다.

'으아아악, 안 돼! 여기서 말을 멈추면 어떡하냐고!'

수많은 웹소설을 전전하다가 오랜만에 취향에 딱 맞는 미스터리 소설을 발견했는데, 결정적인 장면 후 휴재 공지가 뜬 걸 본 기분이었다. '작가님의 사정이야 충분히 이해하지만 그래도 이건 아니지, 돈을 쓰려고 카드를 들고 있는데도 왜 못 쓰게 하냐고!' 미친듯이 이불 위를 마구 뒹굴면서 "다음 회! 다음 회!"를 외칠 때의 기분이었다.

심박수가 급속도로 높아지기 시작한 심장을 겨우 진정시키며 한쪽 다리를 꼬았다. 되도록 천천히, 가능한 한 느리게. 하지만 속으로는 달달달, 다리를 떨고 싶은 것을 겨우겨우 억누르고 있는 것에 불과했다. 누가 뭐라고 해도 고칠 생각 따위는 1도 하지 않았던 급한 성질머리가 처음으로 원망스러웠다.

얼마 동안 침묵이 지속되었을까. 저절로 다리가 달달달 떨리기 시작할 무렵, 더이상 참지 못하고 제이를 재촉하려는 찰나, 제이가 입을 열었다. 바위처럼 단단하고 묵직한 목소리였다.

"수많은 공부법은 외양이야 어찌됐든 공통된 몇 가지 핵심을 담고 있습니다. 사람들은 정말 중요한 핵심을 간과한 채 화려해 보이는 주변의 것들에 한눈을 팔죠. 그 핵심은 인류의 지혜를 담고 있는 고갱이입니다. 미국 아이비리그의 석학들을 비롯해 공부법을 연구하는 사람들이 공통으로 말한 것도 바로 이것입니다. 이것이야말로 모든 사람에게 통용될 수 있는 객관적이고 과학적인 공부법이지요."

"설마……! 그런 게 가능한가요?"

"네. 세계적인 교육학자들, 심리학자들, 행동 경제학자들이 객관적이고 과학적인 실험을 통해 확실하게 증명했지요."

입이 떡 벌어졌다. 세계적인 교육학자들과 심리학자들, 게다가 행동 경제학자들이 실험을 통해 만든 공부법이 실제로 존재하고 있다니, 그야말로 전설의 공부법이라고 할 만한 것이 아닌가.

"아이큐가 얼마든, 공부에 대한 재능이 있다고 믿든 아니든, 지금까지 얼마나 많은 실패를 했든 상관없습니다. 외국어 공부든 자격증 시험이든 승급 심사든, 원하는 것을 이루기 위해 공부를 하려는 사람은 반드시 철저하게 익혀야 하는 것이지요."

"도대체 그게 뭔데요?"

"집중과 몰입입니다. 모든 공부법을 꿰뚫는 핵심이자 모든 공부법을 아우르는 것이죠. 공부법의 알파이자 오메가인 셈이지요. 집중과 몰입이라는 공부법의 핵심을 삶에 적용하는 순간, 지은 씨는 달라질 겁니다. 예전과는 전혀 다른 삶을 살게 되지요."

"집중과 몰입이 공부법의 핵심이라고요?"

한 번도 들어보지 못한 공부법이 나올 줄 알았는데 조금은 실망스러웠다. 집중과 몰입의 중요성이라면 나도 이미 알고 있었다. 이게 멘토링의 전부라면 들을 필요가 없는 게 아닌가. 새로운 공부법을 배우는 줄 알았는데 집중과 몰입이라니, 허무함마저 들었다.

'기대가 너무 큰 탓이었을까.'

머릿속이 점점 복잡해졌다. 그러나 한편으로는 실리콘밸리에서 가장 핫한 사람이 하는 말이니, 아주 헛소리는 아닐 것이라는 생각도 들었다. 순식간에 믿음과 불신 사이를 오가느라 초반부터 진이 빠질 지경이었다. 원래 뭔가를 잘 숨기지 못하는 편이니 나의 표정에 이런 양가감정이 그대로 드러났을 터였다.

◆ ◆ ◆

고개를 갸웃거리며 혼란스러워하는 나를 보면서도 제이는 한동안 아무 말도 하지 않았다. 잠시 정적이 흐른 후 그가 질문을 던졌다.

"팬데믹이 끝나고 예전 세상으로 돌아갈 것이라고 믿나요?"

"그렇게 되지 않을까요?"

나는 돌아가기를 간절히 바라는 사람들 중 한 명이었다. 코로나19 때문에 좌절의 시간을 견디는 이들이 내 부모님만은 아닐 것이다. 일상을 회복하고, 가게문을 다시 열고, 퇴근 후 친구들과 치맥을 하는 게 어마어마하게 큰 소원은 아니지 않은가. 그런데 지금은 그 일이 세상에서 가장 어려운 일이 돼버렸다.

"예전처럼 돌아가는 일은 결단코, 없을 겁니다."

무심하게 말하는 제이가 야속했다.

"그래도 희망과 용기를 가질 순 있잖아요."

"맞아요. 하지만 그 희망과 용기는 예전으로 돌아가기 위해서가 아니라 새로운 세계에 적응하기 위해 써야 합니다."

"새로운 세계라면……?"

"코로나19는 끝날 겁니다. 하지만 그 이후엔요? 또 다른 팬데믹이 찾아오겠지요. 5년 동안 유럽 인구의 3분의 1을 죽게 한 흑사병은 중세시대의 끔찍한 재앙이었습니다. 흑사병 이후 최대의 사망자를 낸 스페인 독감은 20세기 초반에 있었지요. 사스, 메르스, 코로나19에 이르기까지 팬데믹의 주기가 짧아지고 있어요. 인류는 끊임없이 새로운 질병과 맞닥뜨릴 겁니다. 앞으로도 이 사실은 변함없을 거고, 아마도 우리에겐 불행한 일이지만 주기가 더 빨라지겠지요."

암울한 기분이 파도처럼 몰려왔다. 희망을 잡기 위해 시작한 멘토링이었건만 이렇게 빨리 절망을 맛볼 줄이야.

"지은 씨는 왜 공부법을 배우려고 합니까? 지은 씨에게 공부의 이유는 뭔가요?"

"더 나은 삶을 살고 싶어서요."

"더 나은 삶이라는 게, 현실과 동떨어진 환상은 아니겠죠?"

당연히 아니었다. 그러나 사실은 현실과 거리가 있는 장밋빛 꿈을 꾸고 싶기도 했다. 그 장밋빛 꿈이라고 해봐야 남태평양의 멋진 휴양지에서 좋아하는 추리소설을 실컷 읽으며 빈둥거리는 삶을 살거나, 영화 시나리오를 써서 대박이 나는 정도였지만 말이다.

어쨌든 이 정도는 소박한 꿈이지 않은가. 억만장자가 되길 바라는 것도 아니고 로또에 당첨되길 바라지도 않았다. 그것보다 더 간절히 바라는 건 지금보다 조금 더 오르면 좋을 연봉과 보너스였다.

"지은 씨가 바라는 것을 이루기 위해서라도 제가 멘토링 전체를 통해 강조할 '집중과 몰입'은 굉장히 중요합니다. 이미 알고 있는 내용이더라도 바닥부터 확실히 내 것으로 만들겠다는 의지를 다지세요. 집중과 몰입을 배우지 않고서는 어떤 공부법도 헛되니까요."

"그게 왜 그렇게 중요한 건가요?"

"기본적으로 공부는 한곳으로 생각을 모으는 일입니다. 생각이 번잡하고 마음이 산만하면 공부 자체가 되질 않지요. 강하게 몰입하고 집중하는 법을 익히면, 인생 전체에 걸쳐 커다란 변화를 만들어낼 수 있습니다. 앞으로 세상은 따라잡기 힘들 만큼 변할 겁니다. 오늘 배운 내용이 내일은 쓸모없어질 수 있죠."

"그럼 어떻게 해야 하나요?"

"배우는 법을 배워야죠."

"배우는 법을 배운다고요……?"

한 번도 생각해본 적이 없었다. 영어를 배우고, 수영을 배우고, 해외직구로 쇼핑하는 법을 배우기는 했어도 배우는 법을 배운다니, 물고기 요리법이 아니라 아예 물고기를 잡는 법을 배우는 셈이었다.

"한번 배운 지식으로 평생 살아가던 시대는 이미 오래전에 끝났습니다. 좋든 싫든 새로운 지식을 지속적으로 배우며, 하루가 다르게 변화하는 환경에 적응하는 유연성을 길러야 합니다. 앞으로 중요한 키워드가 뭐라고 생각하세요?"

"팬데믹인가요?"

"맞습니다. 거기에 2개 더 덧붙이면 디지털과 인공지능입니다. 이 세 가지 키워드가 공기처럼 우리를 둘러싸게 될 세상에서 살게 될 텐데, 지은 씨는 지금 어떤 준비가 되어 있습니까? 언제 어느 때, 어느 상황에서라도 새로운 지식을 배울 수 있는 능력, 즉 집중하고 몰입할 수 있는 능력을 충분히 갖추고 있나요?"

제이의 질문 앞에 그 어느 때보다 진지해졌다. 몰입과 집중을 안다고 가볍게 치부할 때가 아니었다.

"디지털 세계로 진입하는 속도가 빨라지고 있어요. 스마트폰을 쓰기 시작한 게 10년 정도입니다. 10년 전의 세상과 지금을 비교해보세요. 은행 업무부터 동영상 시청까지, 스마트폰은 우리 일상에서 없어서는 안 될 물건이 되었죠. 그와 동시에 우리의 집중력을 무한대로 앗아가는 물건이 되기도 했습니다. 아마도 앞으론 주의력을 빼앗기는 환경에 더 많이 노출되겠죠. 이런 상황에서 공부할 수 있는 능력을 어떻게 키울 수 있을까요? 그러나 걱정할 필요는 없습니다. 아무리 급변하는 환경에 놓인다 해도 인간은 학습할 수 있는 조건을 갖춘 존재니까요. 선천적인 학습 능력이야말로 인간이 열악한 신체 조건을 극복하고, 가혹한 자연환경에서 문명을 이루며 지금까지 살아남을 수 있었던 이유니까요."

"그리고 몰입과 집중은 인간이 지닌 학습 능력의 핵심이고요?"

"맞습니다. 인간이 선천적으로 갖고 있는 능력이기도 하지요. 그렇기 때문에 누구나 배울 수 있고 키울 수 있는 겁니다. 공부법은 특정한 몇몇 사람들의 전유물이 아니에요. 과학, 언어, 스포츠 등 모든 분야를 막론하고 가장 효과가 높은 공부법은 '배우는 법을 배우는 것'입니다."

"그럼 멘토링 내내 집중하고 몰입하는 법을 배우게 되나요?"

"그것이 멘토링 전체를 관통하는 건 틀림없지요. 그러나 우리는 몰입과 집중을 핵심에 놓고 그것을 키우기 위해 다양한 이야기를 나누게 될 겁니다. 객관적이고 과학적인 공부법, 줄여서 '객과공'을 배우는 멘토링이 될 거예요. 약속 한 가지를 드리죠. 일명 '객과공 멘토링'이 진행되는 동안 어떤 이야기가 나오든 무척 흥미진진할 거예요."

제이가 빙긋 웃었다. 마음이 편안해지는 미소였다. 비록 설렘부터 실망까지 감정의 롤러코스터를 타긴 했지만, 제이에 대한 신뢰를 다시 회복했다. 심기일전하는 태도로 허리를 펴고 대화에 집중했다.

공부를 잘하기 위한 근본 자질

막상 대화의 물꼬가 트이자 시간이 순식간에 지나갔다. 약속한 2시간이 거의 끝나가고 있었다. 제이는 대화하기에 즐겁고 편안한 사람이었다. 불필요한 권위의식을 앞세워 상대의 기를 죽이지도 않았고, 일방적으로 자신의 주장만 강요하지도 않았다. 위압감을 주지 않으면서도 자연스러운 카리스마를 풍기는 타입이었다. 아이처럼 크게 웃을 땐 친구처럼 느껴져서 하마터면 나도 모르게 말을 놓을 뻔했다.

"머리가 나빠서 공부를 못하는 게 아니라고 하셨는데, 그럼 공부를 잘하기 위한 조건이 전혀 없다는 말씀인가요?"

"전혀 없진 않지요."

"역시 조건이 있긴 있는 거군요."

뭔가 실망스러운 기분이 들었다. 나도 공부를 잘할 수 있다고 잠깐이나마 들떴던 게 부끄러웠다. 제이의 목소리가 부드러워졌다.

"공부를 잘하기 위해 필요한 조건은 재능도, 지능지수도 아니에요. 더욱더 근본적인 자질이 필요하지요."

"그것도 혹시 집중과 몰입인가요?"

"집중과 몰입을 가능하게 하는 것, 바로 진지함입니다."

"진지함……이라고요?"

'농담을 하는 건가?'

제이의 얼굴을 바라보았다. 그러나 맞은편에서 나를 보고 있는 제이의 얼굴에선 어느새 웃음이 사라져 있었다. 그는 진지했다. 게다가 한번 더 같은 말을 반복했다.

"진지함이야말로 공부를 잘할 수 있는 자질입니다. 사실, 이것은 배우기가 어렵습니다. 누구나 몸에 배어 있는 것도 아니고요. 그야말로 삶을 고양시키는 훌륭한 태도라고 할 수 있죠. 삶에 대해 진지하게 생각하는 사람은, 자신을 성장시키는 공부 또한 진지하게 임하기 마련입니다. 어려움에 당면해도 쉽게 포기하지 않지요. 좋은 이야기를 쓰는 것을 진지하게 대하는 작가가 글쓰기가 어렵다고 중도에 포기할까요? 올림픽에 나가는 피겨 선수가 긴 비행시간을 견디는 게 힘들다고 출전을 그만둘까요? 컨디션이 좋지 않다고 가수가 팬들이 기다리는 무대를 팽개칠까요?"

"절대 그렇지 않겠죠."

"그렇죠. 그리고 그건 자신이 하는 일이 중요하다는 것을 알고 있고, 자기 일을 아주 진지하게 대하기 때문입니다. 지은 씨는 어떤가요? 자신이 하는 일을 진지하게 여기고 있습니까? 공부법을 진지하게 생각하며 멘토링을 시작했습니까?"

그렇다고 쉽게 입이 떨어지지 않았지만, 박 과장의 등에 떠밀려서 시작했다고 말하기도 싫었다. 전부는 아니더라도 내 의지로 결심한 점도 분명 있었다. 그러나 정말로 백 퍼센트 원해서였다고 하기엔 거짓말을 하는 것 같았다. 미간을 좁힌 채 끙끙거리며 뭐라도 말하려고 애쓰는데, 화면 너머로 명랑한 웃음소리가 쏟아졌다.

"하하하. 심각한 표정이군요. 심각해질 필요는 없어요. 진지함은 심각함과는 다르니까요."

"다르다고요? 그게 그거 아닌가요?"

"천만에요, 둘은 아주 달라요. 용감함과 비장함이 다른 것처럼 말입니다. 어려운 일을 헤쳐 나갈 땐 용기가 필요하지만 쓸데없이 비장할 필요는 없지요. 진지함 속에는 용기와 여유가 있습니다. 진지한 사람은 심각하지 않습니다. 다만, 중요한 일에 몰입할 뿐이지요. 우리가 공부에 관심을 기울이고 집중하면 그것이 곧 진지함이 됩니다. 반면, 심각함은 걱정과 불만을 불러오지요. 심각해지면 공부를 삶의 성취를 위한 수단으로만 여기게 됩니다. 자기 삶의 주인으로 살지 못하고, 스스로를 통제하고 감시하는 간수로 전락하고 말지요."

나는 그 어느 때보다 제이의 말을 진지하게 들었다. 전부 이해할 수는 없었지만 그의 말을 듣고 있노라면 묘하게 설득되었다. 왜 이런 마음이 드는 걸까 고개를 갸웃거리다가 퍼뜩 깨달았다. 제이는 시종일관 나를 진지하게 대하고 있었다. 농담도 하고 장난도 치며 가벼운 말을 던질 때도 있었지만, 누가 봐도 제이는 나를 중요한 사람으로 대하고 있었다.

새삼스레 '존중'이라는 말의 의미를 떠올렸다. 제이가 나를 진지하게 대하는 이유가 무엇인지 궁금했다.

'박 과장의 부탁을 받아서일까? 아니면 그가 좋은 사람이라서?'

몇 가지 가능성이 떠올랐지만, 어느 것도 딱히 수긍이 가지 않았다. 이럴 때 방법은 하나, 당사자에게 직접 물어보는 것이었다.

"궁금한 게 있는데, 질문 하나 해도 될까요?"

"얼마든지요."

"저를 진지하게 대해주시는 이유가 뭔가요? 굳이 멘토링을 맡으실 이유가 없을 텐데요."

"오호, 재미있는 질문이군요."

제이의 눈이 반짝 빛났다.

"제가 지은 씨를 진지하게 대하고 있는 것처럼 보입니까?"

"네. 저를 진심으로 대하고 있는 것 같아요."

"맞습니다. 저는 지은 씨를 진지하게, 진심으로 만나고 있어요."

"왜요?"

"이상한가요?"

"처음 보는 낯선 사람, 맡은 업무를 제대로 해내지 못해 퇴사를 고민하는 사람, 당신이 이룬 성공에 비하면 성공의 발끝에도 못 미치는 사람, 그러니까 저는 마주앉아 이야기를 나눌 만한 일이 없는, 그런 사람이잖아요. 박 과장님과 약속을 했다고 해도, 그거야 두 분이 친구니까 마지못

해 했던 것일 수도 있고요. 그러니까 이 모든 걸 다 종합하더라도 생판 일면식도 없는 사람에게 멘토링을 해준다니, 이런 걸 이상하게 여기지 않는 게 더 이상한 일 아닌가요?"

"하하하. 지은 씨는 진지한 사람이군요. 그것만으로도 충분합니다. 내가 지은 씨의 공부 멘토링을 맡은 이유 말입니다."

제이는 간결하게 말했지만 나는 여전히 어리둥절한 표정을 짓고 있었다. 제이가 손뼉을 한 번 탁, 치면서 말했다.

"좋습니다. 이 이야긴 여기까지 하죠. 아 참! 한 가지 더 말하자면 공부란 목표 달성 능력을 습득하는 일이기도 합니다."

"목표를 달성하는 능력이요?"

"타고난 재능이 아니라 노력으로 성과를 만드는 것이죠. 피터 드러커를 아십니까?"

"이름은 들어봤어요."

나는 소심하게 고개를 끄덕였다. 드러커의 책을 직접 읽어본 적은 없지만, 그가 '경영학의 구루'라고 불린다는 사실과 그가 쓴 책이 직장인의 필독서로 꼽힌다는 것 정도는 알고 있었다.

"드러커는 자신의 책 《피터 드러커의 자기경영노트》에서 '성과를 올리는 사람들은 천차만별이고 인간 유형, 개성, 재능 등의 측면에서 무능한 사람들과 구별되지 않는다'고 했어요.[1] 지은 씨가 공부법을 배우는 이유도 결국엔 자신의 업무에서 탁월한 성과를 내기 위해서가 아닌가요?"

"탁월한 성과는 고사하고, 미미한 성과라도 낼 수만 있다면 좋겠네요."

나는 솔직하게 말했다. 스스로 얼마나 바보 같고 무능한지 처절하게 깨닫고 있는 지금, 자기혐오에서 벗어나기도 바쁜 와중에 업무 성과는 저 먼 하늘의 별처럼 보였다. 그래도 제이의 말을 들으니 궁금하긴 했다.

"도대체 그 성과를 어떻게 만들어낼 수 있나요?"

"공부를 어떻게 하면 잘할 수 있는지 묻는 것과 본질적으로는 같은 질문이군요. 《피터 드러커의 자기경영노트》는 '성과를 올리는 모든 사람들의 공통점은 목표를 달성하도록 하는 실행 능력을 갖추고 있다'고 설명합니다. 드러커는 목표 달성 능력이란 곧 '하나의 습관'이라고 강조하죠. 위대한 피아니스트도 처음 피아노를 배울 땐 도레미파솔라시도를 익혔습니다. 탁월한 수학자도 구구단을 배우던 시절이 있었죠. 실행 능력은 연습을 통해 그리고 반복을 통해서만 익힐 수 있습니다. 다시 말하면, 업무든 공부든 피아노 연주든 어떤 것을 잘하게 된다는 건 자신이 도달하고자 하는 상태로 이동하는 '행위'라고 합니다. 노력으로 달성할 수 있는 역량이라는 거죠."

"피아노 음계부터 제대로 치는 노력 말이지요?"

"하하하. 맞습니다. 본질은 심플합니다. 배운 것을 몸에 밸 때까지 반복해서 연습하는 겁니다. 그러기 위해서라도 나 자신과 나 자신이 하고 있는 일에 대해 진지하게 대할 필요가 있지요. 결국 진지함은 자신을 소중하게 대한다는 의미니까요. 우리가 앞으로 배울 공부법은 자신을 사랑하는 법을 배우는 과정이기도 합니다."

알 것도 같고 모를 것도 같았다.

"그래도 여전히 제 멘토링을 맡으신 이유를 잘 모르겠어요."

"이렇게 하는 건 어떨까요? 내가 왜 지은 씨의 멘토링을 맡았는지는 멘토링이 끝나는 날까지, 지은 씨 나름대로 답을 찾아보는 걸로요. 조금은 미스터리한 면이 있는 게 재미있지 않을까요?"

나는 고개를 끄덕였다. 미스터리라면 자신 있었다. 지금까지 영화, 드라마, 만화, 소설을 통해 온갖 추리물을 섭렵해온 터였다.

'좋아. 추리의 여왕 강지은, 이 게임을 즐겨보자.'

지금은 알 수 없다 해도 시간이 지나면 조금씩 제이의 의도를 알게 될 터였다. 그것만으로도 앞으로의 멘토링이 기대됐다.

이날 밤, 멘토링의 약속대로 일기를 썼다. 초등학교를 졸업한 후로 처음 쓰는 일기였다. 약속한 이상 성실하게 매일 써내려가겠노라 마음먹었다. 그가 말한 대로 내가 어떤 변화를 겪는지 기록하고 싶은 생각도 들었다.

'이제 시작이다. 첫걸음을 뗀 거야, 강지은! 잘할 수 있어.'

잠들기 전 두 주먹을 불끈 쥐었다. 정말로 잘하고 싶었다.

| 2부 |

변화

블랙 스완[1]

주말 아침, 일찍 눈이 떠졌다. 평일보다 오히려 1시간이나 이른 시각이었다. 잠을 더 잔 것도 아닌데, 푹 자고 일어난 듯 몸이 상쾌했다. 눈을 뜨자마자 옷을 입는 둥 마는 둥 허겁지겁 뛰쳐나가던 때와 달리 콧노래까지 부르며 여유 있게 샤워를 했다.

'어디 보자. 먹을 게 뭐가 있나?'

냉장고 안에 계란 2개와 양파 반 개가 있었다. 비록 시든 양파였지만 그런 대로 먹을 만해 보였다. 몇 겹의 껍질을 벗기자 다행히 뽀얀 속이 드러났다. 햇반을 데우고 양파를 듬뿍 넣어 오믈렛을 만들었다. 접시 바닥까지 싹싹 긁어 먹은 후 커피를 내렸다. 휴대폰으로 틀어둔 음악을 들으며 향긋한 커피를 마시자니, 마음이 여유롭고 느긋해지면서 낡은 옥탑방이 신식 원룸처럼 느껴졌다. 커피를 절반쯤 마셨을 때 전화벨이 울렸다. 엄마였다.

"김치 보냈어. 오후에 도착할 테니 바로 냉장고에 넣어."

"김치?"

"깍두기랑 물김치도 보냈다."

'이전에 보내준 김치도 아직 그대로 남았는데'라는 말이 목까지 올라왔지만, 겨우 평정심을 유지했다.

"사서 먹어도 되는데 뭘 자꾸 보내."

"사서 먹는 거랑 같니? 입맛도 까탈스러운 게. 김치라도 있어야 밥을 먹지. 참, 청소랑 빨래는? 그놈의 급한 성깔 때문에 수건이랑 걸레랑 한꺼번에 세탁기 돌리는 건 아니지?"

"어유, 엄마도 참. 딸을 뭘로 보고."

당당하게 말했지만 속으론 뜨끔할 수밖에 없었다. 자식의 일이라면 앉아서도 천리를 바라보는 사람을 '엄마'라고 부르는 게 아닐까 싶었다. 자취 생활 초반엔 걸레와 수건이 하나가 된 채 세탁기에서 뱅글뱅글 돌았다. 순전히 귀찮다는 이유에서였다.

당시 사귀었던 남자친구가 걸레를 수건으로 쓰기에 순전히 그를 위하는 마음에서 알려줬는데, 소리를 꽥 질러대며 경악하는 모습을 보고 난 후에야 뭔가 잘못됐다는 것을 깨달았다. 그와 헤어진 이유가 세탁 문제 때문이었다고 생각하진 않지만, 10퍼센트 정도는 영향을 미쳤을지도 모른다.

"청소 좀 자주 하고."

"엄마가 몰라서 그래. 이 집 보면 깜짝 놀랄걸?"

"놀라긴 놀라겠지. 너무 더러워서."

모녀의 현실 대화는 한결같았다. 김치로 시작해서, 청소도 안 하고 더럽게 사는 딸내미 걱정으로 이어지다가, 연애는 하냐는 사생활 침해로 끝나기 십상이었다.

"너 이사할 때 가보고 이후로 가보질 못했으니. 이렇게 못 볼 줄 알았으면 자주 좀 가볼걸."

"엄마도 참. 가게 일 때문에 바빴잖아. 나도 회사 적응하느라 정신없었고. 코로나가 이렇게 오래갈 줄 알았나."

엄마가 우울해질까봐 나는 얼른 화제를 바꿨다.

"강이는?"

"뒷마당 감나무 아래에서 졸고 있다. 요즘 앞마당에도 잘 안 나오고 거기에만 있어. 나이 들어서 그런가, 기운이 부쩍 없네."

'강'이는 열네 살 된 반려견이다. 우리 가족은 어렸을 때부터 줄곧 반려견과 함께 살았는데, 강이는 세번째 반려견이다. 첫번째 반려견이었던 '참치'는 나와 동생의 격한 애정을 견디다못해 너무 스트레스를 받아서 다른 집으로 보냈다. 두번째 반려견이었던 '마요'는 조심스러운 보살핌 속에서 무탈하게 지냈지만, 나의 초등학교 6학년 졸업식 날 사고로 세상을 떠났다. 그때 얼마나 슬펐는지 마요를 묻어주며 하염없이 울었다. 이후 어떤 개도 키우지 않겠다고 결심했지만, 동생이 하도 조르는 바람에 세번째 반려견을 만나게 되었다. 검은색 곱슬곱슬한 털이 귀여운 강아지였다.

참치, 마요에 이어 이름을 무엇이라고 할지 가족 사이에 치열한 접전이 있었다. 참치, 마요의 전통을 잇는 데다 검은색 외양에 걸맞으니 당연히 '김밥'이라는 아빠의 의견은 남매 협공으로 무산되었다. 끝까지 김밥을 고수하던 아빠는 엄마에게 지원 사격을 요청했으나, 언제나 아빠의 든든한 지원군이던 엄마도 이때만큼은 냉담했다.

결국 건강하게 지내라는 의미의 '강', 강씨 집안의 반려견이니 '강'으로 하자는 내 의견이 받아들여졌다. 하마터면 김밥이 될 뻔했던 강이는 때로 강군, 깡이로 불리며 우리 가족이 되었다. 강이를 떠올리자 부드럽고 따뜻한 물결 속에 몸을 담근 듯 기분이 좋아졌다.

"상황이 좀 나아지면 보러 갈게. 아빠는……?"

"그렇지 뭐. 가게문 닫은 후론 영 기운이 없어. 매일 산에 다닐 땐 그나마 나았는데 요즘엔 또 못 나가니 답답해해."

아빠를 생각하자 가슴 깊은 곳에서 뜨거운 것이 치밀어 올랐다. 30년 넘게, 명절 당일 빼고는 한 번도 쉬지 않았던 가게를 코로나19 때문에 접다니, 그 심정을 누가 알까 싶었다. 무거운 분위기를 감지하고 먼저 입을 연 사람은 엄마였다.

"이번 김치 맛있어. 냉장고에서 쓰레기 만들지 말고 잘 먹어."

"아유, 잘 먹지. 우리 엄마 김치가 최고지!"

나는 일부러 밝게 너스레를 떨곤 전화를 끊었다. 우울감에 떨어지지 않으려면 집중할 무언가가 필요했다.

"김치! 목표는 김치다!"

김치는 냉장고에 고이 모셔진 채였다. 너무나 고이 모셔둔 탓에 꽃까지 피었다. 치명적인 꽃, 곰팡이꽃이었다.

◆ ◆ ◆

김치니까 냉장고에 넣어두면 괜찮다고 생각했다. 냉장고에 넣어둔 김치에도 곰팡이가 생긴다는 사실을 알았을 땐 적잖이 충격이었다.

'이게 다 이 대리 때문이야.'

이 대리 때문에 김치 알레르기가 생겨서 집에서도 김치는 쳐다보지 않은 탓이었다.

엄마는 전화를 하면 "김치는 있냐?"부터 물었다. 엄마와 김치는 한 세트와 같았다. 한번은 친구들과 진지하게 토론을 해본 적도 있다.

"왜 엄마들은 많고 많은 음식 중에서 김치에 집착할까?"

'김치만 있으면 밥 한 그릇 먹는다'부터 시작해 '볶음밥, 찌개, 전 등 다양하게 해 먹을 수 있다' '김치 맛이 요리 실력의 끝판왕이다'까지 여러 대답이 나왔지만, 그냥 습관에 불과한 것 같았다. 어렸을 때부터 밥상엔 자연스레 김치가 나왔고, 먹다보니 습관이 되었고, 습관이 되니 먹든 안 먹든 밥상머리에 김치가 안 보이면 상을 차리다 만 것 같은, 그런 느낌적 느낌이 드는 것이라고.

냉장고로 눈길이 가자 상쾌한 기분은 사라지고 정리에 대한 부담감이 밀려왔다. 애써 외면해도 작은 방 한구석에 놓인 냉장고는 내가 움직일 때마다 따라다녔다.

지금 집으로 독립한 것은 취업을 하면서였다. 기를 쓰고 본가에서 멀리 떨어진 서울에 있는 회사에 취직한 이유도 '독립'에 대한 꿈 때문이었다. 나만의 공간에서 '직딩 라이프'를 누릴 생각에 마음이 풍선처럼 부풀었다. 엄마 아빠의 잔소리에서 벗어나고, 동생과 아침마다 벌이던 화장실 쟁탈전도 끝난다고 생각하니, 자면서도 웃음이 배실배실 새어 나왔다.

집 구하기 앱을 매일 들여다봤다. 회사 근처의 집은 가격대부터 달라서 꿈도 꿀 수 없었다. 또 전철역에서 가까운 역세권 집은 월세가 대부분이라 고민이었다. 월급에서 월세와 생활비를 제하고 나면 모을 수 있는 돈이 거의 없을 것 같았다.

전세가 아니면 반전세라도 찾아야 했다. 보증금은 전세 자금 대출로 해결할 생각이었지만, 집을 찾는 게 하늘의 별 따기보다 어려웠다. 금액이 맞으면 집이 마음에 안 들었고, 집이 마음에 들면 금액이 맞지 않았다. 앞 건물의 벽 혹은 창문이 바로 붙어 있어서 아예 창문을 열 수 없는 집도 많았다.

한 달 이상 열심히 발품을 판 덕에 현재 옥탑방을 구했다. 가끔씩 출몰해서 압도적인 존재감을 확인시키는 손가락만한 바퀴벌레만 빼면 살기엔 괜찮았다. 방은 좁았지만 옥상은 넓었다. 토요일 저녁엔 친구들과 옥상에서 고기 파티도 했다. 해가 지는 하늘을 보면서 건너편에 보이는 고급 아파트로 갈 날이 있을 거라고 큰소리도 쳤다.

그러나 낭만은 멀고 현실은 가까웠다. 조금만 게으름을 피워도 설거지와 빨래가 산더미처럼 쌓였다. 저녁마다 골라 먹는 재미를 주던 편의점 도시락과 배달 음식도 몇 달 먹고 나니 지겨워졌다.

가끔은 인스타그램에서 보는 것처럼 심플하지만 먹음직스러운 볶음밥이나 덮밥을 만들었지만 먹을 것보다 치울 것이 더 많았다. 유튜브에서 배운 레시피를 따라 요리하는 재미에 빠지기도 했지만 그것도 잠시, 다시 편의점 도시락과 배달 음식으로 돌아갔다. 의식주를 혼자 해결하는 일은 직장 생활만큼이나 지난했다.

그런 상황에서 부서 이동이라는 날벼락을 맞았으니, 최근 몇 달 동안 신경이 너덜너덜해지다못해 갈기갈기 찢어지기 일보 직전이었다. 그러니 오늘 아침의 여유가 더욱 감개무량했던 것이다.

지난 한 주를 돌아보았다. 출근은 여전히 버거웠지만 적어도 생지옥으로 여겨지진 않았다. 제이를 만난 후 마음속에서 뭔가 다른 스위치가 켜진 것 같았다. 오늘은 멘토링 두번째 날이었다. 주먹을 쥐고 목청 높게 외쳤다.

"강지은 파이팅! 멘토링 가즈아~!"

◆ ◆ ◆

제이는 정확히 5분 전에 링크를 보내왔다. 아마 예약 설정을 해두고 있는 듯했다. 사이트로 들어가니 처음과 똑같이 검은 화면에 J.J 이니셜이 떠 있었다. 첫 만남의 긴장감이 되살아났다. 약속 시간에 맞춰 비디오와 오디오가 켜졌다.

"어서 오세요."

제이가 두 팔을 활짝 벌리며 웃었다. 비록 화면 너머에 있는 사람이었지만 반갑게 환영해주니 한결 긴장이 풀렸다. 인디고 빛깔의 스트라이프 셔츠를 입고 있는 모습이 당장 화보 사진을 찍어도 될 만큼 근사했다.

"지난 한 주 어떻게 보내셨나요?"

"오늘 멘토링이 엄청 기다려졌어요. 궁금한 것도 있고요."

"좋은 징조군요. 궁금한 것부터 말해볼까요?"

"공부법의 핵심은 집중과 몰입이라고 하셨죠. 누구나 배울 수 있으며, 확연히 다르게 인생을 변화시킬 수 있다고요."

"그랬죠."

"정말 '누구나' 배울 수 있는 게 확실한가요? 공부를 못한 게 제 머리가 나쁜 탓은 아니라고 해도 사람마다 재능이 다르고, 재능은 타고나는 건데, 뭔가를 잘하는 사람은 따로 있지 않을까요?"

"사람마다 타고나는 것이 다른 것은 분명하지요. 그런데 그것이 공부를 잘하는 것과 무슨 관계가 있나요?"

"네?"

"분명 각자 가진 재능은 다를 수 있습니다. 저는 사람을 평등하게 보지만, 기계적으로 똑같다고 생각하진 않아요. 얼굴이 다르고 성격이 다른 것처럼, 각자 잘하는 건 다르다고 생각하죠. 차이, 그 자체를 부정하는 게 아니에요. 저는 몇 년 전까지만 해도 요리를 잘 못했어요. 반면 제

여동생은 냉장고 안에 있는 재료만을 가지고도 금세 그럴싸한 요리를 만들었죠. 지은 씨 표현대로 '타고난 재능'이 달랐던 거겠죠. 그런데 어느 날 나도 과연 요리를 잘할 수 있을까? 궁금하더군요. 요리를 잘하는 방법이 있는지 여동생에게 물었더니 정량화된, 객관적이고 과학적인 요리법을 가르쳐주더군요. 지금은 저도 제법 맛있는 걸 만든답니다. 심지어 창의성을 발휘하기도 하죠. 지은 씨는 집에서 요리를 하나요?"

"혼자 살면서부터 조금씩 하기 시작했어요."

"오호, 철저하게 레시피를 지키는 쪽? 자기 입맛에 맞추는 편?"

"대부분 레시피대로 해요. 가끔 창의성도 발휘했는데 그리 성공적이진 않더라고요."

"하하하. 저도 그랬어요. 여동생이 늘 잔소리를 했죠. 제발 좀 정량적으로 하라고."

"정해진 양을 넣어야 맛이 나는 게 처음엔 되게 신기했어요. 아무 맛도 없던 국물떡볶이가 설탕 한 스푼에 맛이 확 변하고……."

유튜브를 통해 요리를 하나씩 해보면서 재미를 느꼈던 기억이 되살아났다. 난생처음 연어덮밥을 만들고, 새로운 소스를 개발해보고, 매운맛에 도전하면서 세상의 매운 향신료들을 하나씩 사들일 때의 재미도 떠올랐다. 제이와 나는 한동안 요리 이야기에 열을 올리다가 '한밤중에 끓여 먹는 라면이 진리!'라는 말로 입을 모았다. 제이가 얼굴 가득 미소를 띤 채 말을 이어갔다.

"요리의 세계가 생각보다 넓다는 걸 알게 되면서 제 삶도 한층 즐거워졌어요. 소소한 것이지만 물로만 얼리던 얼음에 허브 잎이나 레몬과 라임 조각을 넣기도 하고요. 만약 제가 '난 요리에 재능이 없어'라는 생각에 갇혀 있었다면, 늘 나가서 사 먹거나 배달 음식을 시켰을 겁니다. 뭔가 만들어 먹는다는 건 생각만으로도 엄청난 스트레스였겠죠. 하지만 지금은 세계 어딜 가도 간단한 조리 도구만 쓸 수 있다면 먹을 걸 만듭니다. 몇 가지 요리를 할 줄 알게 된 것만으로도 제 삶은 많이 변했죠."

"전혀 무지한 영역이라도 배우면 잘할 수 있다는 건가요?"

"세계적으로 유명한 셰프들도 자신에게 천부적인 요리 재능이 있다는 걸 알고 요리를 시작한 경우는 드물다고 하더군요. 배우면서 하다보니 실력이 늘었다는 것이죠. 그들도 처음 목표는 소박하지 않았을까요? 어쩌면 저처럼 '뱉지 않고 먹을 만한 걸 만들자!' 뭐 이런 정도였을지도 모르죠. 제 목표는 세계 제일의 셰프가 되는 것이 아니라, 제가 맛있게 먹을 수 있고 손님 접대를 할 정도의 요리 실력을 갖추는 것이었습니다. 그 목표에 따라 요리를 공부했고, 결과적으로 평소 먹는 식사를 어렵지 않게 만들고, 친구들을 초대해 음식을 내놓을 만큼의 실력은 갖게 되었죠. 아마 '누가' 배워도 저 정도는 할 수 있을 겁니다. 공부도 이와 같습니다. 제대로 된 방법으로 꾸준히 연습하면 잘할 수 있어요. 타고난 재능과는 아무 상관이 없지요. 공부에 대개 지능을 중요하게 생각하는데, 참고로 제 지능은 평범한 수준입니다."

"정말이요? 전 멘사 회원이신 줄 알았는데……."

"하하하. 저하고는 거리가 먼 이야기예요. 호킹과 잡스를 선망한다고

해서 반드시 그들처럼 될 필요는 없어요. 전 제이 정으로 태어난 것에 감사함을 느낍니다. 인간은 생각보다 놀라운 존재예요. 이건 할 수 있지만 이건 할 수 없다고, 자기 생각에 갇히지만 않는다면 우리는 생각하는 것보다 훨씬 더 많은 것을 배울 수 있지요."

맞는 말이었다. 그럼에도 나는 여전히 완강하게 부인하고 있는 내 안의 어떤 마음을 느꼈다. 동생이 생각나서였다. 동생은 수학을 '그냥' 잘했다. 반면 나는 아무리 열심히 노력해도 잘 못했다. 압도적인 실력 차이를 느낄 때마다 평생 따라갈 수 없겠다는 생각만 강해졌다. 동생이었기에 좌절감이 더 깊었는지도 모른다. 하지만 동시에 나의 이런 생각을 강하게 반박해주는 누군가가 나타나기를 기다리고 있었다. 넌 할 수 있다고, 공부법의 문제이지 너의 문제가 아니라고, 기존의 관념을 뿌리째 흔들 누군가를 간절히 바라고 있었다.

◆ ◆ ◆

"백조라는 새를 압니까?"

"알죠. 온몸이 흰색이어서 백조라는 이름이 붙은 새잖아요."

"맞습니다. 검은 백조를 찾기 전까진 말입니다."

"검은 백조? 흑조요?"

"1697년 호주 대륙에서 흑조(Black Swan)를 발견하기 전까지 사람들은 백조는 모두 흰색이라고 생각했죠.[2] 하지만 그때까지 발견되지 못했을 뿐, 흑조가 존재하는 건 사실이었어요. 모든 것을 경험만으로 판단하기엔 한계가 있죠. 경험은 우리에게 자신감을 주기도 하지만, 자신의 경험만이 옳다고 생각하면 고정관념에 사로잡힐 수밖에 없어요."

"경험에서 얻은 건 쉽게 진실이라고 믿어버리니까요."

"맞습니다. 고정관념을 고정관념이라고 여기지 않기 때문에 고정관념이 되는 것이죠."

"습관과 비슷한 건가요?"

"한번 고정된 생각이 행동으로 굳으면 습관이 되죠. 지은 씨가 갖고 있는 고정관념은 무엇인가요?"

"나는 공부를 못한다."

"그게 고정관념이라는 걸 알게 되었으니, 축하할 일이군요."

"그런데 오랫동안 공부를 못한다고 생각해와서 그걸 뛰어넘기가 쉽지 않은 것 같아요. 공부 머리가 따로 있다는 생각도 강하고요."

"공부 머리가 따로 있는 사람이 누굽니까? 동생인가요?"

"그걸 어떻게 기억하세요?"

깜짝 놀랐다. 스치듯 지나가는 이야기로 했을 뿐인데 그걸 기억하고 있을 줄이야!

"지은 씨가 하는 얘기를 주의깊게 들었으니까요."

제이는 잊어버리는 게 더 이상하다는 듯 어깨를 으쓱 올렸다. 아주 짧은 순간이었지만 나는 묘한 감정에 사로잡혔다. 별것 아닌 내 이야기를 주의깊게 들었다는 말이 가슴에 와닿았다. 그런 이유에서인지는 몰라도 제이와 대화를 하다보면 생각이 좀더 잘 정리되고, 서툴게나마 언어로 표현하게 되는 듯했다.

제이는 세상에 나와 자신 둘뿐이라는 태도로 이야기를 들었다. 경청한다는 게 무엇인지 직접 체험하는 기분이었다. 솔직히 고백하자면 나는 누군가 말할 때 잘 듣기보다 다음에 내가 무슨 말을 해야 할지 생각하는 쪽이었다. 그러다보니 요점을 듣지 못해 넘겨짚거나 건성으로 대답할 때도 많았다. 내 생각에만 빠져 정작 들어야 할 말을 듣지 못했던 것이다.

'와, 대화를 나누는 것만으로도 이런 걸 알게 되는구나.'

마냥 신기할 뿐이었다. 나는 제이와 나누는 대화의 매력에 점점 흠뻑 빠져들어갔다.

학습된 무기력과 고정관념

"변화는 파괴에서 나온다고 합니다. 기존의 생각을 깰 때 새로운 생각이 들어갈 틈이 생기는 법이죠. '학습된 무기력'이라는 말을 들어본 적 있나요?"[3]

"네, 들어본 적은 있는데 정확히는 잘 몰라요."

"세계적인 심리학자 중 한 명인 마틴 셀리그먼은 긍정 심리학의 창시자로 알려져 있죠. 하지만 긍정 심리학이 탄생하게 된 배경엔 '학습된 무기력'이라는 이론이 있었어요. 이 또한 셀리그먼의 실험에서 비롯된 연구였지요."[4]

"어떤 실험이었는데요?"

"24마리의 개들을 세 집단으로 나누어 첫째 집단과 둘째 집단에 전기충격을 주었지요."

"……전기충격이라고요?!"

저절로 강이가 생각났다. 강이가 전기충격을 가하는 실험실에 있다는 생각만으로도 몸서리가 쳐졌다. 자신이 키우는 반려견으로도 그런 실험을 할 수 있을지, 심리학 실험이라는 명목하에 개들에게 전기충격을 가한 인간들이 누구인지 궁금했다. 동물보호단체들은 도대체 뭘 하고 있었는지, 이런 실험을 두고 당시에 어떤 논란이 있었는지, 이후에 그 개들을 어떻게 보살폈는지 궁금한 게 많았지만 잠자코 제이의 이야기를 계속 들었다.

"첫째 집단은 상자에 전기충격 제어장치가 있어서 코로 버튼을 누르면 전기충격이 꺼질 수 있게 했고, 두 번째 집단은 선택할 여지를 주지 않았어요."

"듣기만 해도…… 끔찍하네요. 세번째 집단은요?"

"비교군이었기 때문에 전기충격을 주지 않았어요. 전기충격에 대한 선행학습이 전혀 없는 상태였죠. 이런 상태로 24시간이 지난 후 다른 상자로 개들을 옮겨놓았습니다."

"그리고 다시 전기충격을 주었나요?"

"네. 상자 가운데 낮은 담이 있었지만 개들이 노력만 하면 넘을 수 있는 높이였어요. 전기충격이 가해지자 첫번째 상자에 있었던 개들과 세번째 상자에 있었던 개들은 담을 넘었죠. 그러나 두번째 상자에 있던 개들은……."

"설마, 개들이 가만히 있었던 건 아니죠?"

"무기력하게 웅크리고 앉아 있었어요."

"전기충격에도 가만히 있었다고요?"

"이것이 바로 '학습된 무기력'이라는 겁니다."

◆ ◆ ◆

학습된 무기력.

제이의 낮은 목소리가 귓가에 선명하게 꽂혔다. 소름 끼칠 만큼 무서운 이야기였다. 말 속에 담긴 의미보다 훨씬 더 잔인하고, 냉정하고, 그리고 슬픈 일이었다. 고통이 가해지는 상황에서도 피하기는커녕 그대로 참고 견디다니, 어떤 호러 영화도 '학습된 무기력'이 주는 공포에 비할 순 없을 터였다.

"왜 이런 일이 벌어지는 거죠? 예전과 상황이 달라졌으니 충분히 피할 수도 있고, 새로운 가능성을 찾아볼 수도 있잖아요."

"물론 그렇죠. 언제나 새로운 가능성은 존재하는 법이니까요."

"그런데 왜……?"

"지은 씨라면 같은 상황에서 어떻게 했을까요?"

"당연히 담을 넘으려고 노력……."

그러나 뒷말을 잇지 못했다. 남 일은 쉽고 내 일은 어렵다더니, 내 상황과 별반 다르지 않았다. 필사적으로 시도했던 모든 노력이 성공으로 이어지지 않았을 때 나 또한 두번째 상자 속 개들과 비슷한 반응을 보이지 않았던가.

반복적인 좌절은 마음에 큰 상처로 남았다. 무능력을 인정하고 싶지 않아서 '나는 이 일과 맞지 않는다'는 생각을 강화시켰지만, 그 생각의 밑바닥엔 '어떤 노력도 소용없다'는 열패감이 짙게 깔려 있었다.

"단순히 심리학 실험으로 끝나는 이야기가 아니네요. 제가 회사에서 겪은 일도 이것과 같거든요. 무기력한 상태에서 내가 할 수 있는 일은 없다고 생각했으니까요."

"지은 씨만의 이야기가 아니에요. 공부에 관한 한 누구든 학습된 무기력을 경험했을 겁니다. 지난 시간에 제가 왜 지금까지 해왔던 공부의 역사를 되돌아보라고 했는지, 당신이 공부를 못한 이유가 머리가 나빠서가 아니라고 했는지, 이제 그 이유를 알겠습니까?"

과거의 일들이 머릿속으로 하나둘 떠올랐다. 바다를 그린 후 마음에 드는 파란색이 없어서 칠하지 않고 비워두고 있었는데 어린이집 선생님이 그림이 이상하다고 말했던 순간, 풀리지 않는 수학 문제를 낑낑대며 풀고 있을 때 반 친구에게 머리가 나빠서 역시 안 된다는 비웃음을 들었던 순간, 좋아하던 과목인 사회 시간에 실수로 연대표를 잘못 말해서 웃음거리가 되었던 순간.

하나씩 따로 놓고 보면 전혀 다른 시간과 장소에서 우연히 벌어진 일들이었다. 그러나 언제부터인가 과거의 기억들은 '나는 잘하는 게 없다'는 이름으로 재편되어 내 무의식에 자리잡고 있었다. 어디 그뿐인가. 학교를 졸업하고 직장인이 된 이후에도 그와 비슷한 일들은 매일 있었다.

"사람은 무한한 가능성의 존재로 태어납니다. 그러다가 무언가를 하나둘 배우기 시작하는데 안타깝게도 '외부의 평가'라는 무차별 폭격을 받죠. 자신이 좋아하고 잘하는 일도 낮은 평가를 지속적으로 받다보면 자신감이 떨어지고, 스스로를 원래 못하는 사람으로 여기면서 무력하게 되고 말아요. 예를 들어 글 쓰는 걸 좋아하는 아이는 자신이 글을 잘 쓴다고 생각합니다. 그런데 학교에서 받은 작문 성적이 기대만큼 안 나올 수도 있거든요. 글을 써낼 때마다 낮은 점수를 받으면 어떻게 생각할까요?"

"당연히 '나는 글을 못 쓴다'고 생각하겠죠. 더이상 글을 쓰려고 하지 않을 테고요. 글을 써야 하는 일이 생길 때마다 끔찍한 기분을 느끼겠죠. 글자 울렁증이 생길지도 몰라요."

"평가의 기준에 맞는 것과 글을 잘 쓰는 것은 별개의 문제인데도, 나는 글을 못 쓴다는 생각에 사로잡혀 글쓰기에 대한 가능성을 원천 봉쇄해버리기도 하지요."

학습된 무기력에 대한 제이의 이야기는 많은 생각거리를 던져주었다. 지금까지 당연하게 생각했던 것들의 경계가 복잡하게 헝클어지고 있었다. 생각을 정리할 시간이 필요했다. 그러나 제이는 무언가를 계속 말하도록 무언의 압력을 가하고 있었다. 멘토링 시간은 오직 '대화'로만 이뤄진다고 했던 제이의 말은 빈말이 아니었다. 나는 신중하게 생각을 정리하면서 천천히 말을 꺼냈다.

"하지만 글쓰기는 공부와 다르잖아요."

"어떻게 다르죠?"

"공부는 학습을 통해 배우는 것이지만 글쓰기는 그러니까…… 타고난 재능이 중요하잖아요."

"글쓰기도 배울 수 있어요. 글쓰기도 공부의 일종이니까요."

"하지만 한계가 있지 않나요? 노력한다고 누구나 무라카미 하루키처럼 쓸 수는 없잖아요."

"그가 단지 재능을 갖고 태어나서 소설가 무라카미 하루키가 되었다고 생각하나요? 그가 얼마나 많은 글을 썼고, 글을 잘 쓰기 위해 어떤 공부와 노력을 했는지 안다면 깜짝 놀랄 겁니다. 그는 우리보다 수천 배 혼신의 노력을 해온 사람이에요. 그의 글이 그냥 나온 것은 아니지요. 문학이든 음악이든 스포츠든 어느 분야를 막론하고 정상의 자리에 오른 사람들은 그에 걸맞은 노력을 했기에 거기까지 도달할 수 있었습니다. 그들은 누구보다 열심히 자기 분야를 공부한 사람들이에요."

"그래도 우선적으로 타고난 재능이 있어야 공부를 해도 잠재력이 개발되는 거 아닌가요? 똑같은 노력을 기울여도 재능이 있는 사람을 따라갈 순 없잖아요."

동생이 다시 생각났다. 해설집을 들여다보며 어떻게든 이해하려고 애썼지만 도무지 이해할 수 없었던 미분 문제를 동생은 단 10분 만에 풀어버렸다. 역시 머리가 다르구나, 라고 절절하게 느낀 순간이었다. 학습된 무기력이든 열등감이든 동생을 뛰어넘을 수 없다는 생각이 머릿속에 이미 깊게 뿌리내리고 있었다. 제이가 100명이 와도 이 생각은 없애지 못하는 게 아닐까, 막연하고도 서글픈 생각이 들었다.

◆ ◆ ◆

제이도 나도 침묵을 지켰다. 제이가 기다려준다고 생각했다. 마음속에 깊이 뿌리내린 생각을 대화 한 번으로 바꿀 수 있을 것이라고는 제이도 기대하지 않을 터였다. 중요한 것은 끈기 있게 지속적으로 기존의 생각을 흔드는 것이었다. 제이는 자신은 마중물의 역할을 할 뿐, 변화의 주체는 어디까지나 나 자신이어야 한다고 했다. 그에게 대화는 단순하게 말을 주고받는 일이 아니었다. 마음을 열고 생각을 확장시키고 행동을 바꾸게 하는 강력한 힘이 깃든 도구였다. 제이는 상대를 밀어붙일 때와 머물러 기다려야 할 때를 정확히 알고 있는 듯했다.

"재능이 있더라도 갈고 닦아야 잠재력이 개발된다는 말엔 저도 동의해요. 하지만 안 해서 그렇지, 하면 잘할 수 있다고 지나치게 낙관적으로 생각하는 것도 문제 아닌가요? 나는 공부를 못한다고 정직하게 직면하지 못하고, 제대로 공부를 안 했기 때문에 공부를 못한다고 생각하는 건 변명이나 합리화 같아요."

"그렇군요. 충분히 그렇게 생각할 수 있겠어요."

나는 말을 멈추고 제이를 바라보았다. 바로 반박이 나올 것이라고 예상했는데 생각과 달리 내 의견에 동의하고 있었다. 의외였다.

"그런데 지은 씨는 언제부터 그런 생각을 했어요?"

"네? 언제부터라니, 원래부터 했던 생각인데요."

"원래부터라, 그런 생각을 일컫는 단어가 있지요. 한번 맞혀보세요. 힌

트는 4음절로 된 한자어예요."

"……?"

"고. 정. 관. 념. 마음속에 굳어 있어 변하지 않는 생각이죠."

허를 찔린 기분이었다. 반면 제이는 뭐가 재미있는지 싱글벙글 웃는 얼굴이었다.

"고정관념이라고요? 제가 틀린 말을 한 건 아니잖아요."

"전 지은 씨 생각이 고정관념이라고 했지, 틀렸다고는 안 했어요."

"……!"

"맞든 틀리든, 마음속에서 오래 굳어 있어 변하지 않는 생각이 고정관념이니까요. 긍정적인 것도 있고 부정적인 것도 있죠."

"고정관념은 무조건 부정적인 것이라고만 생각했는데요."

"그런 게 바로 고정관념이라는 거예요."

"긍정적인 고정관념도 있다니, 음…… 이상하네요."

"그런 게 바로 고정관념이라니까요."

"저기, 제가 뭐라고 말해도 고정관념이라고 말씀하실 건가요?"

"글쎄요. 일단 무슨 말을 할지 들어는 봐야겠죠."

"설마 제 생각이 모두 고정관념이라고 말하려는 건 아니죠?"

"하하하. 흥미롭군요. 어떤 생각이 나와 다른지 토론을 하는 건 재미있겠지만, 시간이 부족할 테니 다음 기회로 미루죠. 어쨌든 지은 씨는 아주 좋은 대화 상대니까요."

"제가요?"

제이가 어깨를 으쓱 올렸다. 여기에 당신과 나 말고 또 누가 있습니까? 하는 제스처였다. '좋은 대화 상대'라니, 인생 27년 만에 처음 듣는 말이었다. 오늘 아침 벗긴 양파 껍질처럼, 마음에 붙어 있던 얇은 막 하나가 사르르 떨어져나간 것 같았다. 어쩌면 나를 둘러싸고 있던 고정관념 하나가 사라졌는지도 모를 일이다.

◆ ◆ ◆

"'고정관념 위협'이라는 용어를 아시나요?"[5]

"고정관념은 나쁘다는 말이겠죠."

틀린 말은 아니었지만 동어반복에 불과한 것 같아 말하고 나자 진심으로 민망해졌다. 뭔가 근사하고 그럴듯하게 더 설명해보고 싶었지만 머리에 떠오르는 생각이 없었다. 가끔씩 위기에 처하면 '그분' 즉, 창의적인 생각이 번개처럼 올 때도 있었지만, 오늘은 그분이 강림하지 않기로 결정한 듯했다.

"1990년대 중반, 스탠퍼드대학교의 교수였던 클로드 스틸(Claude M. Steele)과 조슈아 에런슨(Joshua Aronson)은 '고정관념 위협'이라는 용어를 만들었어요. 클로드 스틸이 쓴 《고정관념은 세상을 어떻게 위협하는가》에 이와 관련된 자세한 내용이 소개돼 있죠. 여성과 남성의 차이, 아시아계와 유럽인의 차이, 흑인과 백인의 차이 등 우리 안에는 수많은 고정관념이 있는데, 고정관념 그 자체보다 더 중요한 것이 있다고 해요."

"그게 뭔데요?"

"고정관념 속에 있는 부정적인 기대가 현실화되지 않을까 하는 '걱정', 그것이 진짜 방해물이라고 합니다."

업무의 어려움 그 자체보다 숫자에 대한 압박 때문에 집중하지 못했던 경험이 떠올랐다. 숫자 하나, 자릿수 하나가 달라지는 게 얼마나 엄청난 일인지 알게 될수록 걱정도 더 커졌다. 엑셀을 쓰고 전자계산기를 두드리며 몇 번씩 확인해도, 내 실수로 회사에 어마어마한 손실을 입히지 않을까 하는 걱정이 업무에 대한 자신감을 현격히 떨어뜨렸던 것이다. 그래서인지 고정관념 위협이라는 말이 더욱 실감나게 다가왔다. 이어지는 제이의 말을 한마디도 놓치지 않으려고 나는 몸을 앞으로 기울였다.

"스틸은 흑인 학생들과 백인 학생들을 대상으로 실험을 했어요. 두 그룹으로 나눠 한 그룹엔 지능을 평가하는 검사라고 했고, 다른 그룹엔 지능과 관련된 시험이 아니라고 설명했죠. 과연 흑인 학생들과 백인 학생들의 결과가 어떻게 나왔을까요?"

"음, 비슷하게 나오지 않았나요?"

"지능검사라고 말한 그룹에선 흑인 학생들의 점수가 낮게 나왔어요. 반면 다른 그룹에선 점수가 대등했죠. 이게 과연 무엇을 의미하는 걸까요?"

"……."

"스틸은 이런 현상이 발생한 이유가 고정관념의 위협 때문이라고 생각했어요. 당시 흑인들은 백인들보다 머리가 나쁘다는 고정관념이 팽배

해 있었거든요. 흥미로운 건 '이 시험의 과거 성적은 동양인이 백인보다 좋았다'는 말을 하면 백인의 성적이 정말 떨어진다는 점이에요. 동양인은 머리가 좋다는 인식이 고정관념으로 자리하고 있거든요."

"한 사회가 갖고 있는 고정관념에 따라 결과가 달라지네요?"

"고정관념은 공기처럼 우리를 둘러싸고 있어요. 숨쉬듯 자연스럽게 몸에 흡수하게 된다고나 할까요. 생선구이 집에 가면 생선 냄새가 배고, 향수 가게에 가면 향수 냄새가 배는 것과 같지요."

"고정관념은 일부 사람에게만 영향을 미치는 게 아니네요."

"아니고말고요. 모든 이들에게 부정적인 영향을 미칠 수 있어요. 당신에게도, 나에게도."

"제이, 당신도요?"

"물론이지요. 우리가 누군지는 중요하지 않습니다. 특히 부정적 고정관념이라는 독은 인종, 성별, 나이, 지역, 계급, 종교, 국가, 부모, 학력, 재력, 외모 등을 가리지 않고 누구든 습격하니까요. 게다가 전염성도 아주 강해요. 언제 어느 때라도 우리 곁에 바짝 붙어서 '넌 열등해' '넌 실패자야' '넌 끝났어'라고 끝없이 주입시키지요. 한번 벗어났다고 해서 영원히 벗어나게 되는 것도 아니고요."

클래스가 다른 위협이었다. 굶주린 좀비떼가 몰려오듯, 고정관념이 밀려오는 상상을 했다. 팔에 소름이 돋았다.

◆ ◆ ◆

“고정관념에 한번 사로잡히면 풀려날 방법이 없나요?”

“모든 고정관념에서 벗어날 수 있다는 생각은 이상적이고 비현실적일 겁니다. 다만, 자신을 해롭게 하는 부정적인 고정관념이 어떻게 유발되는지 알면 빠져나오는 게 조금 쉬워지죠. 한 가지 확실한 건, 모든 사람이 고정관념의 위협에서 자유로울 수 없지만 특히 잘 반응하는 사람들이 있다는 겁니다.”

“어떤 사람들인데요?”

“생각이 유연하지 못한 사람들이에요. 긍정적이건 부정적이건 생각에 꼬리표를 붙이면 어지간해서는 바꾸지 않으려고 하지요.”

“그들의 생각을 바꾸려고 드느니 사막에서 난로를 팔고, 북극에서 냉장고를 파는 게 더 빠르겠네요.”

“하하하. 그 또한 고정관념에 불과해요. 사막에도 난로가 필요하고 북극에도 냉장고가 필요하지 않을까요? 사막의 밤은 추우니 온기가 필요하고, 북극에서도 물은 마셔야 하니 얼지 않는 물은 필수품일 테죠.”

“아, 그러네요…… 하하하.”

바보같이 웃는 것만이 이 순간 할 수 있는 전부였다.

“학습된 무기력은 무엇을 해도 어쩔 수 없다는 생각을 내면화시키죠. 고정관념에 사로잡히는 것도 이와 비슷해요. 하지만 아무리 힘이 센 고정관념이라고 해도 ‘항상, 언제나, 반드시’ 그런 건 아닙니다. 육로가 막혀 있다고 못 가라는 법은 없죠. 바다도 있고, 하늘도 있고, 땅을 뚫고 들어가는 법도 있으니까요. 고정관념 자체의 문제라기보다는 고정관념에 사로잡혀 새로운 시도를 못하는 게 더 큰 문제인 것이지요."

"다른 길은 늘 있다……?"

제이가 고개를 끄덕였다. 지옥에 떨어져도 정신만 바로 차리면 산다는 것일까. 내가 갖고 있던 고정관념에 대해 생각해보았다.

"일을 잘하려면 머리가 좋아야 한다고 생각했어요. 난 머리가 나쁘니까, 숫자에 약하니까, 애초에 새로 맡게 될 일을 잘할 수 없다고 미리 단정해놓았나봐요. 부서 이동이 발표되기 전까지 제가 이 팀에서 일할 것이라는 생각은 1도 안 했으니까요."

"전 창업 준비를 하기 전엔 창업 생각을 해본 적이 없어요."

제이가 웃으며 말했다. 그의 미소에 기분이 가벼워졌다.

"고등학생 땐 대학만 가면 모든 고통이 끝날 거라고 생각했어요. 취업준비생일 땐 취업만 하면 만사 오케일 거라고 믿었죠. 그런데 막상 직장인이 되니까 예전의 어려움은 아무것도 아니더라고요. 결국 어떤 상황에 놓이든 새로 배우고 적응하는 능력의 문제인 것 같아요. 어떤 업무는 유난히 잘할 수 있고 어떤 업무는 조금 안 맞을 수도 있겠죠. 하지만 전 태도부터 문제였던 것 같아요."

"오호, 이런. 엄청난 발언인데요."

"블랙 스완……. 흑조가 있다는 것도 모른 채 백조만 보겠다고 결심한 사람처럼 살았으니까요. 흑조가 눈앞에 나타났더라도 호기심을 갖고 다

가가기보다, 이건 새가 아니라고 억지를 부리며 부정했다고나 할까요. 남들은 다 백조를 타고 날아갔는데, 내겐 왜 흑조가 떨어졌지? 왜 하필 나지? 흑조를 타고는 날 수 없어! 뭐 이런 생각?"

"하하하. 지은 씨는 상상력이 풍부하군요. 상상력은 유니크한 개성을 만들어내는 일등공신이죠. 상상력이 뛰어난 것도 재능이니까, 자신의 재능을 소중히 여겨주세요."

난데없는 칭찬에 어리둥절했지만, 역시 칭찬은 좋은 것이었다. 의기소침했던 얼굴에 다시 미소가 번졌다. 덕분에 좀더 솔직하게 속내를 밝힐 수 있었다. 누구에게도 해본 적 없는 이야기였다.

"겉으로는 낙천적으로 보이지만, 사실 전 걱정도 많고 부정적인 생각도 많이 해요. 긍정적으로 미래에 대해 희망을 품다가도 어느 순간 부정적인 생각이 밀려와요. '이래서 되겠어? 넌 안 돼.' 입사했을 때도 마찬가지였어요. 너무 기쁜데, 이렇게 좋은 일이 내게 일어나도 되나 싶었죠. 그래서 부서 이동 발령이 났을 때 그럼 그렇지, 내게 좋은 일만 일어날 리가 없지, 승승장구는 남한테나 어울리는 일이지, 자포자기를 한 면도 있었죠. 제 삶에서 숱하게 겪었던 실패의 경험이 절 부정적으로 만들었는지도 모르겠어요."

"많이 힘들었겠군요."

제이가 담담하게 받아주었다. 갑자기 울컥하는 마음이 들었다. 그저 힘들었겠다는 말 한마디를 들었을 뿐인데 그 어떤 긴 말보다 더 큰 위로를 받은 기분이 들었다. 눈가가 뜨거워졌다.

◆ ◆ ◆

“부정적인 경험은 부정적인 생각을 하게 해요. 이중에서 어떤 생각은 툴툴 털어버리지만, 어떤 생각은 우리를 오랫동안 사로잡지요. 자신에게 도움이 안 되는 생각이라도 말입니다.”

“난 원래 공부를 못한다는 생각 같은 거요?”

제이가 빙긋 웃었다.

“경험은 생각을 강화시키죠. 하지만 경험이 자신을 부정적으로 만들었다는 지은 씨의 생각에 완전히 동의하긴 어렵군요. 부정적인 생각을 갖게 된 요인은 실패의 경험에서 오는 게 아니라, 성공과 학습에 대한 뿌리 깊은 신념 때문에 일어나는 거니까요. 이와 관련해서 스탠퍼드대학교의 인간 성장 프로젝트로 유명한 캐럴 드웩(Carol Dweck) 교수의 연구를 꼭 말해드리고 싶네요.”[6]

“인간 성장 프로젝트요?”

나는 두 귀를 쫑긋 세웠다. 제이가 이야기를 이어갔다.

“드웩은 젊은 시절 셀리그먼의 영향을 많이 받았어요. 고통의 원인을 통제 불가능한 것으로 생각할 때 무기력해진다는 결과엔 납득했지만 좀더 깊이 있는 연구를 하기로 마음먹었죠. 그녀는 왜 어떤 사람은 낙관론자로 성장하고 어떤 사람은 비관론자로 성장하는지 질문을 던졌어요. 그리고 40여 년에 걸친 그녀의 연구는 엄청난 결과를 가져왔지요. 그녀는 이 연구를 토대로《마인드셋》이란 책을 펴냈습니다.”

"40년 동안의 연구 결과라고요?"

내가 지금까지 살아온 인생보다 훨씬 더 많은 시간을 연구에 바친 누군가가 있다는 사실이 묘한 감동을 주었다.

"마인드셋은 '우리가 자신의 재능과 능력에 대해 어떻게 생각하느냐'를 담고 있는 태도라고 할 수 있어요. 드웩은 자신의 저서에서 우리의 마인드셋에는 고정과 성장이 혼합되어 있다고 했지요. 사람들은 각기 다른 영역마다 다른 마인드셋을 갖는다고도 했습니다. 일에 대해선 성장 마인드셋을 가진 사람이 연애와 결혼에 대해선 고정 마인드셋을 가질 수도 있지요. 지능에 대해선 성장 마인드셋을 가진 사람이 창조성에 대해선 고정 마인드셋을 갖고 있기도 합니다. 한 가지 질문을 해보죠. 아이들에게 '넌 똑똑해'라고 말해주는 게 도움이 될까요? 해로울까요?"

"당연히 도움이 되지 않을까요?"

내 대답에 제이는 빙그레 웃었다. 그 웃음을 통해 알 수 있었다. 내가 틀린 답을 엄청난 확신을 담고 말했다는 것을. 그러나 얼굴이 붉어질 새도 없이 제이의 말이 이어졌다.

"드웩의 연구에 따르면, 아이에게 '넌 뭐든지 할 수 있어'라고 말해주는 것이 성장 마인드셋을 심어줄 수 있다는 건 오해라고 합니다. 제가 지은 씨에게 '뭐든지 할 수 있으니 하고 싶은 일을 하세요'라고 말한다면 어떻게 생각하겠어요?"

"거짓말이라고 생각하겠죠."

"제 말이 거짓말이기 때문인가요?"

좀더 생각해보았다. 눈에 보이는 것도 아니고 객관적으로 판단하기도 어려웠다. 그러나 지금 현재의 내가 '뭐든지 할 수 있다는 사실'을 믿지 않는다는 것만은 확고한 사실이었다.

"적어도 제가 믿지 않는 한, 저 자신에겐 거짓말인 셈이죠."

"그렇군요. 제가 지은 씨에게 백번 천번 같은 말을 한다고 해서, 그 말 때문에 지은 씨가 하고 싶은 일이 저절로 실현되진 않겠죠. 그럼 이런 방법은 어떨까요? 목표를 이뤄낼 수 있는 능력을 키우고 자원을 찾을 수 있도록 과정을 함께하며 아낌없이 도와드린다면요."

"굉장히 힘이 될 것 같아요. 저도 할 수 있는 최선을 다할 테고요."

"뭐가 다른 거죠?"

"뭐든지 할 수 있는 사람인데 못해내면 사실은 바보였다는 걸 증명하는 거잖아요. 화살을 저한테 쏘는 셈이죠. 하지만 못해냈더라도 과정에 문제가 있었다면 다음엔 더 나은 방법을 찾겠죠. 자신을 문제덩어리로 보면서 탓하거나 원망하기보단 문제 해결에 집중할 거예요."

제이의 표정이 미묘하게 변한 건 기분 탓인지도 모른다. 하지만 제이가 근사한 미소를 지으며 고개를 끄덕인 건 착각이 아니었다.

"아주 좋은 생각입니다. 자신에게 문제가 있어서가 아니라 잘못된 방향으로 노력을 기울이는 게 문제이고, 누구나 올바른 노력을 기울인다면 결과가 달라진다는 생각 말입니다. 방금 지은 씨가 말한 이야기와 비슷한 사례는 얼마든지 있어요. 예를 들어 가필드고등학교는 LA 최악의 학교라고 불릴 만큼 손대기 힘든 학생들로 가득했죠. 하지만 이곳에 부임한 하이메 에스칼란테(Jamie Escalante) 선생은 아이들에게 대학 수준의 미적분을 가르쳤답니다."[7]

"미적분을 가르쳤다고요? 왜요?"

"아이들이 변할 수 있다는 믿음을 갖고 있었기 때문이지요. 용기를 북돋워주고, 계속해서 할 수 있다는 마음을 심어주었어요. 얼마 지나지 않아 가필드고등학교의 수학 실력은 전국 최고 수준이 되었습니다. 또 다른 이야기를 들려드릴까요"

제이는 이야기 자판기인가 싶을 만큼 실화들을 줄줄이 풀어냈다.

"일리노이대학의 조지프 마르토키오(Joseph Martocchio) 교수는……."

"알겠어요! 이러다간 오늘 밤새 들어도 끝이 안 나겠다고요."

"저런, 한 달 밤낮을 얘기해도 시간이 부족한데요."

"고정관념 중엔 지적 능력이 고정된 것이라는 생각도 포함된다는 거죠? 이젠 확실히 알겠다고요!"

"다행이군요. 우리 뇌는 변화하고 성장하는 가소성을 지니고 있어요. 뇌는 결코 고정되어 있지 않지요. 자전거 배울 때를 생각해보세요. 처음엔 잘 못 타더라도 연습을 거듭하면 잘 타게 되지 않던가요. 단시간에 배울 수는 없을지라도 끈기를 갖고 포기하지 않으면 결국은 해낼 수 있어요. 우리가 무엇을 생각하느냐에 따라 우리 뇌도 달라지니까요."

"하지 못할 것이라고 생각하면 하지 못하는 쪽으로 기울고, 할 수 있다고 생각하면 할 수 있는 쪽으로 기운다는 말씀인가요?"

"그래서 내가 할 수 있다는 강한 확신이 중요한 겁니다. 자기 자신을 믿고 행동하는 사람은 인생은 도전이며, 예전엔 할 수 없었던 일들도 끈기를 갖고 지속하면 해낼 수 있다는 것을 배우지요. 어려운 일을 아직 못 해낸다고 해서 지나치게 상심할 필요는 없어요. 비록 눈에 보이는 결과가 실패라고 여겨져도 개선할 부분이 무엇인지, 어떻게 하는 게 더 나은지, 다음번에 더 잘하기 위해 무엇을 하면 되는지, 과정에서 배우는 게 중요하니까요."

"그런 긍정적인 사고는 어디에서 오는 거죠?"

"좋은 질문이군요! 지은 씨는 어린 시절 누구에게 어떤 칭찬을 받았나요? 가장 처음 떠오르는 기억이 있나요?"

칭찬이라는 말과 함께 가장 먼저 떠오른 사람은 할머니였다. 할머니 생각을 하자 저절로 마음이 부드러워졌다. 할머니는 '무조건적인 내 편'이었다.

"할머니에게 들은 칭찬이 먼저 기억나네요. 저만 보면 '아이고 예쁜 내 새끼'로 말을 시작해선 밥을 먹어도, 뛰어다녀도, 심지어 방귀를 뀌어도 '아이고 예쁜 내 새끼'를 연발했죠. 한번은 혼자 신발을 신고 있는데 옆에서 '옳지, 잘한다! 잘한다!' 하시는 거예요. 엄마는 답답하다고 신발에 제 두 발을 들이밀다시피 하면서 신겼거든요. 그런데 할머니는 오른쪽 왼쪽 거꾸로 신어도 잘했다고, 벗고 다시 신으면 된다고 격려해주었죠."

"결과가 아니라 과정에 대한 칭찬을 들었을 땐 어땠나요?"

"잘못해도 다시 하면 된다고, 자신감이 생겼죠."

"타고난 재능이 아닌 배움의 과정에 대한 반응. 그게 바로 드웩이 한 연구의 핵심이에요. 고정 마인드셋을 지닌 사람들은 좋은 일이 생기면 긍정적으로, 나쁜 일이 생기면 부정적으로 해석한다고 합니다. 그러나 성장 마인드셋을 지닌 사람들은 주변 상황을 관찰하면서 정보를 배움이나 건설적 행동으로 해석한다고 해요. 자신이나 타인을 판단하거나 심판하기보다 '이것으로 내가 무엇을 배울 수 있을까?' 질문을 던지는 겁니다. 그리고 이것은 지금부터 할 이야기인 자기효능감[8]과도 이어집니다."

"자기효능감이요? 그게 뭔가요?"

제이는 내 질문에 답하는 대신 더없이 멋진 미소를 지었다. 말로 다 표현할 수 없을 만큼 귀한 보물을 가진 사람처럼. 그리고 천천히 말을 이었다.

"집중과 몰입이라는 문을 여는 황금 열쇠죠."

자기효능감을 키워라

제이가 자리에서 일어났다. 잠시 후 돌아와 다시 자리에 앉자 머리카락이 나부꼈다. 창문을 열고 온 모양이었다. 제이를 통과한 바람이 화면 너머에 있는 나한테까지 전해지는 듯 상쾌했다.

"과거의 실패에 사로잡힌 채 살아간다면 평생 불행한 삶을 살게 돼요. 사실이 아니라 생각을 넘지 못하는 경우가 대부분이니까요."

나는 고개를 끄덕였다. 공부를 못하는 '사실'이 내 발목을 잡고 있는 게 아니라, 공부를 못한다는 '생각'이 진정한 방해물이었다는 것을 알게 되었기 때문이다.

"대입 수능 시험의 과목이든 팀의 업무이든 지은 씨가 '원래 못한다'고 여겨온 그 '생각'은 '사실'이 아니에요. 마치 일어나서 창문을 열기만 하면 되는데, 저 창문은 절대로 열리지 않을 것이라고 믿는 것과 같죠. 이렇듯 현실과 생각 사이에는 커다란 틈이 존재하고 있어요. 그 틈을 좀

촘히 메우고 있는 게 뭐라고 생각하나요?"

"학습된 무기력?"

제이가 고개를 끄덕였다. 그의 머리카락이 여전히 바람에 부드럽게 휘날리고 있었다.

"무엇을 어떻게 하면 학습된 무기력에서 벗어날 수 있을까요?"

"과거에 고착된 과거의 나를 타파하고, 새로운 나로 만들어야죠."

"그게 정말 가능한가요?"

"물론이죠. 앞으로 저와 만나는 동안 지속적으로 그 방법을 배울 겁니다. 객과공 멘토링을 하는 이유니까요. 우선 지은씨가 제일 먼저 배울 것은 자기효능감을 높이는 방법이에요. 심리학자 앨버트 밴듀라가 소개한 자기효능감은, 구체적인 상황에서의 자신감을 뜻합니다. 우리가 최종적으로 배울 집중과 몰입의 공부법에 진입하기 위한 첫번째 단계지요. 자기효능감은 학습된 무기력에서 벗어나는 좋은 방법이기도 해요. 타고난 능력에 맞추었던 초점을 새로운 시도를 해보는 쪽으로 바꾸는 겁니다. 말하자면 자신에 대해 긍정적인 마음을 갖는 연습이지요."

"어떻게요?"

"쉬운 일부터 시작해볼까요? 제가 권하고 싶은 건 마틴 셀리그먼이 그의 책《마틴 셀리그만의 플로리시》에서 제시한 방법입니다. '매일 세 가지 좋은 일 연습'이죠."[9]

"세 가지 좋은 일이라고요? 매일이요?"

듣자마자 걱정이 모락모락 솟아올랐다. 나는 '머피의 법칙'이 중력처럼 작용하는 종류의 인간이었다. 좋은 일을 해도 나쁜 일로 결과가 돌아오는 일이 비일비재했다. 오죽하면 친구들마저 '지은' 죄가 많아서가 아니냐며 이름으로 놀리기까지 하겠는가. 세 가지 좋은 일은커녕 세 가지 나쁜 일이나 하지 않으면 다행이었다. 그러나 내 걱정과 달리 제이는 태평했다.

"걱정 말아요. 세 가지 정도는 쉽게 할 수 있어요. 이틀이 되기도 전에 세 가지가 아니라 삼십 가지도 넘게 할걸요?"

'설마, 그럴 리가요.'

마음의 소리는 입 밖으로 나오지 못했다. 아니라고 반박하기엔 제이의 목소리가 너무나 확고했던 것이다. 남의 인생에 이렇게까지 낙관적인 확신을 갖는 이유가 무엇인지 궁금할 정도였다. 제이의 확신 앞에 나의 불신은 무릎을 꿇었다. 까짓것 해보자는 마음이 들었다.

"그래서 제가 뭘 하면 되나요?"

"셀리그먼의 책에 따르면 우선 일주일 동안 매일, 그날 한 일 중에서 좋은 일 세 가지를 골라 짧은 문장으로 쓰면 됩니다. 예를 들면 이런 게 있겠군요. 아침밥을 챙겨 먹었다, 회사에 10분 일찍 출근했다, 스스로를 격려했다, 뒷담화에 끼지 않았다, 부모님께 안부 전화를 했다, 할인 쿠폰을 받았다…… 자신의 기분을 좋게 하고, 타인에게 도움이 되는 것이라면 소소한 일들도 얼마든지 괜찮아요. 그리고 책에서 제시하는 세 가지 질문을 던져봐야 합니다. 이 좋은 일이 일어난 이유는 무엇일까? 이것은 내게 어떤 의미가 있을까? 어떻게 하면 좋은 일을 앞으로 더 많이 경험할 수 있을까?"

"으아아아아, 왠지 손발이 오그라드네요."

"하하하. 자신의 삶에 좋은 일이 왜 생겼는지 이유까지 쓰는 일이 처음엔 어색하겠지만, 매일 계속해보세요. 분명히 지은 씨의 사고에 변화가 생길 테니까요. 셀리그먼은 '세 가지 좋은 일 연습'을 통해 낙관주의를 향상시킬 수 있다고 강조합니다."

"알겠어요. 기존의 습관을 버리는 일이니 제게도 큰 도전인 셈이네요. 까짓것, 해보죠 뭐. 도전하겠습니다!"

"하하하. 패기 넘쳐서 좋은데요. 핵심은 습관처럼 해오던 일 대신 새로운 일을 해보는 거예요. 새로운 습관으로 자리잡을 때까지 꾸준히 작은 변화를 주는 거죠. 《습관의 재발견》이란 책에 따르면, '작은 행동이 큰 결과를 가져온다'고 해요."[10]

"작은 변화를 준다……."

"갑작스러운 큰 변화가 기적처럼 일어나길 바란 건가요?"

"그건 아니지만 너무 쉽다고 하시니, 그렇게 쉬운 일로 꽝꽝 얼어붙은 학습된 무기력과 고정관념을 깨부술 수 있을까 해서요."

"시작도 하기 전에 걱정부터 할 필요는 없어요."

"걱정이 워낙 습관이 되어서요."

말하고 나니 살짝 민망한 마음이 들었다. 고정관념 자체가 문제가 아니라 그것이 불러오는 걱정과 불안이 장애물이라는 것을 분명히 알게 되었는데도, 습관처럼 또 걱정을 하고 있는 내가 스스로 생각해도 우스웠다.

“어떤 습관을 갖고 있는지 통찰하는 건 아주 좋은 태도예요. 일을 시작하기 전에 걱정부터 하는 습관은 눈에 띄지 않는 작은 것일지도 모르지만, 그것이 우리 삶에 미치는 영향은 어마어마하게 큰 것이죠. 물론 걱정은 때로 우리를 보호하기도 합니다. 신중하게 행동하도록 하고, 성급하게 판단하는 것을 보류시키지요. 그러나 현실적으로 타당성을 검토하는 것과 걱정의 탈을 쓰고 내가 해야 할 일도 지연시키는 행위는 분명 다른 거예요. 《습관의 재발견》에서 강조하듯 작지만 좋은 습관을 꾸준히 하면 어느 순간 놀라운 결과를 만날 거예요. 작고 쉬운 일은 하기에 부담도 없고 꾸준히 지속하기에도 좋아서 습관으로 만들기에도 그만이지요. 식사 후 양치질을 하는 것과 같아요. 작은 습관이지만 양치질은 우리 치아 건강을 오랫동안 유지해주잖아요. 크고 작은 것보다 중요한 것은 꾸준히 하는 것이지요. 완전히 몸에 익어 제2의 천성이 될 때까지요.”

나는 아까와 다르게 힘차게 고개를 끄덕였다. 세 가지 좋은 일을 과연 할 수 있겠냐고 걱정만 하고 있느니 일단 시도해봐야겠다는 생각이 들었다. 세 가지 좋은 일을 매일 하는 게 ‘어렵지 않을까?’라고 걱정했을 땐 온갖 부정적인 이유들이 떠올랐는데, ‘좋아, 해보자’라는 결심을 하자 마음도 긍정적인 상태로 변했다. 긍정적인 마음으로 세 가지 좋은 일을 떠올려보았다. 가장 먼저 엄마에게 전화해서 김치 고맙게 잘 먹겠다고 인사해야겠다는 생각이 났다.

“좋아요! 해볼게요.”

왠지 마음이 홀가분했다. 도전하겠다고 결정한 것만으로도 마음속에서 의욕이 넘쳐나고 있었다.

◆ ◆ ◆

두번째 멘토링 시간이 거의 끝나가고 있었다. 방금 전까지 나눈 대화 내용을 되새겨보았다. 나에 대해 갖고 있던 고정관념 하나가 깨지는 신선한 경험을 했지만, 마음 저 깊은 곳에까지 배어 있을지도 모를 학습된 무기력에서 벗어나려면 부단한 노력이 필요할 터였다. 그러나 이젠 눈앞에 길이 보였다.

"과장님께 이야길 들었을 땐 솔직히 반신반의했어요. 업무 능력 향상을 위한 특훈을 시키시는 건가 하는 생각도 했고요."

"특훈이 아니어서 실망했나요?"

"아뇨. 단순히 업무에 한정된 것이었다면 오히려 더 크게 좌절했을지도 모르죠. 고정관념과 학습된 무기력에 찌든 채로요."

가볍게 던진 농담을 알아들은 제이가 밝게 웃었다.

"반가운 이야긴데요."

"집중과 몰입이 중요하다는 말을 들었을 땐 이게 뭔가 싶었지만, 이제는 공부의 본질을 짚어주는 사고법이라는 생각이 들어요."

"훌륭해요. 제대로 된 공부법을 배운다는 건 결국 제대로 생각하는 법을 배우는 일이니까요. 그렇기에 공부는 스킬이나 테크닉이 아니라 삶에 대한 태도라고 봐요."

"삶에 대한 태도라고요?"

"네. 물론 방법론적인 공부법도 있지요. 제가 오늘 말씀드린 셀리그먼의 세 가지 좋은 일 연습 같은 것이요. 하지만 이 연습 또한 결국 삶을 대하는 태도와 연관되어 있어요. 내 삶을 가치 있게 만들겠다는 마음가짐이라고 볼 수 있지요."

제이의 눈이 투명하게 빛났다. 저 밑바닥에 감춰놓은 속마음까지 모두 드러내 보일 듯, 맑은 눈이었다. 덕분에 나도 좀더 담백하게 속내를 꺼내 보일 수 있었다.

"예전엔 단순히 대학에 가고, 외국어를 배우고, 자격증을 따고, 직장에서 승진하기 위해 공부한다고 생각했어요. 공부는 굉장히 힘들고 지겨운 것에 불과했고요. 하지만 대화를 나누는 동안 공부에 대한 정의 자체가 달라진 것 같아요. 명확하게 말할 수는 없지만…… 지금 말씀을 들으니 더 크고 높은 목표를 이뤄주는 도구라는 생각이 들어요."

"더 크고 높은 목표라고 했나요? 그게 어떤 거죠?"

"나는 누구인가…… 어떤 사람이 될 것인가…… 그리고 어떤 삶을 살 것인가…… 이런 것들에 정직하게 답하는 것이요, 그리고 그런 인생을 살아가는 것이요."

제이가 놀란 눈으로 나를 바라보았다. 그러나 제이보다 놀란 사람은 나였다.

'오 마이 가쉬!'

나는 얼어붙었다. 이게 진정 내 입에서 나온 소리라니. 얼어붙은 나를 깨뜨려준 것은 제이였다. 커다랗게 박수를 치면서 오케이를 연발했던 것이다.

"오케이! 오케이! 좋아요! 좋습니다. 비로소 본격적으로 대화를 나눌 때가 되었군요. 오늘 멘토링 시간이 끝나는 게 아쉬울 정도네요."

살아오는 동안 한 사람과 이렇게 깊은 대화를 나눈 적이 없었다. 그런데 비로소 본격적인 대화를 나눌 때가 되었다니, 얼마나 많은 대화를 하게 될지 상상도 할 수 없었다.

그러나 궁금한 것은 둘째 치고 정신을 차리기 힘들었다. 조금 전 내 입에서 나온 말이 그만큼 충격적이었다. 분명 내가 한 말이었는데, 어째서인지 '내가 한 말이라고 왜 말을 못하니!'라고 절규라도 하고 싶은 심정이었다.

그러나 이런 충격 따위는 전혀 모른다는 듯, 제이는 힘차게 말을 이었다. 황금빛으로 뻗어나가는 진격의 나팔소리처럼 우렁찬 목소리였다.

"앞으로 남은 만남 동안 저는 최선을 다해 아는 것을 모두 전수할 생각입니다. 지은 씨가 배울 공부법은 정말로 소중하고 귀한 것을 위한 공부법이라는 것을 알아주세요."

"소중하고 귀한 것이요?"

"가장 중요한 것, 즉 지은 씨의 정체성입니다. 자기효능감을 키우는 연습을 하는 이유도 정체성을 변화시키기 위해서지요."[11]

"아……."

“《뉴욕 타임스》 베스트셀러 작가인 제임스 클리어의 책 《아주 작은 습관의 힘》을 보면 정체성은 내가 나에 대해 어떻게 생각하는가와 관련이 있어요. 스스로에 대해 갖고 있는 생각이라고나 할까요. 다이어트를 반복하는 일을 생각해봅시다. 인터넷에서 찾은 수많은 방법론들, 누군가의 조언들을 따르는데도 불구하고 계속 다이어트에 실패한다면, 그 이유가 무엇일까요? 방법의 문제일까요? 환경의 문제일까요?”

“둘 다 문제겠죠.”

“방법과 환경보다 더 중요한 것, 자신을 어떻게 생각하느냐의 문제예요. ‘나는 이 정도 음식으로 충분해. 나는 건강을 중요하게 여겨. 지나친 칼로리로 몸에 부담을 주고 싶진 않아.’ 이렇게 확고한 생각을 갖고 있다면 눈앞의 음식에 손을 뻗는 일은 하지 않을 겁니다.”

“요컨대 자신을 어떻게 여기느냐에 따라 달라진다는 말씀이죠?”

“맞습니다. 제임스 클리어는 이 책에서 변화에는 크게 세 단계가 있다고 설명합니다. 첫번째는 결과를 바꾸는 것이죠. 예를 들어 게임 중독에 빠진 사람이 게임을 끊는 일입니다. 두번째는 과정을 바꾸는 겁니다. 시스템을 정비하는 일이 필요하죠. 컴퓨터를 치우고 모바일에서 게임을 삭제하며 주변 사람들에게 게임을 끊었다고 알리는 등 환경을 바꿉니다. 처음엔 의지를 갖고 행하기에 순조로울 수 있습니다. 하지만 모두 다 성공하는 건 아니지요.”

“대개는 작심삼일로 끝나고 말죠.”

“하기 어려운 일을 해내는 사람도 있지만 우리처럼 평범한 사람들은 다시 예전 상태로 쉽게 돌아가지요."

나는 '우리 같은 평범한 사람'에 당신은 포함되지 않는 것 같다고 반론을 제기하고 싶었지만 중요한 것은 그런 게 아니었다.

"세번째는 정체성을 바꾸는 것입니다. 나는 게임에 관심을 두지 않는 사람이라고 생각하면 게임을 하지 않을 테니까요. 클리어는 중요한 것은 '무엇을 하느냐'가 아니라 '어떤 사람이 되느냐'라고 강조합니다. 무엇을 하느냐는 내가 어떤 사람이냐에 따라 달라지겠죠."

'단순히 공부를 하는 방법을 배우고 습관을 형성하는 것인 줄 알았는데 정체성의 변화라니…….'

제이는 생각하지도 못했던 거대한 관점을 제시하고 있었다. 부산행 기차를 탔는데 은하철도 999에 탑승한 걸 뒤늦게 알게 된 것 같은 놀라움으로 그를 바라보았다.

"정말 그런 일이 가능한가요?"

"우리가 공부법에 관심을 갖는 이유는 단순히 스킬 몇 가지를 배우기 위해서가 아닙니다. 그런 건 인터넷 검색이나 관련 책 몇 권을 읽는 것만으로도 충분히 알 수 있지요. 우리가 공부를 하는 이유가 뭘까요? 업무를 잘해서 높은 연봉을 받는 것? 집을 사고 차를 사고 더 안락하고 편안해지는 것? 물론 새로운 것을 배우고 익히는 힘을 키우면 그것도 얻을 수 있게 됩니다. 그러나 그건 공부가 주는 거대한 열매의 아주 일부일 뿐입니다. 우리가 얻을 수 있는 수확의 극히 일부분에 지나지 않죠. 자신에 대한 긍정적인 정체성을 확립하는 것에 비하면 말입니다. 세 가지 질문에 대한 답을 찾으라고 했던 것도 그런 이유에서입니다."

"나는 누구인가? 나는 어떤 사람이 될 것인가? 나는 어떤 삶을 살 것인가? 이 세 가지 질문에 대한 답 말이죠?"

"맞습니다. 그리고 우리가 함께 나눌 공부법은 거기에 이르는 과정이 되겠죠. 객관적이고 과학적인 공부법은 지은 씨를 송두리째 바꿀 겁니다. 그야말로 인생 공부법이니까요."

인생 공부법! 가슴이 두근거렸다. 직장에 합격했다는 소식을 들은 이후로 이렇게 심장이 세차게 뛴 것은 처음이었다. 가슴 한구석에 미미하게 남아 있던 의심과 불신이 사라지고, 적극적으로 배우고 싶다는 열기가 온몸으로 퍼져 나갔다.

하루 세 가지 좋은 일, 매일 눈에 띄는 변화

잠시 외출했다가 집에 돌아오니 문 앞에 택배가 와 있었다. 김치였다. 방에 들어서자마자 냉장고 정리부터 시작했다. '냉장고 정리'라기보다 '냉장고 발굴' 수준이었다. '네가 왜 여기서 나와?'라고 말하고 싶은 것들이 줄줄이 발견되었다. 신기한 고대 유물이라도 보는 것처럼 일회용 그릇에 담겨 있는, 먹다 남긴 음식들을 확인했다. 만약 먼 미래에 인류학자가 이 냉장고를 보았더라면, '잡식에 상한 음식도 가리지 않는, 알 수 없는 식성의 생물체가 살았다'는 연구 논문을 썼을 것이다.

그러나 그것은 시작에 불과했다. 채소칸을 열었다가 그만 자동적으로 문을 닫고 말았다. 차마 눈뜨고 볼 수 없는 지경이었다. 창문을 활짝 열고 심호흡을 한 뒤 다시 냉장고 문을 열었다.

언제 사두었는지 기억조차 까마득한 레몬, 형체를 알 수 없을 정도로 뭉그러진 가지, 애초에 왜 샀는지 알 수 없는 무 조각, 원래 무슨 색이었는지 알 수 없게 되어버린 상추에 이르기까지 모든 채소엔 하얗게 곰팡이꽃이 피어 있었다. 아침에 '살아 있는' 계란과 양파를 발견한 일은 기적이었다고 가슴을 쓸어내렸다.

작은 냉장고를 꽉 채우고 있는 것은 김치였다. 뚜껑을 열어보고 이맛살을 찌푸리고, 또 하나 뚜껑을 열어보고 더 세게 이맛살을 찌푸리는 일이 몇 번이나 반복되었다. 냉장고가 꽉 찰 정도로 김치가 많았지만 먹을 수 있는 것은 거의 없어 보였다.

"이건 뭐, 냉장고가 아니라 곰팡이 배양소네."

새삼 엄마에게 미안한 마음이 들었다. 엄마가 밥을 차려주던 시기가 그리웠다. 엄마표 김치찌개가 세상에서 가장 맛있다고 생각하던 때도 있었다. 그러나 지금은 '그놈의 김치찌개'를 생각만 해도 고개가 모로 돌아갔다. 아깝지만 이대로 둘 수도 없었다. 과감하게 냉장고 김치 제거에 들어갔다.

제거의 대상은 김치만이 아니었다. 냉동실을 점령하고 있는 성에도 오늘의 타도 대상이었다. 휴대폰으로 '냉동실 성에 제거법'을 검색해가면서 성에 제거에 박차를 가했다. 음식물 정리와 청소를 하고 나니 비좁아서 금방이라도 터질 것 같았던 냉장고가 널찍한 들판처럼 여유로워 보였다.

"진작 할 걸 그랬네. 오늘 저녁은 고기 구워 먹자!"

벌써 한 가지 좋은 일을 했다! 기분이 상쾌했다. 마트에 가는 길에 엄마에게 전화를 걸었다.

"엄마, 김치 잘 받았어."

"먹어봤어?"

"아직. 저녁에 고기랑 같이 먹으려고."

"잘 생각했다. 그런데 혼자 먹어?"

"고기잖아, 고기. 혼자 먹어도 맛있지."

사귀는 남자친구는 있느냐는 이야기로 빠지기 전에 얼른 대답을 하고 "엄마 고마워요, 엄마 사랑해요"를 연발하고 전화를 끊었다.

마트에선 마침 타임 세일중이었다. 호기롭게 스테이크용 고기를 사려다가 김치엔 역시 삼겹살이라는 생각에 삼겹살로 골랐다. 쌈 채소, 마늘과 양파, 파채, 맥주도 몇 병 카트에 넣었다. 저녁 메뉴는 파채를 곁들인 삼겹살과 마늘 양파 구이, 시원한 맥주였다. 물론 엄마표 김치도 함께.

오랜만에 집에서 해 먹는 혼밥은 만족스러웠다. 김치는 알맞게 익어 있었다. 엄마는 아마 '자신의 김치를 세상에서 가장 좋아하는 딸'이 최상의 상태에서 먹을 수 있도록 택배 시간까지 고려했을 터였다. 발효가 잘된 김치는 삼겹살과 찰떡궁합이었다. 김치와 삼겹살을 흡입하면서 문득 발효의 시간에 대해 생각했다.

발효가 잘된 김치는 딱 알맞게 맛있다. 그러나 설익었을 때는 풋내가 나고, 지나치게 시간이 지나면 곰팡이가 피거나 쉰내가 난다. 알맞은 균형점의 미묘하고 오묘한 점을 분석하는 일은 아삭아삭한 김치를 씹으며 할 일은 아닌 듯했지만, 한번 떠오른 생각은 물길을 찾은 샘처럼 퐁퐁 솟아났다.

'팀 업무도 비슷하지 않을까?'

박 과장과 이 대리는 잘 발효된 김치처럼 정확한 순간에 할 일이 무엇인지 알았다. 그러나 내가 일할 때를 돌아보면 너무 앞서가거나, 반대로 뒤늦을 때가 많았다. 앞으론 상대의 입장에서 그들이 무엇을 원하는지 좀더 생각해보자고, 입안 가득 삼겹살과 잘 익은 김치를 넣으며 생각했다. 중요한 것은 '밸런스'였다.

"어라? 혹시? 이런 건가?"

나는 커다랗게 싼 쌈을 입에 막 넣으려고 하다가 멈추었다. 제이가 좋은 일 세 가지를 매일 하라고 한 것도 일종의 '밸런스'와 연관이 있다는 생각이 들었다. 부정적인 생각으로 가득찬 마음속에 긍정적인 것을 채워넣어서 마음을 중화시키는 것. 굳이 큰 변화를 요구하지 않은 것도 작은 변화로 즐거움을 더 많이 느껴보라는 의미인 듯했다. 제이의 빅 픽처를 발견한 것 같은 순간이었다.

"좋아. 즐겨주겠어!"

호기롭게 쌈을 한입에 밀어넣었다. 밥을 먹은 후엔 미루지 않고 바로 설거지를 했다. 세탁기를 돌리면서 청소를 했다. 일상적인 삶을 정상적으로 해나가고 있다는 기분은, 업무를 잘했을 때와는 또 다른 충족감을 주었다.

'사는 게 별건가? 이런 게 사는 맛이지!'

내 삶을 통제할 수 있고, 스스로 방향성을 잡아가는 기분이었다. 냉동실엔 여분의 고기가 들어 있었고, 냉장고엔 맛있는 김치가 들어 있었다.

가슴이 꽉 찬 듯 기분이 좋았다.

이날 밤, 세 가지 좋은 일을 한 것을 문장으로 남겼다.

1. 냉장고를 치우고 정리했다.
2. 엄마에게 감사 인사를 했다.
3. 맛있는 저녁 식사를 했다.

그리고 세 가지 좋은 일에 대해 생각한 것도 적었다.

"첫째, 좋은 일이 일어난 이유는? 내가 행동했기 때문이지. 하지 않으면 아무것도 일어나지 않는다. 오케이, 이것은 진리! 둘째, 이건 내게 어떤 의미가 있는가…… 음…… 내일도 계속하게 하는 동기부여가 된다. 아, 진짜 뭔가에 동기부여 받은 지가 얼마 만이냐. 셋째, 어떻게 하면 좋은 일을 앞으로 많이 경험할 수 있을까? 행동이지 행동. 계속되는 행동! 꾸준한 행동! 하나의 행동이 다음 행동을 만든다! 뭐야, 이거 쉽잖아?"

게다가 재미도 있었다. 제이가 쉬울 것이라고 했는데 하고 보니 사실이었다. 해보기 전엔 알 수 없는 것이었지만 막상 해보니 매일매일 할 수 있겠다는 자신감이 솟았다. 자기효능감이 레벨 업 된 것은 물론 스스로에 대해서도 한층 긍정적인 마음이 들었다.

◆ ◆ ◆

다음날, 바로 하루 세 가지 좋은 일을 실행에 옮겼다. 출근한 지 불과 30분 만이었다. 엘리베이터 대신 7층에 있는 사무실까지 비상계단으로 올라갔다. 4층까지는 가뿐했다. 휘파람이 절로 나왔다.

'강지은, 아직 살아 있네~!'

발걸음이 멈춘 곳은 5층과 6층 사이의 계단이었다. 얼마 전까지만 해도 하루에도 몇 번씩 고통을 토해내던 곳이었다. 박 과장에게 차이고 이 대리에게 까였을 때 참고, 참고, 또 참다가 심장박동 소리가 째깍째깍 시한폭탄 소리처럼 들리기 시작하면, 반쯤은 넋이 나간 상태로 좀비처럼 걸어 내려오던 곳이었다.

일명 통곡의 벽.

여기를 찾아온 사람이 비단 나만은 아니었을 터. 뜨거운 이마를 차가운 벽에 대고 숨을 고르고 있을 때 얼핏 다른 사람의 기척이 느껴지기도 했다. 그러나 그 누구도 가까이 다가오지 않았다. 지금 이 순간만큼은 혼자만의 시간이 필요하다는 사실을 아는 이들의 배려였을 것이다. 나 또한 마찬가지였다. 누군가 있다고 여겨지면 조심스레 발길을 돌렸다. 그들이 누구였든, 지금까지 한 번도 마주치지 않았지만 알 수 없는 동지애를 느꼈다.

저절로 미소가 나왔다. 불과 얼마 전의 일이 아주 오래된 일처럼 여겨졌다. 통곡의 벽은 소리 없이 미소의 벽으로 바뀌고 있었다. 운동도 할

겸 앞으로도 계속 계단을 이용할 생각이었다.

사무실에 들어서자 박 과장과 이 대리가 보였다.

"좋은 아침입니다!"

박 과장과 이 대리가 동시에 뒤를 돌아보더니 이내 서로 마주보았다. 두 사람은 차마 말은 못하고 표정으로 대화를 했다.

'무슨 일이야, 강지은 재 왜 저래?'

'저도 모르죠.'

'사고 친 거 아니지?'

'그야 모르죠.'

'오늘 하루 잘 데리고 있어라.'

나는 등 뒤에서 일어나는 무언의 대화를 추리하며 곧장 탕비실로 들어갔다. 기분 좋게 각기 다른 석 잔의 커피를 만들었다.

'박 과장님은 더워 죽어도 핫 아메리카노. 이 대리님은 얼어 죽어도 아이스 아메리카노. 하여튼 둘 다 취향 한번 일관적이라니까. 그리고 이건 나를 위한 커피.'

종이컵에 믹스 커피 2개를 탈탈 털어넣었다. 박 과장과 이 대리의 자리에 커피 한 잔씩을 놓고 내 자리로 돌아온 후 커피를 한 모금 마셨다. 등 뒤에서 두 사람이 동시에 벌떡 일어난 걸 눈치챘지만, 알면서도 모르는 척 커피 맛을 음미했다. 어느 때보다 그윽하고 향긋한 맛이었다. 크읏, 소리를 내며 커피를 원샷한 후 바로 업무에 착수했다.

"지은 씨, 신한상사 재무제표 좀 가져오세요."

박 과장의 자리로 가며 생각했다. 습관처럼 하던 일에서 벗어나 작은 변화를 줄 좋은 기회였다.

"넵! 소문보다 안정성이 떨어지던데요. 부채비율이 100퍼센트가 넘고, 유동비율은 98.1퍼센트예요."

박 과장이 3초 동안 나를 바라보았다. 이게 무슨 일인가 싶은 얼굴이었다. 이제껏 이런 식으로 말한 적이 없었기 때문이다. 평소 박 과장에게 보고할 땐 물어보는 말 이외엔 내 생각을 말하지 않았다. 솔직히 말하자면 시키는 일의 의도조차 읽지 못했다고 보는 것이 정확하다. 그간 업무를 정확히 해내기는커녕 혼돈의 도가니 속에 빠져 있었으니, 지금 수치로 말하는 나를 보는 박 과장이 놀라는 것도 무리는 아니었다.

"다음달에 유건유통과 협업하는 거 알죠? 그쪽은 어떤가요?"

"유동비율이 200퍼센트가 넘어요. 당좌비율도 100퍼센트 이상이고요. 걱정 없을 것 같습니다."

박 과장이 고개를 끄덕였다. 이 대리가 무슨 일인가 싶어 고개를 내밀었다. 남들이 들으면 평범한 대화였지만 그에겐 천지개벽할 일일 터였다. 도대체 이게 무슨 일인가 싶어 이 대리는 박 과장을 쳐다보았지만, 박 과장은 그저 어깨를 으쓱할 뿐 별다른 언질을 주진 않았다. 이 대리는 몇 번이나 "대박! 대박! 대~~~박!"을 중얼거리다 자신의 일로 돌아갔다. 이후로도 이 대리는 5분 간격으로 "대박!"을 외쳤다.

얼마 전부터 집중적으로 재무제표를 읽는 연습을 해온 게 이제 실효를 거두는 것 같았다. 처음엔 그저 숫자일 뿐이었지만 차츰 보는 눈이 생기기 시작했다. 유동자산과 유동부채를 집중적으로 보면 어떤 회사라도 안정적인지 아닌지 판단할 수 있는 감이 왔다. 적응을 한 것인지, 마인드가 달라지니 보는 것이 달라진 것인지 알 수 없었지만 이제는 박 과장이나 이 대리가 업무 지시를 하면 시키는 것만 하는 것이 아니라, 어떤 필요에서 그 일을 해야 하는지도 생각하게 된 것이었다. 이것만으로도 엄청난 변화였다.

◆ ◆ ◆

사실 내가 정말로 간절하게 바꾸고 싶은 건 한 가지였다. 며칠째 전투적인 마음으로 굳세게 다짐했다.

'오늘은 기필코 바꾸고 만다!'

결전의 시간이 다가왔다. 점심시간, 이 대리가 놀란 눈으로 나를 바라보았다. 김치찌개 대신 순두부찌개를 주문했던 것이다.

"뭐야. 왜 그래요? 무슨 일 있어요?"

"아뇨."

"그러지 말고 먹고 싶은 거 시켜요."

"먹고 싶은 거 시킨 건데요."

"그러니까. 왜 김치찌개 안 먹냐고요? 좋아하잖아요."

"제가요?"

"일주일에 4일은 김치찌개. 그나마 나머지 하루도 김치찜, 김치볶음밥 먹잖아. 와, 진짜 독하다, 독해. 질리지도 않아요?"

"네에에에에에에? 그건 제가 할 소린데요?"

"무슨 소리예요?"

"이 대리님이 허구한 날 김치찌개만 드셨잖아요."

"그거야 지은 씨가 좋아하니까 같이 먹어준 거죠."

이런 걸 뭐라고 해야 좋을까. '김치찌개 사태'라고 불러야 마땅했다. 원수인 줄 알고 죽어라 싸웠던 상대한테 "사실은 내가 네 애비다!"라는 말을 들었더라도 이렇게까지 놀라진 않았을 것이다. 어이가 없었다. 정말로 어이가 없었다. 어이가 없다는 말이 무슨 뜻인지, 온몸에 전율이 일어날 만큼 깨달은 날이었다.

"우와, 이 대리님, 진짜 무섭네요."

"순두부라니! 지은 씨가 더 무서워요."

"계란말이 시켜도 돼요?"

"와! 계란말이는 쳐다보지도 않더니! 엄청 싫어하지 않았어요?"

"제가 언제요! 없어서 못 먹은 거라고요!"

아무리 항변을 해도 소용이 없었다. 우직한 이 대리의 뇌 회로에는 이미 '강지은 = 김치찌개' '강지은 ≠ 계란말이'라고 입력되어 있는 것 같았다.

'애초에 이런 일이 왜 생겨났지?'

순두부를 한입 떠먹으며 생각에 잠겼다. 처음 이 대리와 점심을 먹으러 갔을 때 "김치찌개 좋아해요?"라고 물어서 "네"라고 대답했다. 이 대리가 김치찌개를 시켜서 나도 따라 시켰을 뿐이고, 배가 고파서 열심히 먹었을 뿐이고, 다음날에도 김치찌개를 먹었을 뿐이었다. 한 번이라도 다른 메뉴를 시키면 간단했을 일을, 이 대리를 따라 왜 그렇게 김치찌개를 시켰는지 알 수 없는 노릇이었다.

'아무 생각 없이 산다는 건 이런 건가……?'

새삼 순두부찌개를 앞에 두고 절감했다. '학습된 김치찌개 무기력'에 빠져 있던 지난날이 억울하기까지 했다. 그러나 이젠 달라질 것이다. 당당하게 먹고 싶은 메뉴를 말할 것이다.

'이게 바로 작은 변화란 말이지.'

나는 순두부찌개를 다시 한입 떠먹고, 계란말이 한 조각을 통째로 입안에 넣으며 행복감에 몸을 부르르 떨었다. 이 대리의 뇌 회로가 '강지은 = 김치찌개'에서 '강지은 = 순두부찌개, 계란말이'로 변하는 순간이었다.

| 3부 |

생성

무엇이 공부 재능을 깨우는가

일주일이 순식간에 지났다. 신기한 일이었다. 제이를 만나는 날엔 저절로 아침 일찍 눈이 떠졌다. 카톡 알림이 연달아 울리는 소리가 들렸다. 쉼 없이 단타로 날리는 카톡. 누군지 안 봐도 알 것 같았다. 지란이었다.

- 오늘 저녁 뭐 함?
- 너희 집에서 치맥 콜?
- 거절은 거절한다.
- 읽씹하지 마.
- 읽고 있는 거 다 알아.
- 내가 쏜다.

옆집에서 태어나 이름의 첫 글자까지 같은 인연으로 나와 지란은 어린이집과 유치원, 초중고 동창을 거치며 절친이 되었다. 지란은 평소엔 발랄한 성격이지만, 술에 취하면 지랄 맞게 변했다. 어렸을 때부터 패션에 관심이 많았던 지란은 자신의 이름을 딴 여성복 쇼핑몰을 운영하고 있다. 한동안 매출이 오르지 않아 걱정이었는데, 최근 온라인 매장의 매출이 폭발적으로 늘고 있어서 눈코 뜰 새 없이 바쁘게 지내는 중이다.

지란이 술을 먹자고 할 땐 이유가 없었지만 우리집으로 온다고 할 땐 이유가 딱 두 가지였다. 하나는 썸이 시작됐을 때고 또 하나는 썸이 끝났을 때였다.

"썸이 끝난 모양이로군."

위험했다. 오늘은 피해야 한다고, 지란과 술을 마시면 절대 안 된다고, 본능적으로 느꼈다. 초단기로 끝난 썸이라는 점도 마음에 걸렸다. '그놈'이 했던 이해하지 못할 말과 행동에 대해 심리학, 경제학, 철학, 수학, 물리학, 진화생물학, 심지어 별자리 유형까지 동원해 다각적이고도 다층적인 해석을 펼치며 "왜 그랬을까?"라고 수억만 가지 질문 공세를 퍼붓는 지란의 지랄스러운 모습이 눈앞에 파노라마처럼 펼쳐졌다. 가히 신기에 가까운 재능이었다.

나는 한창 힘든 시기에 지란을 찾아갔던 일을 떠올렸다. 엉덩이에 난 거대 종기를 째고 난 후였다. 술을 먹으면 다시 종기가 도질 것을 알면서도 이러다 제명에 못 살겠다고, 지란을 찾아가 하소연했다.

"나 회사 그만둘까?"

"뭐? 지금 겨우 그딴 소리 하려고 나를 불러낸 거야?"

"야! 겨우 그딴 거라니? 진짜 죽을 맛이라고."

"네가 지금 월급 받고 살다보니 배가 불렀구나."

스무 살 무렵부터 장사를 배워 스물셋에 어엿한 사장님이 되어서인지, 일과 관련된 이야기를 나눌 땐 그야말로 '직진 지란'이었다.

"월급이고 뭐고 내가 죽겠다니까."

"회사 그만두면 뭐 할 건데?"

"좀 쉬면서 다른 데 알아보지 뭐."

"아무 대책 없다는 소리잖아."

그걸로 끝이었다. 하지만 지란 덕분에 마음을 다잡을 수 있었다. 팩트 폭격을 일삼긴 해도 지란은 언제나 내 편이었다. 게다가 치맥도 자주 쏘는 '언니' 같은 존재였다. 결국 지란의 요청에 응하기로 했다.

-콜.

답장을 보내고 냉장고 문을 열었다. 결연한 표정으로 김치를 꺼내고 두부를 썰었다. 아껴두었던 삼겹살을 냉동실에서 꺼내 김치찌개를 끓였다. 대파를 넣어 계란말이도 두툼하게 부쳤다. 가장 중요한 것은 밥이었다. 갓 지은 따끈한 밥이 필요했다. 지란과의 술 한잔은 그냥 술 한잔이 아니었다. 아침부터 속을 든든히 채우고 결전에 임해야, 죽지 않고 살아서 돌아올 수 있었다. 기필코 견디고 버티고 생존해야 한다. 그 힘의 근원은 오직 '밥심'일 터였다.

◆ ◆ ◆

제이는 검은 브이넥 티셔츠를 입고 있었다. 머리카락마저 유난히 검게 보였다. 성격은 제멋대로지만 일 하나는 끝내주게 하는, 추리소설 속 근사한 탐정 같았다.

“지난 한 주 어떠셨어요?”

“매일 세 가지 좋은 일을 했어요. 진짜 재미있던데요.”

“하기 전과 해본 후가 많이 다르죠?”

“네. 일 자체가 문제가 아니라, 일에 대한 걱정과 예비 스트레스가 정작 일을 못하도록 방해하고 있다는 걸 알게 되어서 신기했고요. 제가 스트레스를 잘 받는 편이라서 그런지…… 아, 이것도 자신에 대한 고정관념일까요?”

“하하하. 하나를 알려주면 열을 깨닫는 훌륭한 학생이군요.”

제이의 호탕한 웃음에 이끌려 나도 크게 웃었다. 설령 하드 트레이닝을 하게 될지라도 즐겁게 해보자고 마음먹었다.

“지은 씨는 공부가 뭐라고 생각합니까?”

“새로운 것을 배우는 것 아닌가요?”

“새로운 것을 배우는 것이다. 틀린 말은 아니군요. 하지만 그 말은 절반만 정답입니다.”

“그럼 나머지 절반은 뭔가요?”

“공부는 파괴입니다. 일본의 젊은 철학자 지바 마사야(千葉雅也)는

'공부란 곧 자기파괴'라고 주장했어요. 그의 책《공부의 철학》을 보면 공부는 단순히 지식이나 정보를 쌓는 게 아니라, 기존의 환경에 적응한 자신의 사고방식에서 벗어나 새로운 환경으로 이동하는 일이라고 설명합니다. 기존의 지식에 하나의 지식을 더하는 것이 공부라고 생각한다면, 이 생각부터 철저하게 버려야 해요. 그래선 절대로 깊이 있는 공부를 할 수 없으니까요. 진짜 공부는 기존의 생각을 바꾸는 것입니다. 그냥 바꾸는 것이 아니라 생각하는 방식 자체를 '근본적'으로 바꾸는 일이니까요."[1]

"근본적으로 바꾼다고요?"

"알게 모르게 자신이 만들어놓은 고정관념이라는 한계를 깨려면, 자신에 대한 부정적인 생각을 바꿔야 합니다. 지은 씨는 줄곧 자신이 머리가 나쁘다는 생각을 했지요?"

"네. 중학생 땐가, 수학 점수가 50점을 못 넘은 적이 있었거든요. 엄마는 아빠를 닮아서 그렇다고, 아빠는 엄마를 닮아서 그렇다고 서로 떠넘기셨죠."

나는 쓴웃음을 지으며 말했다. 좋은 건 자신을 닮아서고, 나쁜 건 상대 때문이라고 했다. 물론 농담이었다. 부모님은 좋은 분들이었다. 최선을 다해 나와 동생을 키웠고, 가능한 한 열심히 뒷바라지를 해주었다. 그러나 부모님에게 전혀 상처받지 않고 컸다고는 할 수 없었다. 악의 없이 무심코 툭 내뱉던 말들을 떠올리면 더욱 그랬다.

"어른이 되어서 그런 말을 들었다면 어땠을 것 같습니까?"

"화가 났겠죠."

"어렸을 때 그 일로 부모님한테 화를 낸 적 있습니까?"

"아니오. 그냥 넘겼죠. 속으로는 화가 났을지도 모르지만……."

"대개 우리가 들었던 부정적인 말들은 주변 사람들에게 들은 말입니다. 하지만 생각해보세요. '난 머리가 나빠!' '이번 생은 틀렸어!' '난 노력해도 안 돼!' 이렇게 결심하고 세상에 태어나는 아이가 있을까요?"

"설마…… 아기가 그런 결심을 하고 태어날 리는 없……."

혹시 농담을 하는 건가 싶어 제이를 보았다. 그러나 제이는 그 어느 때보다 진지했다.

"그렇습니다. 사람은 무한한 가능성의 존재로 태어나죠. 그러다 한 살 두 살 나이를 먹으며 부모 내지 주 양육자, 권위 있는 중요한 사람들이 반복적으로 했던 말을 자기 생각으로 갖게 되지요."

"왜 그런 일이 생기는 걸까요?"

"아이는 학대에 가까운 부정적인 말을 들어도 생존을 위해 본능적으로 분노를 감춥니다. 분노는 마음 밑바닥에 가라앉아 보이지 않을 뿐, 사라지지는 않습니다. 자신에 대한 부정적인 생각도 마치 사실인 양 믿어버리죠. 그래서 겉으론 성공을 갈망하지만 마음 깊은 곳에선 실패하길 원합니다. 성공이 무섭고 두려운 겁니다. 나는 못났으니까, 나는 성공을 못할 테니까."

"시도조차 하지 않으며 방어를 하는 거네요."

"그런 셈이지요. 말하자면 액셀과 브레이크를 동시에 잡고 있어서 어떻게도 할 수 없는 상황이 된다고나 할까요. 난 결코 성공할 수 없을 거라는 학습된 무기력이 견고하게 남아 있는 이상, 어떤 공부법도 지은 씨의 것이 되진 않을 겁니다."

제이는 더이상 말이 없었다. 나도 침묵을 지켰다. 공부란 궁극적으로 자신의 정체성을 바꾸는 일이라는 말의 무게감과 깊이가 묵직하게 다가왔다.

"자신을 바꾸는 일은 심리적 한계를 뛰어넘는 일이기도 합니다. 혹시 로저 배니스터에 대해 알고 계십니까?"

고개를 저었다. 처음 듣는 이름이었다.

"파보 누르미는요?"

역시 고개를 저었다. 두루미는 알아도 누르미는 금시초문이었다.

"1923년 1마일(약 1.6km)을 4분 10초에 달려 세계 신기록을 달성했던 누르미는 '하늘을 나는 핀란드인'이라고 불렸습니다. 이후 오랫동안 그가 세운 기록은 깨지지 않았지요. 심지어 그 기록을 깨는 것은 영원히 불가능하고 여기에 도전하는 인간은 심장, 폐, 뼈까지 망가질 거라며, '마의 4분 대'는 인간의 한계라는 게 정설처럼 굳어지기까지 했습니다. 그런데 이 기록을 깬 사람이 바로 로저 배니스터입니다."[2]

"그가 도대체 누군데요? 프로 육상 선수였나요?"

"의대생이었습니다."

"의대생이요?"

"네. 영국 옥스퍼드대학교에 장학금을 받고 입학한 의대생이자 아마

추어 육상 선수였지요. 그의 이야기는 《퍼펙트 마일》이라는 책에 자세히 담겨 있는데, 그는 의대생답게 인간이 견뎌낼 수 있는 최대의 고통과 라스트 스퍼트 방법을 연구했어요. 마라톤과 달리 1마일 달리기는 체력은 물론 스피드도 중요했으니까요. 그는 날마다 1마일을 4분 안에 달리는 이미지 훈련을 했다고 합니다. 1954년 그가 1마일을 통과한 기록은 3분 59.4초. 그렇게 뛰다간 생명이 위험하다고 의사의 경고까지 들었지만, 그는 훈련을 멈추지 않았죠."

"그리고 드디어 기록을 깼고요?"

"그렇습니다. 물론 현실은 고통의 연속이었을 겁니다. 결승선을 통과한 뒤 의식을 잃고 쓰러지며 심한 고통을 느꼈고, 눈에 비친 사물이 전부 흑백이었다고 하니까요. 그러나 그는 불가능하다고 여기던 4분 벽을 허물어버렸어요."

"그가 다른 사람보다 월등하게 튼튼한 심장과 무릎을 타고난 건 아닐까요?"

"물론 1마일을 빠르게 뛸 만큼 튼튼한 심장과 무릎을 갖고 있었을 겁니다. 하지만 그가 세상에서 가장 튼튼한 심장과 무릎을 가진 사람은 아니었을 거예요. 재능으로 따지면 그보다 더 뛰어난 사람이 많았을 테고요. 하지만 세계 최고 기록을 깬 사람은 재능이 뛰어난 사람이 아니라 바로 '로저 배니스터'였습니다."

"그에게 숨겨진 특별한 재능이 있었던 건가요?"

"육상 천재로 태어났다든가 뭐 이런 거요?"

"네. 의대생이 세계 최고 기록을 갖다니, 천재가 아니고서야……."

"육상 천재로 '태어난' 것이 아니라 육상 천재가 '되어간' 사람이라고 하는 편이 더 정확하겠네요. 남들보다 잘 뛸 수 있는 방법을 끊임없이 연구하고, 현실에 적용했으니 말이지요. 하지만 배니스터가 위대한 이유는 세계 최고 기록을 이뤄서가 아닙니다. 물리적 시간뿐만 아니라 심리적 장벽을 깬 데 있지요. 실제로 그는 '4분의 벽은 심리적 장벽'이었다고 밝히기도 했습니다. 불가능하다고 여겼던 고정관념을 깬 거죠."[3]

"그의 기록은 지금까지도 세계 최고인가요?"

"아니요. 배니스터의 기록은 불과 2개월 만에 다시 깨졌습니다. 1년 후엔 37명, 2년 후엔 무려 300명으로 늘어났지요. 지금은 뉴스거리도 안 되는 기록일걸요."

"아니, 어떻게 그런 일이!"

"배니스터가 한 일을, 다른 사람이 못할 이유가 없겠지요."

맞는 말이었다. 배니스터의 위대함이 심리적 장벽을 깬 데 있다고 한 말이 무슨 뜻인지 실감이 났다. 누군가 한계선을 넘는다. 그리고 뒤이어 한계선을 넘는 사람들이 생긴다. 새로운 한계선이 생긴다. 누군가 그 한계선을 넘는다. 그리고 또……. 문득 박 과장과 이 대리가 생각났다. 박 과장이 한계선을 최초로 넘은 사람이라면 이 대리는 그 선을 따라 넘은 사람이었다. 언젠가 이 대리가 박 과장을 앞서는 날이 올지도 모른다.

'그때 나는 어디쯤 서 있을까.'

아직 박 과장은커녕 이 대리도 따라가지 못하고 있다. 그들이 넘은 선을 나도 넘고 싶다고, 그들 가까이 있고 싶다고, 지금보다 더 분발하고 싶다고 진심으로 생각했다.

"정말 사람의 능력엔 한계가 없는 걸까요?"

"능력에 한계가 있는지는 잘 모르겠지만, 아직 개발할 여지가 많은 건 사실이죠. 심리학자 안데르스 에릭슨(Anders Ericsson)과 과학 전문 저널리스트 로버트 풀(Robert Pool)이 쓴 《1만 시간의 재발견》이라는 책을 보면, 굉장히 흥미로운 기록들이 나옵니다. 특히 최근 100년 동안의 스포츠 역사를 살펴보면 도대체 인류에게 무슨 일이 생긴 걸까 싶을 만큼 경이로운 기록들이 쏟아졌어요. 다이빙 경기에서 공중돌기 2회전은 한때 너무 위험한 기술이라며 금지될 뻔한 적도 있었지요. 하지만 지금은 열 살 정도의 아이들도 해낼 만큼 입문자 수준의 기술로 통한다고 합니다. 고등학생이라면 최고 수준일 경우 무려 4회전 반을 해낸답니다."[4]

"4회전 반이라고요?"

"저런, 놀라기엔 아직 이릅니다. 세계적인 선수들은 '회전'뿐만 아니라 '비틀기'도 하니까 말입니다. 뒤로 공중돌기 2회전 반에 비틀기 2회전 반을 더하는 식입니다."

"엄청나군요! 기적 같은 일로 여겨져요!"

"우연히 일어난 일을 기적이라고 생각한다면, 그건 기적이 아닙니다. 그들의 능력이 기적처럼 보일지 모르지만 결코 기적은 아니라는 말이죠. 하지만 과학적이고 객관적인 노력의 결과로 만들어낸 기적이라면, 맞습니다. 우리가 현실 세계에서 경험하는 놀라운 일들이지요. 제대로 훈련만 하면 누구라도 배울 수 있고, 결과를 만들어낼 수 있지만요."

"누구나 배울 수 있다고요? 예를 들면 저 같은 사람도요?"

"하하하. 지은 씨도 저도 평생 공중돌기 4회전과 비틀기는 배우지 못할지 모릅니다. 하지만 역시 '불가능하다'고 단정지을 수만은 없는 일이죠. 혹시 압니까, 우리도 어릴 때 다이빙을 배우고 체계적인 훈련을 소화했다면 4회전 정도는 할 수 있을지."

아니라는 말을 하기도 전에 반사적으로 고개가 먼저 좌우로 회전했다. 1초에 최대 90회의 날갯짓을 한다는 벌새보다 빠른 속도였을 것이다. 제이가 다시 웃음을 터뜨렸다.

"이 정도 반사 신경이면 세계 신기록감입니다. 고개를 좌우로 빠르게 흔들기 국제 대회라도 만들고 싶은 심정입니다. 틀림없이 지은 씨가 우승일 겁니다."

제이는 한동안 웃음을 멈추지 못했다. 뭐가 그렇게 우스운지 이해가 되지 않았다. 제이의 유머 코드는 조금 엉뚱한 데가 있었다.

"하지만 아직 납득이 되지 않아요. 재능이 없더라도 체계적인 훈련만으로 최고의 자리에 갈 수 있을까요?"

"중요한 사실은 재능만으로는 훌륭한 성과를 낼 수 없다는 겁니다. 타고난 재능이 있어도 성실한 훈련 없이 저절로 최고가 되진 않지요. 혹시 축구 선수가 되어 월드컵에 나가는 게 꿈인가요?"

"아니요."

"그럼 오페라 가수가 되어 뉴욕 메트로폴리탄 무대에 서는 게 인생에서 유일하게 바라는 일입니까?"

"생각조차 해본 적 없는데요."

"회사 업무를 잘하고 싶다고 생각합니까?"

"엄청 잘하고 싶죠."

"자신이 어떤 분야에서 두각을 나타내고 잘하고 싶다고 생각하는 건, 적어도 기본 재능은 타고난 거라고 생각합니다. 아예 관심이 없는 분야에 뛰어들어 잘하고 싶다고 생각하진 않을 테니까요. 그 분야의 프로가 되어 업으로 삼을 정도의 열정을 갖게 된다면, 재능이 있나 없나를 고민할 게 아니라 그 분야에서 꼭 필요로 하는, 제대로 된 공부와 훈련을 하고 있는지를 염려해야 합니다. 손흥민 선수가 재능만으로 세계 최고가 되었다고 생각하나요?"

"물론 아니죠."

"그럼 체계적인 프로그램 없이 단지 죽도록 연습한 것만으로 그런 기술이 가능했을까요?"

"그것도 아니겠죠."

"세계 최고 수준의 선수들은 우연히 혹은 저절로 그 위치까지 간 게 아닙니다. 약물을 쓰지도 않고, 속임수를 쓰지도 않지요. 아까도 말씀드렸지만 객관적이고 과학적인 데이터를 기반으로 만들어진 훈련법을 반복했을 뿐이에요. 그들이 기존의 한계를 깨뜨리고 신기록을 세울 수 있었던 이유도, 이 훈련법을 매일매일 치열하게 행동으로 옮겼던 덕분이지요. 재능을 일깨우는 건 올바른 훈련법이니까요."

올바른 방법으로 시간을 들여 훈련할 때 실력이 일취월장한다는 건 나도 경험상 알고 있었다. 게임을 할 때 아무리 해도 적의 진영을 공략하지 못한 적이 있었는데, 동생의 조언대로 했더니 확 달라진 적이 있었다. 그야말로 눈에서 비늘이 떨어지고 새로운 눈이 떠지는 것 같았다.

"재능이 있든 없든 그 재능을 발굴하고 빛나게 하는 것은 제대로 된 훈련법입니다."

"올바른 훈련 방법이 재능을 일깨운다는 말씀인가요?"

"그렇습니다. 지은 씨가 머리가 나빠서 공부를 못한 게 아니듯, 공부에 재능이 없어서 못한 것도 아닙니다. 재능을 깨우고 갈고 닦는 방법을 몰라서였던 겁니다."

"궁극적으로는 자신을 믿지 않아서였어요. 공부를 잘하는 사람, 일을 잘할 수 있는 사람이라는 정체성을 갖고 있지 않았으니까요."

"지난주 과제를 아주 잘했군요."

제이가 흐뭇한 얼굴로 팔짱을 낀 채 나를 바라보았다.

"그럼 본격적으로 오늘 멘토링을 시작해볼까요?"

제이가 싱글벙글 웃으며 손뼉을 탁 마주쳤다. 마치 '지금부터 굉장히 재미있는 이야기를 할 거예요!'라는 표정이었다.

아는 것은 무엇이고, 모르는 것은 무엇인가

"어떤 일이든 기본이 중요하다는 건 아시죠?"

"네. 기본이 탄탄하면 응용도 가능하고, 위기에도 강하죠."

"그렇다면, 공부를 잘하기 위한 기본은 뭐라고 생각하세요?"

쉬운 질문이라고 생각했지만 막상 대답하려니 어려웠다.

"……이해력인 것 같아요."

"이해력이라, 좋은 대답이군요. 그럼 이해력을 높이는 방법엔 뭐가 있을까요?"

"사고력을 키우는 거요."

"사고력을 키우기 위해 뭘 하면 좋지요?"

"넓게 바라보고 깊게 생각하는 연습이 필요하겠죠."

"예를 들면요?"

"독서라든가……."

"와우! 독서! 독서의 중요성은 아무리 강조해도 부족하지요. 이건 나중에 따로 다룰 테니 오늘은 살짝만 짚고 지나가도록 하겠습니다. 독서의 기본이 뭘까요?"

"읽는 거죠."

"브라보! 맞습니다!"

제이가 열정적으로 박수를 쳤다. 이게 이렇게까지 박수를 받을 일인가 싶었지만 내심 기분은 좋았다.

"공부는 읽기에서 시작됩니다. 그런데 대부분 이렇게 중요한 사실을 간과하는 일이 많죠."

"공부가 읽기에서 시작된다고요?"

"공부는 결국 텍스트를 얼마나 깊게 이해하고 숙지하느냐에 달려 있습니다. 이해력과 사고력이 모두 필요하지요. 텍스트를 이해하려면 당연히 먼저 읽어야겠죠? 시각 혹은 청각 이미지로 된 텍스트도 있지만, 그 또한 넓은 범주에서 '읽는 행위'라고 봅니다. 물론 제대로 읽는 일이 중요하지요. 〈EBS 다큐 프라임〉에 출연한 전 캘리포니아 주립 대학교 독서학과 전정재 교수는 '독서는 단순한 읽기가 아니라 공부의 기반'이라고 했습니다. 공부의 왕도는 읽기를 제대로 하는 것이라고도 했지요. 정신 집중이 안 되거나 동기 유발이 안 되는 학생들은, 읽기가 안 되는 문제를 겪고 있는 경우가 많다는 사실도 말했고요."[5]

"공부를 못하는 이유가 제대로 못 읽어서라고요?"

"공부라는 건 기본적으로 읽기부터 시작합니다. 그러니 제대로 읽고 있는지부터 파악해야 하죠. 전정재 교수는 언어 능력이 부족한 아이들은 물리적인 독서량이 적어서일 수도 있지만, 잘못된 독서 습관을 들인 탓도 있다고 했어요. 건성으로 읽는 습관이 든 경우 많이 읽어도 뇌를 바꿀 힘은 생기지 않습니다."

"건성으로 읽는 경우라면, 저도 꽤 많았어요. 나중에 머릿속에 남는 게 하나도 없더라고요."

"그것과 관련한 연구가 있어요. 〈EBS 다큐 프라임〉에서 성균관대학교 김현철 교수팀이 전국 0.1퍼센트에 해당하는 학생들과 일반 학생들의 차이를 알기 위해 실시한 연구입니다."[6]

"0.1퍼센트요?"

저절로 휘파람이 나왔다. 그들에게 세상에서 가장 어려운 일은 시험을 못 보고 공부를 못하는 게 아닐까? 내가 '공부 흙수저'라면 그들은 '공부 금수저'라는 생각마저 들었다.

"상위 0.1퍼센트라고 하면 타고난 뇌부터 남다를 것이라고 생각할 겁니다. 누군가는 특별한 태교 덕분이라고도 하고, 부모의 유전형질이 뛰어나기 때문이라고도 하겠죠. 공부 머리는 따로 있고, 머리가 나쁘면 공부를 잘하기 어렵다는 게 일반적인 생각이니까요. 그러나 그들은 다른 아이들처럼 평범했어요. 특이한 점이라면 아침밥을 챙겨 먹는 아이들이 90퍼센트 이상이었다는 것 정도였죠."

"아침밥을 먹으면 머리가 좋아지는 걸까요?"

"하하하. 지금까지 안 드셨다면 꼭 챙겨 드세요."

오늘 아침밥을 먹고 나오길 잘했다는 생각이 들었다. 비록 공부를 잘하기 위해 먹은 건 아니었지만, 앞으로 되도록 아침밥을 챙겨 먹자고 결심했다. 어쨌든 0.1퍼센트의 아이들이 하는 행동이니 따라 해서 나쁠 것은 없다는 생각이 들었다.

"그런데 여느 아이들과 다를 바 없이 평범하다면 어떻게 공부를 잘하게 된 건가요? 평범하다곤 하지만 사실 엄청나게 기억력이 좋다든가, 뭐 그런 능력이라도 갖고 있었나요?"

"그 점이 바로 연구 대상이었습니다. 김현철 교수팀이 조사한 것도 학업 성취도와 기억력 테스트였지요. 서로 관련성이 없는 25개의 단어를 하나당 3초씩 총 75초 동안 듣고, 최대한 많은 단어를 기억하게 하는 실험이었어요. 결과를 보면 굉장히 흥미롭습니다. 제가 말씀드리고 싶은 것과 연관되는 부분이기도 하고요."

"흥미로운 결과라니, 그게 뭔데요?"

0.1퍼센트의 아이들이 더 많은 단어를 기억했을 게 뻔한데, 거기에 무슨 흥미로움이 있다는 것인지 모를 일이었다.

'속사포 랩이라도 하듯 단어를 말했나? 들려준 순서와 달리 거꾸로 말했나? 그것도 아니면 단어를 이어 노래라도 만들었나?'

나는 상상의 날개를 펼쳤다. 그러나 이내 날개를 접고 궁금한 것을 물었다.

"0.1퍼센트 학생들은 몇 개의 단어를 맞혔나요? 역시 특별한 아이들답게 다 맞혔겠죠?"

"7개에서 10개 내외의 단어를 맞혔습니다."

"네? 25개 중에 고작 10개 내외라고요? 반도 못 맞힌 거잖아요. 아, 엄청 어려운 단어였나보네요. 그럼 일반 아이들은요? 한 서너 개 정도 맞혔나요?"

"맞힌 개수는 크게 다르지 않았습니다. 약간의 차이는 있었지만, 기억력에 차이가 있다고 보기는 힘들 정도였죠. 하지만 아이들이 몇 개를 맞혔느냐는 중요하지 않습니다. 아이들 간의 차이가 기억력에 있지 않다는 사실이 중요하죠."

"기억력이 아니라면 어떤 차이가 있었던 건가요?"

"0.1퍼센트 아이들은 자신이 아는 것은 무엇이고, 모르는 것은 무엇인지 정확히 구분해서 알고 있었다고 합니다."

"아는 것과 모르는 것이 무엇인지 알고 있었다고요?"

"방송에서는 메타 인지라고 설명했는데, 다른 말로는 '지식 지(知)', 즉 지식에 대한 지식이라고 합니다. '지식 지'는 학습 능력을 좌우하는 중요한 지표예요. 자신이 무엇을 모르는지 알고 있어야 새로운 학습을 할 수 있으니까요. 배운 내용이니 알고 있으리란 착각에 빠지지 않기 때문이지요. 0.1퍼센트의 학생들은 자신이 기대했던 점수와 거의 같은 점수가 나왔어요. 시험 결과를 확인하는 것은, 단순히 시험을 잘 봤느냐 못 봤느냐를 보기 위함이 아니라 자신의 실력을 확인하려는 것뿐입니다. 자신이 무엇을 모르는지 알면, 어디를 더 공부해야 할지 명확해지기 때문에 그 부분만 집중적으로 공부하면 되죠. 즉 같은 시간을 공부해도 시간이 절약되고 틀리는 일도 줄고 효율성이 높아지는 셈이지요."

아는 것을 아는 것이라 하고 모르는 것을 모르는 것이라 하는 게 공부의 기초라고 한다지만, 그게 그렇게 쉬운 일은 아니었다. 일단 스스로 뭘 모르는지 모르는 게 문제였다. 모르면서도 안다고 착각하는 것은 더 큰 문제였지만 말이다.

"아는 것과 모르는 것을 구분할 줄 아는 능력인 '지식 지'는 공부뿐만 아니라 우리 삶에도 커다란 영향을 미칩니다. 이 능력을 기르면 자신을 이해하는 폭이 달라지고, 문제 상황을 파악하고 해법을 찾으며, 자신이 제대로 하고 있는지 정확하게 파악할 수 있죠."

"상황을 객관화하는 일이 중요하단 말이죠?"

"바로 그겁니다. 우리는 대개 주관적인 생각에 사로잡혀 있지요. 자신의 생각이 옳다고 믿으며 나아가지만, 그 또한 자신의 필터로 바라보는 일일 뿐이고요. 자신이 어떤 상태인지 '객관적으로 바라보는 힘'이야말로 우리가 길러야 하는 능력입니다. 공부도 마찬가지예요. 내가 아는 것만 확인하고 끝내면 모르는 것을 배우고 익힐 수 없어요. 모르는 것이 쌓여 있는 채 공부에 정체가 오니까요."

◆ ◆ ◆

"어떻게 하면 지식 지를 일깨울 수 있나요?"

"지식 지를 일깨우는 방법으로 두 가지를 추천합니다. 첫번째는 코넬대학교 노트 정리법입니다."[7]

"노트에도 정리법이 필요한가요?"

"강의 내용을 노트에 정리한다는 건, 뇌에 지식 지도를 만드는 것과 비슷해요. 잘 정리된 노트는 한번 훑어보는 것만으로 대략적인 내용을 알게 해주지요. 만들어진 지도를 보면 가야 할 길이 머릿속에 떠오르는 것과 같다고나 할까요. 코넬대학교 노트 정리법은 교육학 교수였던 월터 포크(Walter Pauk)가 개발한 것이에요. 코넬대학교는 아이비리그에 속한 명문대로, 교수진도 세계 최고 수준의 지식인들이고 우수한 학생들이 입학하는 곳이지요. 명문대로 꼽히는 스탠퍼드대학교 등 이 노트법을 추천하고 있는 대학교가 많아요."

"특별한 점이라도 있나요? 그래 봤자 단순히 노트에 강의 내용을 쓰는 거잖아요."

"배운 내용을 노트에 정리해서 글로 쓴다는 점은 같습니다. 그러나 어떻게 하느냐에 따라 완전히 달라지지요. 뇌에 지식 지도를 잘 만들어두느냐 아니냐의 문제니까요."

"그 노트 정리법을 학생들이 잘 따라 했나요? 설마 무시무시하게 어렵다거나……."

"제가 오늘 숙제로 내줄까봐 걱정되나요?"

'이런 귀신같은 인간!'

정곡을 찔린 탓에 그저 흐흐흐 웃기만 했다.

"걱정 말아요. 누구나 할 수 있는 공부법이라고 이미 말씀드렸잖아요.

코넬대학교 노트 정리법은 나오자마자 아이비리그 학생들의 표준 노트 정리법으로 자리를 잡았답니다."

"코넬대학교 학생들만 쓴 게 아니고요?"

"사용법은 간단하지만 효과는 강력하니까요."

자리에서 일어나더니 백지와 펜을 들고 온 제이는 종이에 직접 그리면서 설명하기 시작했다.

"우선 노트를 제목, 단서, 필기, 요약 이렇게 네 영역으로 나눕니다. 첫 번째, 맨 위의 제목 칸에는 수업의 제목과 주제, 날짜, 강사 이름 등 객관적인 사항을 적어요."

제이가 손가락으로 짚은 곳을 바라보며 고개를 끄덕였다.

"제목 칸 아래에는 2개의 칸이 있지요. 왼쪽에 있는 칸은 핵심 키워드를 적는 곳이에요. 주의할 점은 교수가 한 말을 모두 복사하듯이 적지 말라는 거예요."

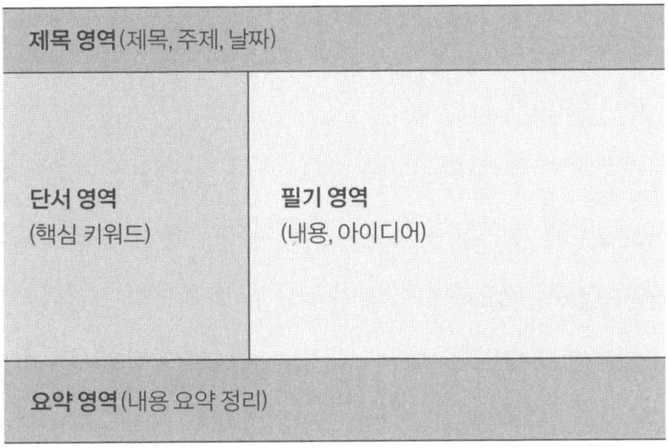

"왜죠? 다 적는 게 좋지 않아요?"

"오히려 효과가 떨어져요. 자신의 생각이 들어갈 틈이 없으니까요. 수업 내용과 함께 간단한 자기 생각을 적는 것도 좋아요."

"수업 내용을 쓰는 것도 바쁜데 자기 생각까지 적다니, 진짜 그게 가능한가요?"

"수업을 듣기 전 참고 도서를 읽어두는 것도 한 방법이겠지요. 주제를 어느 정도 이해하고, 주제와 관련된 생각을 하면서 수업을 들으면 충분히 가능합니다. 아이비리그 학생들이 실제로 하고 있는 방법이에요. 그리고 세번째, 필기 칸도 간단해요. 적어둔 핵심 키워드를 풀어서 정리하면 되니까요. 가장 중요한 것은 나머지, 요약 칸입니다. 집중과 몰입이 필요한 곳이지요."

제이는 손가락으로 종이를 톡톡 쳤다.

"이곳은 정말 중요합니다. 배운 것을 되돌아보는 성찰을 하기 위한 영역이니까요. 성찰은 지금 서 있는 곳에서 한 발짝 뒤로 물러나 자신을 돌아본다는 의미입니다. 수업을 '듣는다'는 건 무엇을 뜻하는 걸까요?"

"몰랐던 것을 알게 되는 것?"

"그렇습니다. 듣는 행위는 단순한 '듣기'가 아닙니다. 그동안 알지 못했던 것을 안다는 것, 즉 '배움'을 의미하지요. 그렇기에 배움에 대한 자기 성찰은 반드시 필요해요. 강의가 끝난 뒤 혼자만의 공간에서 자신의 성찰을 적는 게 좋습니다. 배움의 내용을 곰곰이 되씹으며 자신에게 적용해보는 시간을 가지는 거죠. 이때 바로 '지식 지'가 형성되니까요."

"아하! 성찰하는 시간을 통해 내가 무엇을 알고 무엇을 모르는지 알게 되는 거군요."

"그렇습니다. 성찰은 이미 지은 씨도 익숙한 것일 텐데요."

"아…… 하하…… 제가 그렇게 성찰적인 사람인지는……."

"그동안 세 가지 좋은 일을 하고 그것에 대해 정리하는 시간을 가졌잖아요. 이 좋은 일이 일어난 이유는 무엇인지, 이것은 내게 어떤 의미가 있는지, 어떻게 하면 이런 좋은 일을 앞으로 더 많이 경험할 수 있을지에 대해서 생각했을 테고요."

"아! 그게 바로 성찰의 시간이었군요."

나는 무릎을 쳤다. 세 가지 좋은 일을 기록하고 의미를 발견하는 시간이야말로, 다음날에도 꾸준히 실행할 수 있는 강력한 동기부여가 되었다는 사실이 떠올랐기 때문이다. 그러고 보니 최근 박 과장이나 이 대리와 대화를 나누고 나서도 중요한 이야기는 기록해두곤 했다. 거의 쓸 일이 없던 회사 다이어리가 어느새 이런저런 메모로 가득차 있었다.

새삼 신기한 눈으로 제이를 바라보았다. 그가 멘토링을 아무렇게나 진행할 리는 없었지만, 시간이 지날수록 정교한 짜임이 있다는 생각이 들었다. '미래의 강지은'에 대해 제이가 어떤 빅 픽처를 그리고 있는지 가늠하기조차 어려웠다.

"공부를 할 때마다, 책을 읽을 때마다, 누군가와 중요한 대화를 나눌 때마다 이 방법으로 노트에 기록하고 성찰을 해보세요. 시간이 지날수록 막대한 효과를 느낄 거예요. 코넬대학교 노트 정리법의 핵심은 기록(Record), 축약(Reduce), 암기(Recite), 숙고(Reflect), 그리고 복습(Review)입니다. 복잡한 것 같아도 다섯 가지 원칙을 기억하면 쉬워요. 이른바 5R이라고 하지요. 네 가지는 이미 말했고, 복습은 잠시 후 기억력과 관련해서 따로 말하도록 하지요."

"노트에 기록하는 일일 뿐인데, 어마어마하네요."

"큰 변화가 항상 큰 시작에서 비롯되는 것은 아닙니다. 작은 일 하나가 큰 변화를 이루는 주춧돌이 되는 법이지요. 전 세계 사람들이 칭송하는 위대한 건축물도 벽돌 하나를 놓는 일부터 시작되었습니다. 마음의 시선은 큰 꿈을 향해 있어야 하지만, 육체의 눈은 오늘 할 수 있는 작은 일에 최대한 집중해야 합니다. 작은 일에도 정성을 기울일 줄 아는 사람이 큰일도 잘해내는 법이니까요."

나는 힘차게 고개를 끄덕였다. 코넬대학교 노트 정리법은 누구나 할 수 있는 쉬운 방법이었다. 그러나 그것을 방법으로 알고만 있는 사람과 실천하는 사람의 차이는 클 터였다.

◆ ◆ ◆

"오케이! 지식 지를 일깨우는 코넬대학교 노트 정리법을 확실하게 실천해보겠습니다. 두번째 방법은 뭔가요?"

의욕에 가득차서 제이를 바라보았다. 그러나 제이의 입에서 나온 말은 내 세상에 속한 말이 아니었다. 그것은 진실로 저 세상 어딘가에 존재하는 단어였다.

"지식 지를 일깨우는 두번째 방법은 학자처럼 생각하는 겁니다."

"학……자……요?"

살면서 처음 말해보는 단어가 아닌가 싶을 만큼 '학자'를 말하는 입이 어색했다. 나와는 백만 광년 떨어져 있는 말이었다.

"하하하. 그게 그렇게 이상한가요? 고래처럼 헤엄치라는 것도 아니고, 독수리처럼 날라는 것도 아니고, 학자처럼 생각하라는 것뿐인데 말입니다. 쉬운 일이죠."

"아! 그러네요. 그 정도는 쉽죠."

'어라, 이게 아닌데!'

뭐에 홀린 듯 대답을 해놓고 뒤늦게 뒤통수를 긁었다.

"학자처럼 생각하라니…… 어떻게요?"

"이른바 '교수처럼' 생각하는 거죠. 약속하건데, 실제로 해보면 생각보다 훨씬 더 재미있을 겁니다. 네덜란드 암스테르담대학교의 압 데이크스테르하위스(Ap Dijksterhuis) 교수가 한 실험이 있어요. 그는 학생들에게 보드 게임인 트리비얼 퍼슈트(Trivial Pursuit)에 나오는 42개의 질문이 담긴 시험지를 주고, 50퍼센트 학생들에게 교수가 되어서 5분 동안 생각나는 걸 모두 적어본 후 문제를 풀라고 했어요. 나머지 절반의 학생들에겐 축구장의 훌리건이라고 생각하고 문제를 풀라고 했죠."[8]

'훌리건처럼 하라니, 괴짜 교수네'라는 생각이 들었지만, 세상은 넓고 유별난 사람은 많은 법이다.

"학생들은 무작위로 나눈 건가요?"

"네. 교수 그룹이 특별히 머리가 좋거나 성적이 뛰어난 것도 아니었고, 훌리건 그룹이 유난히 학업 태도가 나쁘거나 불성실한 것도 아니었죠. 누가 문제를 더 잘 풀었을까요?"

"교수라고 생각한 그룹이겠죠."

"왜 그렇게 생각합니까?"

"마음가짐이 달라서죠. 내가 교수라면 진지하게 그 문제를 풀려고 할 것이고, 의식적으로 굉장히 집중했을 테니까요."

"반면 훌리건이었다면 어땠을 것 같습니까?"

"에이, 이거야 풀든 말든 상관없어. 장난처럼 했겠죠. 정답을 맞힌들 크게 의미가 없…… 아! 이거군요!"

입장을 바꿔 생각하는 것만으로도 엄청난 차이를 느꼈다.

"이것과 관련된 이야기 하나를 더 해드려야겠군요. 앞서 말했던 《1만 시간의 재발견》이란 책에 나온 사례인데, 브리티시 컬럼비아대학교의 루이 델로리에(Louis Deslauriers), 엘런 슈루(Ellen Schelew), 칼 와이먼(Carl Wieman)의 연구랍니다. 2001년 노벨 물리학상을 수상한 칼 와이먼은 대학 학부생 과학 교육 개선을 제2의 인생 목표로 삼았습니다. 2002년 그는 노벨상 상금의 일부로 콜로라도대학교에 '물리 교육 공학 프로젝트'를 만들었죠. 나중엔 브리티시 컬럼비아대학교에 '칼 와이먼 과학 교육 계획'을 수립했고요."[9]

"그렇게까지 한 이유가 있었나요?"

"전통적으로 행해져오던 50분짜리 강의실 강의보다 더 나은 교육 방법이 있다고 믿었기 때문입니다. 그 방법은 일방적으로 강의를 듣는 게 아니라, 적극적으로 수업에 참여하면서 물리학자처럼 생각하는 것이었죠. 위먼은 이것을 델로리에와 슈루, 두 사람과 함께 1학년 물리학 수업에서 증명했던 겁니다. 시간이 지나고 시험을 보았는데 일반적인 수업을 들은 학생들의 정답률은 평균 41퍼센트였던 반면, 와이먼의 방식으로 수업을 들은 학생들의 평균 정답률은 74퍼센트였다고 해요."

"거의 2배 가까운 차이잖아요!"

"심지어 델로리에와 슈루는 조교 경험만 있을 뿐 그전에 한 번도 학생들을 가르쳐본 적이 없었다고 합니다."

"네? 물리학 교수가 아니었다고요? 아니, 그럴 수가! 잠깐만요. 뭔가 다른 데 문제가 있었나요? 다른 교수들의 수업 방식이 나빴다든가……."

"일반적인 방식으로 수업을 했던 교수들은 강의 면에서 좋은 평가를 받고 있었어요. 문제는 교수나 학생들, 즉 사람에게 있었던 게 아니라 공부하는 방법에 있었던 거죠. 평범한 사람도 올바른 방법으로 훈련을 받으면 놀라운 성과를 만들어낼 수 있습니다. 저도 그런 사람 중 하나였고요."

"제이, 당신이요?"

"말도 남들보다 늦게 했고, 중학생 때까지 한글맞춤법을 틀렸죠."

정말이지 까면 깔수록 신기한 사람이었다.

단기 기억을
장기 기억으로 전환하라

시간이 지나도 대화의 열기는 식을 줄을 몰랐다. 2시간을 꼬박 집중해야 하는 대화는 결코 만만한 것이 아니었다. 그런데도 전혀 지치지 않았다. 이상할 정도로 기운이 났다. 누군가와 대화를 나누면서 이렇게까지 정신이 고양되는 기분을 느끼는 것도 처음이었다. 제이가 굳이 대화법이 멘토링의 전부라고 강조했던 이유를 지금은 더할 나위 없이 이해하고 있었다.

"공부를 잘하기 위해선 집중과 몰입이 핵심이라고 했습니다. 그것을 키우기 위한 선행 과제로 자기효능감을 기르는 게 효과적이라고 했지요. 그리고 오늘 실천 방법으로 '제대로 읽는 것'의 중요성을 말했습니다. 아는 것은 무엇이고 모르는 것은 무엇인지 아는 성찰, 즉 '지식 지'가 필요하다는 사실도 살펴봤죠. 공부는 무지의 영역에서 앎의 영역으로 점점 확장시켜가는 과정이니까요. 일단 내가 안다고 하는 건 뭘 의미하는 걸까요?"

"남에게 설명할 수 있을 정도로 정확히 알고 있는 것일 테고, 그걸 기억하고 있는 거죠."

신제품 시장점유율과 매출 증가율, 회사 영업이익에 이르기까지 억 단위의 숫자를 줄줄 꿰고 있던 박 과장이 떠올랐다. 박 과장은 일에 관한 것이라면 그 무엇이든, 완벽하게 자신의 것으로 만들었다. 숫자 하나라도 그냥 외우고 있는 숫자들이 아니었다. 박 과장 머릿속에 명료하게 만들어진 지식의 지도였다. 그리고 그 지도는 실시간으로 업데이트될 터였다. 진심으로 박 과장의 능력이 부러웠다. 나도 그런 지도를 갖고 싶었다. 남이 뺏어갈 수도 없고, 내가 잊을 염려도 없는 기억 속에 존재하는 지식의 지도.

"잊지 않고 잘 기억하는 법이 있을까요?"

"지은 씨는 잊지 않기 위해서 어떤 방법을 썼나요?"

"열심히 복습했죠."

"오호, 복습이야말로 기억력을 높이기 위한 최고의 방법이죠. 코넬대학교 노트 정리법의 다섯 가지 원칙 중에서도 마지막에 복습이 있었잖아요."

칭찬을 받은 것 같아 어깨가 으쓱해졌다. 그러나 금세 한 가지 이상한 점을 깨달았다. 기억력을 높이는 최고의 방법이 복습이라면, 왜 나의 기억력이 낮은가 하는 점이었다.

"그런데 저는 왜 기억력이 낮은 걸까요?"

"주로 어떤 방식으로 복습을 했나요?"

"동영상이나 강의를 반복해서 보았는데요."

"오래 기억에 남던가요?"

"그때뿐이었어요. 길게 가야 일주일?"

"그건 무늬만 복습이죠. 효과가 높은 진짜 복습은 따로 있어요."

복습이면 다 같은 복습인 줄 알았더니, 복습에도 진짜가 있고 가짜가 있는가보았다. 제이는 유쾌한 어조로 이와 관련된 실험 이야기를 시작했다. 제이는 실험이나 연구 이야기를 꺼낼 때 무척이나 즐거워했다. 덕분에 제이의 열정에 감화되어 이야기를 들었다. 책에서 읽었거나 다른 데서 들었다면 이토록 흥미를 느끼지 않았을 것이었다. 그만큼 제이의 열정은 전염성이 강했다.

"MIT 미디어 랩에서 진행했던 연구가 있어요. 서울대학교 학생 1천여 명을 심층 조사한 프로젝트 결과를 담은 책《서울대에서는 누가 A+를 받는가》에 소개된 것인데, MIT 미디어 랩은 한 대학생에게 검사 장치를 붙이고 일주일 동안 교감신경계의 전자 파동이 어떻게 변화했는지 관찰했다고 해요. 우리가 집중하거나 긴장할 때는 교감신경계가 활성화되는데, 반대로 말하면 교감신경계의 활성화 정도가 낮다는 것은 집중하지 않는 상태를 뜻하는 거였죠."[10]

"결과는 어땠나요?"

"교감신경계가 활성화되지 않은 경우가 두 가지였어요. 하나는 텔레비전을 볼 때였고, 다른 하나는 수업을 들을 때였지요."

"수업을 들을 때였다고요? 허, 참! 그런 명문대에 진학해서 수업을 제대로 듣지 않다니!"

"학생의 문제가 아니에요. 우리 뇌는 강의를 '들을 땐' 적극적으로 활동하지 않으니까요."

"네? 아니, 설마! 그럴 리가요!"

강의를 들을 때 뇌가 적극적으로 활동하지 않는다면, 그동안 섭렵했던 그 많은 인터넷 동영상 강의는 무엇이었단 말인가. 뿐만 아니라 초등학교, 중학교, 고등학교, 대학교까지 일관되게 들었던 수업은 또 무엇이었던 말인가. 억울한 마음까지 들었다.

"지금까지의 제 공부가 모두 헛짓이었단 건가요?"

"그동안 공부한 내용 중에서 기억하고 있는 게 있나요?"

"……."

"강의를 듣는 것보다 더 효과적인 방법은, 자기 개인 시간을 확보해서 적극적으로 이해하고 암기하고 공부하는 겁니다. 밤늦게까지 학원 수업을 듣거나 동영상 강의를 본다고 열심히 공부했다고 생각한다면, 그것이야말로 커다란 착각이지요. 할 일을 안 하도록 뇌를 방치하고 있는 것이나 다름없으니까요. 연구의 결과를 더 말씀드릴까요?"

나는 속절없이 고개만 끄덕였다.

"숙제를 하거나 시험을 보거나 공부를 할 때는 교감신경계가 활성화되었어요. 이게 의미하는 게 뭘까요?"

"복습이든 예습이든 멍하니 강의를 '보는' 것만큼 비효과적인 공부법은 없다는 거죠."

"그렇습니다. 오락 프로그램을 보고 잊어버리는 것과 다를 게 없지요. 또 하나, 강의를 듣기만 하는 것만큼이나 나쁜 게 있어요. 기계처럼 반복적으로 읽는 거예요."

◆ ◆ ◆

"오 마이 가쉬!"

저절로 두 손으로 머리카락을 쥐어뜯고 말았다. 동영상 강의 시청과 단순 반복 읽기는 내가 하던 복습의 대부분을 차지하던 방식이었기 때문이다.

"그런데 반복적으로 읽는 게 효과가 낮다면 왜 그토록 많은 사람들이 여전히 이 방법을 선호하나요? 학교 선생님들도 학원 선생님들도 예습 못지않게 복습을 강조했어요. 공부 잘하는 친구들도 역시 복습에 많은 시간을 들였고요. 그건 효과가 있기 때문이 아닌가요?"

"오해는 하지 말기 바랍니다. 확실히 복습은 탁월한 효과가 있습니다. 기억력을 높이는 데 복습만큼 중요한 것도 없어요. 다만 모든 복습이 효과가 있는 건 아니에요. 의미도 모르고 성찰도 하지 않은 채 기계처럼 반복하는 복습은 시간 낭비일 뿐이지요."

"그런데도 사람들이 그 방법을 지속하는 이유는 효과가 높기 때문 아닌가요?"

"효과가 좋아서가 아니라 가장 쉽고 간단한 방법이기 때문이지요. 점심으로 패스트푸드를 선택했을 때 그게 가장 영양가 높고 맛있어서던가요?"

"좋아서 먹을 때도 있지만 시간이 없어서 때울 때 먹긴 하죠."

"식사 때마다 영양소를 고려한 제철 재료로 식단을 짜서, 야채를 손질하고 나물을 무치고 고기를 굽고 밥을 하고 찌개를 끓이라면 직접 하겠어요?"

"우리 엄마도 그렇게는 못하실걸요."

"하지만 누군가 그렇게 매번 식사를 차려준다면요?"

"그런 걸 과연 할 수 있는 사람이 있을까 싶지만, 그런 밥상이 건강엔 엄청 좋겠죠."

"복습하는 방법을 선택할 수 있다고 합시다. 매번 복습할 때마다 전체를 읽고 연습 문제를 풀고 요약정리를 하고 말로 설명하는 것과, 단순히 몇 번 반복해서 읽는 것 중 어느 것을 선택하겠어요?"

"반복해서 읽는 거요."

"단순 읽기를 반복하는 이유는 효과가 높거나 효능이 탁월해서가 아니라 귀찮은 게 싫어서입니다. 우리가 영양가 높은 음식이 아니라 먹기 간편한 음식을 선택하듯 말이죠. 복습으로 단순 반복 읽기를 포기하지 못하는 이유는 또 있어요. 반복해서 읽다보면 내용을 이해했다는 착각이 들기 때문이죠. 하지만 그건 말 그대로 순전히 착각입니다. 시간이 지나면 바람에 모래가 흩어지듯 사라지고 말지요. 남는 것은 공부를 했다는 생각뿐, 공부한 내용이 남지는 않습니다. 실제로 뭘 배웠는지 설명해 보라고 하면 1분도 말하기 어려워합니다. 시험 성적은 말할 것도 없을 테지요."

"단순한 복습이 공부에 별로 도움이 안 된다는 건 알겠어요. 하지만 복습이 아니라 새로운 것을 배울 때도 여러 번 반복하는 경우가 많잖아요. 그럼 도대체 어떤 식으로 공부를 해야 한다는 건가요?"

"우선 설교형 강의를 듣기만 하는 것은 피해야 합니다. 토론토대학교의 의사이자 교육과학자인 데이브 데이비스(Dave Davis)가 의사들을 대상으로 한 실험이 있어요. 강의, 토론회, 각종 회의, 강좌, 심포지엄, 회진 참여 등 의사로서 수행 능력을 높이는 거의 모든 활동을 포함시켰지요. 의사를 대상으로 한 평생 직업 교육의 효과를 살펴본 연구 중에서도 가장 으뜸이라고 할 수 있을 겁니다."[11]

"조사 결과는요?"

"가장 효과적인 교육 활동을 찾았지요. 역할극, 집단 토론, 사례 해결, 실전 훈련 등 쌍방향 요소를 가진 것들이었어요. 이 방법들은 전체적으로 의사들의 실행 능력을 향상시켰고, 치료 결과 역시 호전시켰답니다. 반면 가장 효과가 떨어진 활동이 뭔지 아십니까?"

"설교형 강의였나요?"

서당 개 3년이면 풍월을 읊고 제이 멘토링 3주면 눈치가 생긴다.

"맞습니다. 강의식으로 진행되는 교육이었지요. 이런 형태가 평생 의료 교육에서 가장 일반적이면서도 압도적으로 많은 양을 차지하고 있다는 사실이 안타까울 뿐입니다. 한 가지 물어볼게요. 영어로 사랑이 뭐죠?"

"러브(love)요."

"1년 후 제가 다시 물어봐도 대답할 수 있을까요?"

"물론이죠."

"10년 후에도요?"

"네. 50년 후에도 알걸요. 제가 치매에 걸리지 않는다면요."

"어떻게 그런 확신을 할 수가 있죠?"

"우리말로 사랑이 영어로 러브라는 걸 '알고' 있으니까요."

"그렇죠. 이렇게 '안다는 것'과 '외우고 있는 것'은 명백히 다른 겁니다. 단순 암기로 외워둔 것은 시간이 지나면 잊어버리고 말아요. 공부는 암기가 아니에요. 공부는 앎이죠. 앎은 시간이 아무리 흘러도 사라지지 않고 몸안에 남아 있습니다. '러브'라는 단어는 당신이 알고 있는 것이죠. 처음엔 암기를 통해 단기 기억으로 들어왔겠지만, 어느 순간 장기 기억으로 넘어왔을 겁니다. '사랑은 러브'라는 것을 기억하기 위해 스스로 노력했을 테니까요. 설교형 강의를 듣는 것이 효과적인 공부법이 아닌 이유는 내 안에 일어나는 작용이 거의 없기 때문이에요. 텔레비전에서 예능 프로그램을 보고 대부분 잊어버리듯, 구경하는 것으로 끝나기 때문이지요."

공부를 한 게 아니라 공부의 구경꾼으로 전락한 셈이라니, 뭔가 씁쓸한 기분이 들었다. 그동안 숱하게 봐왔던 동영상들이 뇌리를 스쳤다. 동영상을 보는 순간에는 안다고 느꼈지만 시간이 지난 뒤 기억나는 게 거의 없었던 이유를 이제야 알았다. 하마터면 또 같은 방식을 되풀이할 뻔했지만, 이제라도 알았으니 다행이라고 나는 가슴을 쓸어내렸다.

◆ ◆ ◆

"기본적으로 공부는 앎입니다. 안다는 건 완전히 습득하고 있다는 것이지요. 단기적으로 기억했다가 잊어버리는 것은 진정한 앎이 아니에요. 단기적으로 기억한 것도 장기적인 기억으로 이동시켜 궁극적으로 앎의 영역을 확장시키는 게 중요합니다."

제이는 장기 기억을 높이는 법을 설명하기 시작했다. 어느 때보다 집중해서 들었다. 할 수만 있다면 제이의 말뿐 아니라 눈빛과 숨소리까지 모두 기억하고 싶었다.

"인간의 뇌는 참 재미있습니다. 특정 분야에 대해 학습하면 할수록 그쪽 능력이 계발되지요. 즉, 고정화된 것이 아니라 변하는 가소성을 갖고 있어요. 기억력도 마찬가지예요."

"상황에 따라 기억하는 것 외에도 기본 기억력 자체가 높아질 수도 있다는 건가요?"

"물론이지요."

기억력이 높아질 수 있다니, 나도 박 과장처럼 중요한 숫자를 억 단위까지 외울 수 있을까. 누가 물어보기만 해도, 아니 몸을 툭 치기만 해도 적확한 숫자를 줄줄이 말하는 일은 상상만으로도 흐뭇했다. 나는 호그와트에 입학한 해리 포터라도 된 듯 제이를 바라보았다.

“그래서 어떻게 하는 건데요?”

“하하하. 뭐든 할 준비가 되어 있는 표정이네요?”

“네! 기억력이 높아지면 업무 능력도 달라질 테니까요.”

“좋습니다. 지금부터 그 비밀을 이야기해드리죠. 첫번째 비밀은 우리가 이미 나눈 이야기 속에 들어 있습니다.”

“제가 이미 들은 이야기라고요?”

“네. 뭔지 아시겠어요?”

진심을 다해 기억하려고 애썼다. 하지만 아무리 지난 시간을 되감아 봐도, 제이가 기억력에 대한 이야기를 했던 기억은 없었다. 제이가 했던 말, 제이가 입었던 옷은 또렷이 기억났지만 기억력에 대한 말은 생각나지 않았다. 대답을 못하는 스스로가 답답하기 그지없었지만, 도무지 떠오르지 않는 기억을 만들어낼 수도 없는 노릇이었다.

“기억이 안 나는 데요…… 기억력에 대한 대화를 했었나요……?”

“객과공 멘토링 첫번째가 무엇이었죠?”

“자기효능감을 높이는 것이요. 그러기 위해 마틴 셀리그먼의 세 가지 좋은 일 연습을 하기로 했죠. 그건 지금도 꾸준히 하고 있어요. 긍정적인 마음 상태에 머물면 업무력도 높아지는 것 같거든요.”

“바로 그겁니다. 기억력을 높이는 첫번째 비밀은 스스로 그렇다고 믿는 것이에요.”

"자신의 기억력이 좋다고 믿으라고요?"

"네. 나는 뛰어난 기억력을 타고났다고 생각하는 것이지요. 기억력에 관한 이야기에 이 사람을 빼놓을 수는 없겠군요. 바로 케빈 호슬리(Kevin Horsley)입니다. 국제 기억력 그랜드 마스터이자, 정신과 기억의 뛰어난 능력에 대해 25년 이상 연구해왔지요. 기억력 테스트의 에베레스트산이라고 불리는 세계 기록을 두 번이나 경신했고요. 그는 자신의 책《기억력 수업》에서 이렇게 말했어요. '타고난 재능이나 능력이 없다고 해서 성공할 수 없다는 생각은 1초도 하지 마라. 그것은 가장 큰 거짓말이고, 가장 서글픈 변명이다.' 기억력을 갖기 위해선 특별한 재능이나 마법의 약이 필요하진 않아요. 그저 배우려는 열의와 제대로 된 방법, 자기 훈련이 필요할 뿐이지요."[12]

"정말로 그것만으로도 기억력이 좋아질까요?"

"지은 씨가 이미 증명했잖아요."

"네? 제가요?"

"멘토링의 첫번째 내용을 말했다는 건, 제대로 기억하고 있었기 때문이 아닌가요?"

"그건 그렇지만……."

"아침 식사로 뭘 드셨어요?"

"김치찌개랑 계란말이요."

"그걸 어떻게 확신하지요?"

"확실하게 기억하고 있으니까요."

나는 '오늘은 어느 때보다 밥심이 중요한 날이니까요'라고, 속으로 덧붙였다.

"기억하고 있는 것을 말할 수 있는 이유는 뭔가요?"

"말할 수 있는 이유요? 그야…… 우리말을 알고 있으니까요."

"그럼 김치찌개나 계란말이가 어떤 것인지도 알고 있는 거네요?"

"네. 그야 그렇죠……."

묻는 말에 대답을 꼬박꼬박 하면서도 여전히 제이의 의중을 눈치채기 어려웠다. 오늘따라 이상한 질문을 많이 한다는 생각을 했을 뿐이다.

◆ ◆ ◆

제이의 질문은 계속되었다.

"일주일 동안 아무것도 기억하지 않고 사는 게 가능할까요? 호슬리가 책에서 던지는 질문입니다."

"불가능하죠."

"그럼 하루, 아니 1시간만이라도 기억하지 않고 사는 건요?"

"1시간이 아니라 1분도 불가능할 것 같은데요."

"와우! 놀랍지 않아요? 우리가 1분 전, 1시간 전, 하루 전, 심지어 1년 전, 10년 전의 일까지 기억하고 있다는 것이요."

"그냥 그런 건 당연하다고 생각했는데……."

"맞아요. 당연한 겁니다. 아주 자연스러운 것이기도 하고요. 기억력은 우리의 천성이니까요. 우리가 말하고 행동하는 것 자체가 놀라운 기억력을 갖고 있는 덕분이지요. 우리말을 처음 배웠던 때를 생각해보세요. 사물을 가리키는 말뿐만 아니라 추상적 사고나 감정을 표현하는 말까지 정확히 기억해서 쓰고 있지요. 게다가 예전엔 한 번도 들어본 적 없는 새로운 어휘를 계속해서 받아들이고 있잖아요. 지은 씨는 이미 아주 어린 시절에 '말 배우기'라는 고도의 기억력을 필요로 하는 어려운 일을 해냈고, 지금도 하고 있는 중입니다. 놀라운 기억력은 특별한 사람들의 전유물이 아니에요. 호슬리는 '기억력은 모든 인간의 기본적이고도 중요한 정신 활동이고, 그렇기에 기억력을 증진시키는 것은 삶의 질을 높이는 일이기도 하다'고 강조합니다. 무엇보다 중요한 사실은 우리는 이미 고도로 높은 기억력을 지니고 있다는 겁니다. 훈련에 따라 얼마든지 기억력을 증진시킬 수 있어요. 그야말로 무한에 가까운 능력이 우리 안에 있는 셈이지요."

"호슬리는 그런 자신의 능력을 극대화시킨 사람이네요?"

"그렇죠. 그는 타고난 천재가 아니었어요. 오히려 핸디캡을 갖고 있었지요. 어렸을 때 난독증이 있었거든요."

"난독증이라고요?"

"네, 호슬리는《기억력 수업》에서 자신의 어린 시절 이야기를 들려주는데, 그가 여덟 살 때 학교 심리 상담사가 뇌에 이상이 있는 것 같으니 특수 학급으로 가라고 했다더군요. 검사 결과 전형적인 난독증으로 나왔어요. 타고난 기억력도 좋지 않았고, 집중력도 떨어졌지요. 읽고 쓰는 것 자체가 너무나 고역이었다고 해요."

"그럼 공부는 어떻게 했나요?"

"어머니와 친구들에게 교과서를 읽어달라고 해서 억지로 외웠다고 합니다. 외우지 못한 것은 잊어버렸고요. 학교는 간신히 졸업했지만 그는 자신에게 미래가 없다고 생각했어요. 학교를 다닌 12년 동안 제대로 읽은 책이 한 권도 없었고, 읽기 실력도 전혀 나아진 게 없었기 때문이지요. 그러다 2년 후, 그의 인생이 극적으로 변한 사건이 일어났어요."

호기심이 눈을 떴다. 난독증이던 사람이 어떻게 국제 기억력 그랜드 마스터가 될 수 있었을까. 영화에서처럼 벼락이라도 맞지 않았을까. 어쨌든 뇌 구조가 변하는 엄청난 사건을 겪었을 게 분명했다.

"분명 어마어마한 일이 일어났겠죠? 무슨 일이 있었나요?"

"그 사건은 동네 서점에 일어났어요."

운명이 바뀐 곳이 동네 서점이라니 뜻밖의 대답이었다.

"그곳에서 그의 운명을 바꿔놓을 책을 만난 것이지요. 토니 뷰잰(Tony Buzan)의 책이었어요.[13] 집으로 돌아온 그는 한 줄 한 줄 어렵게 읽기 시작했어요. 책을 읽는 동안 그는 두 가지 사실을 알게 되었답니다. 기억력은 습관이고, 습관은 적절한 훈련과 연습으로 개선할 수 있다는 점이었지요. 기억력을 높이는 기본 원칙들을 계속해서 실천하면 위대한 기억력을 갖게 된다는 것도 포함해서요. 그는 수백 권의 책과 테이프로 공부를 하기 시작했어요. 뛰어난 기억력을 가진 사람들도 만났지요. 긴 여정이었지만 그는 마침내 난독증을 완전히 극복했고, 일주일에 평균 네 권의 책을 읽고 기억하는 수준에 이르렀어요."

세상엔 호슬리 같은 사람들이 수없이 존재했다. 대다수는 평범한 사람들이었고, 또는 남들보다 불리한 핸디캡을 가진 사람들이었다.

◆ ◆ ◆

"효과적으로 공부하는 단계가 있을까요?"

"무작정 덤비는 것보다 단계별로 하는 게 효과적이겠죠. 읽어서 의미만 알아도 되는 것이 있고, 완전히 숙지해야 하는 것이 있으니까요. 호슬리의 《기억력 수업》은 '1부 집중하기-2부 창조하고 연결하기-3부 지속적인 사용'으로 차례가 구성돼 있는데, 이는 그대로 우리가 공부하는 방법에도 적용할 수 있습니다. 1단계는 지금 배우고자 하는 내용에 집중해 제대로 파악하는 겁니다. 2단계는 그렇게 습득한 지식을 다른 지식이나 정보와 연결하면서, 나만의 지식으로 구체화하고 체계화하는 거죠. 3단계는 이 지식을 머릿속에 그냥 두지 않고 지속적으로 사용하면서, 완전히 흡수하는 거예요. 1단계부터 3단계까지 심화되는 과정에서 핵심이 뭔 것 같아요?"

"반복이요. 얼마나 많이 반복해서 읽고 생각하는가에 달렸죠."

"맞아요. 〈EBS 다큐 프라임〉에서 '기억력의 비밀'을 다룬 적이 있는데, 혹시 본 적 있나요? 못 봤다면 동명의 책으로도 나왔으니 찾아봐도 좋을 겁니다. 책에 따르면, 우리 뇌는 반복되는 정보에 주의를 기울이는 특성이 있다고 해요. 뇌에서 기억을 담당하는 부위는 '해마(Hippocampus)'예요. 새로운 기억은 일시적으로 해마에 저장되었다가 반복되지 않으면 시간이 지난 후에 사라지지요. 반면, 동일한 정보가 반복되면 그 정보는 측두엽으로 옮겨져 장기 기억으로 남아요. 해마는 기억의 창고를 지키는 일종의 수문장인 셈이지요."[14]

머릿속으로 바다에 사는 해마(海馬)가 나타났다가 사라졌다. 뇌 한가운데 해마가 둥실 떠서 새로운 정보가 들어올 때마다 '너는 여기!' '너는 저기!'를 외치며 바쁘게 일하는 상상을 했다. 이 해마가 그 해마는 아니겠지만 단어가 주는 연상 작용 때문인지, 기억력에 대한 이야기를 할 때마다 해마가 생각날 것 같았다. 뇌에서 '해마와 기억력'이 장기 기억으로 분류되는 순간이었다.

"그리고 또 한 가지, 기억력을 높일 때 중요한 것은 감정이라고 합니다."

"감정이요?"

"감정 중추가 기억 중추인 해마와 붙어 있기 때문이에요. 자기효능감이 높은 상태, 긍정적이고 즐거운 상태로 공부하면 기억이 더 잘된답니다."

"마음이 불안하고 초조할 때 뭔가 읽거나 기억하려고 해도 잘되지 않는 이유가 있었네요."

"지나치게 들뜬 상태에서도 마찬가지지요. 긍정적인 상태란, 지나치게 불안하거나 들뜨지 않고 평온한 상태이니까요."

"기억력을 높이는 데 이해하고 생각하면서 의식적으로 하는 복습이 중요하다는 건 알겠어요. 기억하는 속도보다 망각하는 속도가 더 빨라서 문제지만요."

"하하하. 저도 그럴 때가 많다고 느낍니다. 기억과 망각에 대한 이야기라면 독일의 심리학자 헤르만 에빙하우스(Hermann Ebbinghaus)를 빼놓을 수 없겠군요. 그는 과학적인 방법으로 망각을 연구한 최초의 사람이라고 알려져 있어요. 무의미한 글자를 학습한 후 몇 분 뒤에 망각이 일어나는가를 실험했더니 약 19분 후에 42퍼센트가 망각되었다고 합니다."[15]

"그렇게 빨리요?"

실험이 사실이라면 학습하자마자 망각이 일어나는 것이나 마찬가지였다.

"아마 무의미한 글자였기 때문에 그런 결과가 나왔을 거예요. 이후 실험에서 시와 산문과 같은 의미 있는 자료를 기억하게 했을 땐 그 정도로 심하진 않았거든요. 망각을 측정하는 방법에 따라 망각 속도 추정치는 달라질 테고요. 어쨌든 에빙하우스는 시간 경과에 따른 기억량을 연구했는데, 그 결과 나온 것이 그 유명한 '망각 곡선'이지요."

말을 마친 제이는 코넬대학교 노트 정리법을 그렸던 종이를 뒤집더니 순식간에 커다란 그래프를 그렸다.

숫자까지 척척 써넣는 걸 보면 망각 곡선에 대해 확실히 알고 있는 게 틀림없었다. 설명도 막힘이 없었지만 그래프를 그리는 것도 막힘이 없

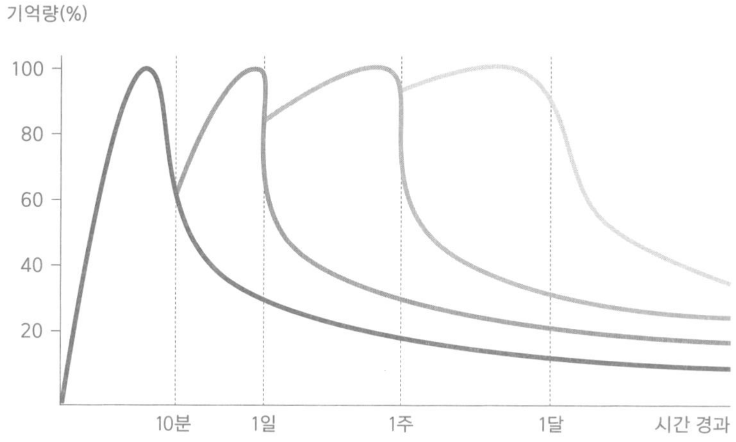

었다. 자신이 알려주려는 것이 무엇인지 확실히 알고 있는 사람의 자신감이 고스란히 드러났다. 그래프는 간결했고 명료했다.

"기억력에 대한 실험은 흥미로운 게 많아요. 특히 재미있는 건 러시아의 심리학자 블루마 자이가르니크(Bluma Zeigarnik)의 실험이지요. 어느 날 그는 카페에서 커피를 마시다가 한 가지 놀라운 사실을 발견했어요. 웨이터들이 동시에 여러 테이블의 주문을 한꺼번에 받으면서도 죄다 기억하지 뭡니까!"[16]

"그렇게 많은 주문을요?"

"놀라운 건 그다음에 일어난 일이에요. 일단 주문을 받아 주방에 넘기면 모두 잊어버렸거든요. 이것보다 더 놀라운 건 주문한 음식이 나오면 틀리지 않고 제대로 서빙을 했다는 거예요. 그러곤 바로 잊어버렸지요."

"주문을 척척 기억할 때는 언제고, 그걸 또 다 잊어버리다니요?"

"그러니까요. 정말 이상한 일이지요? 자이가르니크도 궁금증을 해결하기 위해 실험을 했답니다. 사람들을 모아 구슬을 꿰거나 시를 쓰는 등 여러 과제를 주었지요. 절반의 사람들은 아무런 방해도 하지 않았고, 나머지 절반의 사람들에겐 중간에 말을 걸거나 엉뚱한 일을 시켜서 끝내지 못하도록 했어요. 실험이 끝난 후엔 구슬이 몇 개였는지 등을 질문했지요. 결과는 어땠을까요?"

"일을 끝낸 사람들이 홀가분한 마음으로 더 잘 기억했겠죠."

"좋은 의견이군요. 비록 실험 결과는 반대였지만요. 중간에 방해를 받은 사람들이 내용을 2배나 더 정확하게 기억했답니다."

"왜 그런 걸까요?"

"이렇게 중간에 방해를 받을 때 더 잘 기억하는 현상을 '자이가르니크 효과'라고 하는데, 《하루 10분의 기적》이란 책은 이 효과를 언급하면서, 사람들이 하던 일을 완료하지 않은 상태에서 기억력이 좋아지는 이유는 '심리적 긴장' 때문이라고 설명해요. 마치지 못한 일이 계속 마음에 남아서 생생하게 기억된다는 거죠."[17]

"아, 긴장 상태를 유지하면 기억력이 높아지나요?"

"지나치지만 않으면요. 그러나 일시적으로 단기 기억 상태에 남아 있더라도 장기 기억으로 넘어가지 않으면 잊어버리지요. 하지만 공부한 것을 잊어버린다고 너무 일찍 좌절할 필요는 없어요. 실력은 화살표처럼 직진하지 않고 계단식으로 이뤄지니까요."[18]

"계단식이라고요?"

"그것을 '플래토 효과(Plateau Effect)'라고 해요. 《플래토 이펙트》라는 책에서 소개된 개념인데, 책에 따르면 플래토 시기엔 아무리 노력해도 실력이 눈에 보이지 않아요. 열심히 노력한 사람일수록 정체기가 왔을 때 굉장히 괴로운 시간을 겪게 되지요. 중요한 것은 자신이 지금 이 상태라는 것을 '아는가, 모르는가'입니다. 플래토 시기인지 모르면 지나치게 무리해서 육체를 혹사시키거나 마음이 약해져 하던 일을 포기해버릴 위험이 있다고 해요. 아마 조만간 지은 씨도 겪게 될 거예요."

"그럼 이때는 그냥 가만히 있어야 하나요?"

"평소처럼 하면 돼요. 휴식을 취하는 것도 방법이지요. 다만, 책에 따르면 스스로는 정체기라고 느껴도 뇌는 굉장히 중요한 일을 하고 있다고 해요."

"뇌가 무슨 일을 하는데요?"

"그동안 들어온 지식을 정리하고 분류하며 숙성시키는 일을 한다고 합니다. 이 시간이 끝나면 눈에 띄게 실력이 높아진 것을 알게 되는데, 사고의 속도가 빨라지는 것은 물론 응용력도 넓어진다고 해요. 그러니 지식을 채워도 생각과 달리 변화가 더디다고 느껴진다면, 뇌가 지금 부지런히 정리하는 중이라고 생각하세요. 노력을 그만두지 않는 이상, 실력이 사라지는 일은 없으니까요."

기억력에 대한 이야기는 기존 생각에 반전을 주었다. 노력의 결과가 항상 직선으로 나타나는 것만은 아니라는 것, 계단식으로 성장하며 한 번 정체기를 겪어도 그 뒤에는 더 큰 폭으로 상승한다는 사실만으로도 큰 용기를 가질 수 있었다. 공부를 하다가 설령 슬럼프를 겪더라도 한결 유연하게 대처할 수 있을 것 같았다.

'역시 사람은 배우고 볼 일이네.'

시간과 성과에 집착하던 마음도 조금 느긋해졌다. 착실하게 실력이 붙고 있다는 것을 믿으며 앞으로 더욱 전진하겠다고 다짐했다.

바위를 뚫는 물의 힘

"기억력을 높이기 위해선 단기 기억을 장기 기억으로 바꾸는 게 중요하다고 하셨죠? 하지만 무조건적인 반복은 효과가 없고요. 성찰해서 자신의 것으로 만들지 않으면 의미가 없으니까요. 효과가 더 높은 방법이 있나요?"

제이가 특유의 미소를 지으며 느긋하게 의자 등받이에 몸을 기댔다. 지금부터 '쇼타임!'이라고 말하는 것 같았다.

"있어요. 바로 공부법의 핵심인 집중과 몰입이죠. 또 하나는 의지력이고요."

"집중과 몰입은 첫 멘토링 때 들었던 건데, 의지력에 대해선 처음 듣는 것 같아요."

"집중은 그 순간 온전히 주의를 기울이는 능력이지요. 일단 집중하면 몰입하게 되고요. 어느 정도 집중하느냐에 따라 몰입의 정도도 달라지는데 일단 깊게 몰입하면 이 상태가 유지됩니다. 이때 의지력이 발휘되면 집중과 몰입이 더 오래 지속되지요. 우선 집중력에 대한 이야기부터 해볼까요. 집중의 중요성과 방법에 대해 말하는 대표적인 책으로《원씽》을 들 수 있는데, 그 책에 이런 사례가 나옵니다. 2009년《뉴욕 타임스》기자 매트 리치텔(Matt Richtel)은 자신이 쓴 기사로 보도 부문 퓰리처상을 받았어요. '운전중 한눈팔기의 위험성'이라는 연작 기사였지요. 운전중에 문자 메시지를 보내거나 통화하는 것에 대한 위험성을 쓴 보도였는데, 사망 사고의 16퍼센트가 운전중 한눈을 팔았기 때문이라는 내용이었어요. 부상은 매년 50만 건에 달했지요."[19]

"세상에! 해마다 50만 건이라니…… 그렇게 많이요?"

"운전중 휴대폰 사용은 음주운전과 다를 바가 없어요. 이 보도 이후 미국의 많은 주와 지방자치단체에선 운전중 휴대폰 사용을 금지했지요. 삼중 사중 교통사고의 시발점도 통화를 위해 단축키를 누르던 그 짧은 시각에 일어났을지 누가 압니까."

제이는 잠시 말을 끊었다. 뭔가 강렬한 감정이 솟아나는 듯 호흡을 가다듬는 것이 느껴졌다. 멘토링중에 제이가 이런 모습을 보인 적은 처음이었다. 무슨 일이냐고, 물어보기도 조심스러웠다. 그러나 제이는 곧 평소의 모습으로 돌아왔다.

"의사와 파일럿의 공통점이 무엇인지 아십니까?"

"고도의 집중력을 필요로 하는 직업이라는 것……?"

"맞습니다. 기억력을 극대화시키는 좋은 방법 중의 하나는 집중하는 거예요. 최대한 주의를 기울이는 것이지요. 만약 의사가 수술을 하면서 휴대폰 메시지를 확인하거나 파일럿이 난기류를 맞아 비행기를 조종하면서 휴대폰으로 메일을 확인한다면, 어떨까요?"

"아니, 그런 미친! 생각하고 말 것도 없이 그런 의사나 파일럿은 당장이라도 청와대 국민청원에 올려야죠!"

"그들도 나름대로 이유가 있을 텐데요."

"이유는 무슨 이유요. 들을 가치도 없는 변명이죠. 말도 안 돼요!"

"왜 말이 안 됩니까?"

"생사가 좌우되는 위급한 상황이잖아요. 없는 집중력도 끌어모아야 할 판국에 휴대폰에 정신을 팔다니 제정신인가요?"

정말 말도 안 되는 소리였다. 환자의 생명을 다루는 의사가 수술실에서 휴대폰이라니! 수백 명 승객의 목숨을 책임지는 파일럿이 난기류 속에서 휴대폰이라니!

"가장 중요한 순간에 휴대폰에 한눈을 팔아선 안 된다는 거죠?"

"그렇고말고요. 그 순간만큼 중요한 일이 뭐가 있겠어요."

"그들이 하는 일은 고도의 집중력이 필요한 중요한 일이고요."

"물론이죠."

"지은 씨는 어떤가요? 업무중에 휴대폰을 꺼두시나요?"

"아니, 그게…… 휴대폰도 업무에 쓰이는 거라서……."

완전히 허를 찔린 기분이 들었다. 남의 일이라고 신나게 떠들었는데, 막상 내 일이 되고 보니 궁색한 변명을 댈 수밖에 없었다.

"업무와 관련된 일에만 휴대폰을 쓴다고 할 수 있나요?"

"그러니까…… 꼭 그렇지는 않지요……."

"업무에 방해가 될 때도 있지 않나요?"

"있긴 있죠……."

솔직히 말하면 꽤나 자주 있었다. 그 많은 단톡방을 수시로 들여다보곤 했다. 카톡 알림이 울리지 않는 날은 휴대폰이 고장이라도 났나 싶어 5분에 한 번씩 들여다보기도 했다. 손에서 휴대폰을 떼어놓지 못하는 건 이미 오래전부터 생긴 습관이었다.

"지은 씨 업무는 수술이나 비행기 조종보다 하찮은 걸까요?"

"……."

"내 시간을 휴대폰과 맞바꿀 정도로 휴대폰이 중요한 걸까요?"

"……."

"앞서 말한 책 《원씽》에서는 '우리의 일상적인 업무가 심장 수술처럼 생사를 좌우하는 일이 아니라는 이유로 집중의 중요성을 간과하곤 한다'고 지적합니다. 의사와 파일럿의 업무가 소중하다면 지은 씨가 하고 있는 일도 소중하다는 게 책의 주장이에요. 하루 일과중 휴대폰에 허비하는 시간을 인생 전체로 생각해보세요. 그 정도의 시간을 지은 씨가 가장 중요하게 생각하는 일에도 쏟고 있나요?"

"……."

"휴대폰 자체의 유익함이나 해로움에 대해서 말하는 게 아니에요. 휴대폰이든 뭐든 집중하지 못하게 하는 것이라면 시간을 조각내지 못하

도록 주의하라는 것이지요. 현대사회에서 휴대폰은 필수 기기가 되었는데 일부 문제가 된다고 아예 없앨 수는 없지요. 하지만 지혜롭게 사용하는 법은 배울 수 있을 거예요. 남에게 칼을 들이대면 흉기가 되지만, 자신의 목숨을 지켜야 하는 상황에선 무기가 되고, 요리를 할 땐 도구가 되는 것처럼, 어떻게 쓰느냐에 따라 도움이 되기도 하고 폐해가 되기도 하지요. 휴대폰 사용에 대한 원칙을 세워서 습관으로 만들고 지속적으로 지켜나가는 힘을 길러보세요. 집중력에 변화가 생길 겁니다."

◆ ◆ ◆

"휴대폰 사용을 지혜롭게 하는 것 외에 집중력을 키우는 또 하나는 '목표'를 분명히 하는 겁니다. 우리는 한정된 시간 속에서 살아가지요. 100세 시대라고는 해도 정력적으로 공부하고 일할 수 있는 나이는 그보다 적어요. 시간을 소중히 여기라는 말은 우리에게 주어진 시간이 무한하지 않다는 의미예요. 정해진 시간 안에 목표에 빨리 도달하는 것이 효율성이지요. 그렇기에 일단 방향이 정해지면 적절한 속도를 내는 것이 중요해요. 방향을 잃은 상태에서 무조건 돌진하는 태도는 위험하지만, 목표가 분명한 상태에서도 속도를 내지 않는 건 게으름을 피우는 것이니까요."

"집중하면 시간을 단축할 수 있긴 하겠죠. 그런데 정말 어려운 일은 시간을 최대한 들여서 해야 하는 것 아닌가요?"

"작성해야 할 중요한 보고서가 있다고 해봅시다. 상사가 한 달의 기한을 주었다면, 언제까지 하겠어요?"

"그야 한 달 안에 하겠죠."

"같은 보고서를 일주일 만에 해오라고 했다면요?"

"무조건 일주일 만에 해가겠죠."

"완성도에 크게 차이가 있을까요?"

"음…… 차이가 아주 없다고 할 수는 없겠지만 크지는 않을 것 같아요. 마감이 한 달 주어진다고 해도 한 달 내내 그 보고서만 붙잡고 씨름하진 않을 테니까요. 미루는 시간이 더 많겠죠. 하지만 일주일이면 당장 발등에 불 떨어진 것처럼 최대한 시간을 아끼면서 저돌적으로 해낼 것 같아요."

"물론 일을 제대로 하려면 물리적 시간이 필요합니다. 모든 일을 하루 만에 끝낼 수는 없겠지요. 10시간 들여야 할 일을 1시간에 끝낼 수 있는 것도 아닐 테고요. 중요한 일을 해내는 실력을 쌓는 데 투입해야 하는 시간을 단축하는 지름길은 없어요. 하지만 영국의 역사가이자 사회경제학자인 시릴 파킨슨(Cyril N. Parkinson)은 시간이 많다고 반드시 좋은 실적을 올리는 건 아니라고 설명해요. 때로는 1년 치 일을 한 달 만에 끝낼 수도 있어요. 내가 하는 일에 얼마만큼의 시간이 필요한지, 적절한 시간을 정할 줄 아는 것도 실력이에요. 그렇지 않으면 한 달 만에 할 일도 1년 동안 끌게 되니까요. 심지어 1년 후에도 끝나지 않는 경우도 있지요. 시간을 단축하는 지름길이 없다는 말은, 게으름을 피우면서도 실력을 쌓는 일은 절대 일어나지 않는다는 뜻이에요. 연습을 게을리 했는데 엄청난 성과를 냈다는 '천재' 이야기는 들어본 적도 없고요."[20]

"중요한 일에 최대한 시간을 들이되 할 일을 미루지는 말아야겠군요."

"이것과 관련해 파킨슨이 재미있는 현상을 하나 발견했어요. 어느 나라에서나 공무원의 숫자가 업무량에 상관없이 계속 늘어난다는 사실이었지요. 그는 자신의 책《파킨슨의 법칙》에서 이에 대한 이야기를 들려줍니다."

"업무에 맞춰서 공무원의 수가 조절되는 게 아니고요?"

"어느 공무원이든 상사가 되면 부하들을 더 늘리고 싶어하는 법이지요. 그래야 위세가 생기고 영향력을 키울 수 있으니까요. 능력 있는 사람으로 보여서 승진도 빨라지고요."

"부하들을 늘려서 업무 실적을 올리는 사람도 있지만, 그냥 자기 세력을 키우고 싶을 뿐인 사람도 있잖아요."

"물론이에요. 불필요한데도 직원을 채용해 자잘한 업무를 만들어내기도 하니까요. 그러나 공무원은 자신이 하찮은 일을 한다고 생각할까요?"

"과다한 업무에 시달리면서도 박봉이라고 여기겠죠. 일하는 사람들의 수는 늘어나는데 일은 줄지 않는, 참 신기한 일도 발생하고요."

"그렇습니다. 단 1시간이면 끝낼 수 있는 일을 한 달 내내 붙잡고 있어도 일을 하고 있다고 생각할 수 있으니까요."

1시간이면 끝낼 수 있는 일을 한 달씩 미루는 사람이 과연 있겠냐고 반문하고 싶었지만 내 경우를 생각해보았다. 그러자 목구멍까지 나왔던 말이 내장 속으로 쑤욱 밀려들어갔다. 한 달까지는 아니어도 일주일을 고민하던 일을 이 대리가 1시간 만에 해결하는 것을 본 적이 있었기 때문이다. 정말로 두 눈이 튀어나올 정도로 놀랐었다. 일 잘하는 사람은 따로 있다는 자괴감이 든 날이었다.

할 수 있는 일을 일부러 미뤘던 것은 아니었다. 그런데 정말 미룬 게 아니었다고 할 수 있을까? 어렵고 벅찬 일이었기에 더욱 맹렬하게 붙잡고 씨름하기보다 하루이틀 미뤄둔 것만은 부인할 수 없었다.

"이런 걸 파킨슨의 법칙이라고 하지요. 시간을 길게 잡으면 게으름만 늘어나는 현상을 일컫는 말이에요."

"적절한 시간을 정하는 게 정말 어려운 일이네요."

"그게 바로 고수와 하수의 차이에요. 집중력의 차이이기도 하지요. 고수는 일에 걸리는 시간을 정확히 파악할 줄 알아요. 반면 하수는 자신의 능력을 과대평가해 지나치게 시간을 적게 잡거나, 일을 너무 어렵게 생각해 지나치게 시간을 많게 잡지요."

"그렇다면 저는 아직 하수에 속하는 것 같네요."

"하하하. 그렇게 말할 수 있다는 건 적어도 자신을 객관적으로 보고 있다는 증거일 겁니다. 내가 어디에 서 있는지 알아야 다음에 어디로 갈지 정할 수 있으니까요."

제이가 기분 좋게 웃음을 터뜨렸다. 새삼스레 제이의 웃는 얼굴을 바라보았다. 사심 없이 웃는 얼굴이 소년처럼 맑았다. 저 나이에도 소년의 일면을 지니고 있다는 것이 신기할 따름이었다.

◆ ◆ ◆

대화는 집중력에 이어 의지력으로 옮겨갔다.

"휴대폰 사용을 좀 줄이고자 마음먹어도 번번이 실패해서…… 저는 단순히 제 의지력이 부족하다고 생각했어요."

"의지력에 대해 흔히 하는 오해지요. 의지력은 타고나는 것이 아니라 키우는 거예요. 연습을 통해 착실하게 만들어가는 일종의 마음 근육이지요. 천재들의 재능 같은 것이 아니랍니다. 특정한 사람의 전유물이 아니라는 것이지요. 항상 발휘되는 것도 아니에요. 어떤 상황에선 높아지지만 어떤 상황에선 낮아지지요."

"집중과 의지력은 상관이 있나요?"

"집중하는 시간을 늘리면 의지력이 커지고, 의지력이 커지면 집중하는 시간이 늘어나지요. 집중하는 시간이 현저히 늘어나면 공부의 질도 높아지겠지요. 의지력이 남다르다고 생각되는 사람이 있나요?"

"올림픽 금메달리스트들?"

"그들이 일반인들과는 다른 의지를 갖고 있다고 생각하나요?"

"보통 근성은 아닐 거라고 생각하죠."

"그 또한 상황에서 길러진 것일 뿐, 그들이 갖고 태어난 것은 아니에요. 어떤 상황에서도 변함없이 항상 작용하는 의지력이 있다는 과학적

증거도 없고요. 의지력이 상황에 따라 달라진다는 증거가 오히려 많은 편이지요. 지은 씨는 삶의 모든 영역에서 의지력이 발동하던가요?"

"승부가 걸린 게임을 할 때 빼고는……."

"하하하. 저 또한 마찬가지예요. 도전적인 일을 할 땐 의지력이 솟구치지만 쇼핑을 할 땐 의지력이 떨어지죠. 추위 앞에선 견디고자 하는 의지력이 강해지지만, 더울 땐 시원한 곳으로 도망가서 게으름을 피우고 싶어지고요. 지능이 타고난 것이 아니듯 의지력도 마찬가지예요. 의지력은 굉장한 힘입니다. 우리 안의 가능성을 끌어올리고, 새로운 일에 도전하게 해서 불가능하던 일을 완수하게 하지요."

"설마 불가능한 일까지…… 어떻게 그래요?"

"한 달 동안 코넬대 노트 정리법을 실천하면서 백 권의 책을 읽을 수 있겠습니까?"

"불가능하죠."

"같은 조건으로 누군가 10억원을 준다고 하면요?"

"10억원이요? 하죠. 하고말고요. 껌 씹는 것보다 쉽죠!"

제이가 피식 웃는 게 느껴졌다. 이놈의 입이 말한 것이 무엇이냐고 후회했지만, 이미 해버린 말을 주워 담을 수는 없었다.

"의지력을 발휘하는 데 돈 말고 또 다른 것도 있을 거예요. 책을 한 권씩 읽을 때마다 소아암을 앓고 있는 아이들을 위해 천만원씩 기부금이 생긴다면 어떻게 하겠어요?"

"당연히 읽죠. 하루에 두세 권도 읽을 거예요."

"이제 의지력이 상황에 따라 다르다는 것을 알겠지요? 그러니 의지력이 없다는 말을 되뇌기보다 어떻게 동기부여를 할 것인가를 고민하는 게 나을 겁니다. 동기부여를 어떻게 하느냐에 따라 의지력도 향상되니까요."

고개를 크게 끄덕이는 것 말고는 다른 행동을 할 게 없었다. 제이는 스트레이트의 강자이기도 했지만 돌려차기의 달인이기도 했다. '치워라' '버려라' '깨라'는 등의 강력한 메시지를 꽂는가 하면, 지금처럼 적절한 비유를 통해 동기부여의 중요성을 일깨우는 식이었다.

제이가 말하는 방식은 남들과 달랐다. 필요할 때는 과감히 승부를 던졌지만 말로 상대를 무참히 무찌르지 않았다. 자신의 생각을 스스로 받아들이도록 하고 있었다. 싸우지 않고 이기는 법을 알고 있는 고수였다. 새삼 제이와 중세시대에 적으로 만나지 않은 게 다행이라는 생각이 들었다. 만약 제이가 적이었다면, 나는 죽는 줄도 모르고 죽어가고 있을 터였다.

"의지력에 대한 연구 결과를 한 가지 말씀드리지요. 《습관의 힘》이란 책에 나온 실험인데요. 뉴욕 주립 대학교 올버니의 심리학자 마크 무레이븐(Mark Muraven)과 엘리자베타 슬레사레바(Elisaveta Slessareva)는 의지력이 떨어진 학생들을 대상으로 동기를 부여하는 여러 가지 실험을 했어요. 제가 지은 씨에게 말했던 것처럼 큰돈이 생긴다거나 세상에 대한 기여를 할 수 있다는 말엔 의지력을 보였지요. 그러나 이것 말고도 한 가지가 더 있었습니다."[21]

"사실은 그게 더 중요한 거죠?"

'척 하면 착!'이라고, 이젠 제이의 말을 따라갈 줄 알았다. 제이는 초반부터 강력한 말로 시작했지만 후반엔 더욱 중요한 말을 했다. 그와의 대화에서 방심할 수 없는 이유였다.

"연습을 거듭하면 힘든 과제를 수행하는 능력이 개선된다는 약속이었어요. 눈에 보이는 보상은 아니었지만 그 약속은 이대로 바닥에 남을 것인지, 다시 치고 올라갈 것인지를 결정하는 데 중요한 역할을 했지요. 학생들의 성과도 눈에 띄게 달라졌고요. 아무리 작은 일이라도 시작한 일은 끝내는 습관을 들이세요."

"시작한 일은 끝낸다……."

"머리를 감다가 그만두진 않지요?"

"네. 샴푸를 말끔히 헹구죠."

"옷을 입다가 그만두지도 않을 테고요."

"그럼요."

옷을 반만 입은 채 출근하는 모습을 상상해보았다. 그런 모습으로 전철을 타고 회사 로비를 지나간다니 생각만으로도 끔찍했다.

"그런데 공부는 왜 하다가 그만두는 일이 많을까요?"

"그러게요……."

"결국은 인생을 바꾸기 위해 공부를 하니 어쩌니 하지만, 말하는 것만큼 중요하지 않다고 생각하기 때문이에요. 진심으로 공부가 인생을 바꿀 수 있다고 믿는다면 끝까지 해내지 않겠어요? 지은 씨가 얼마나 진지하게 대하느냐에 따라 달라지겠지요."

어느새 살짝 흐트러진 자세를 바로 했다. '진지함'이야말로 공부를 잘 하기 위한 근본 자질이라는 제이의 말이 떠올랐다.

"학생들이 연습을 거듭했다는 건 주의를 기울여 연습을 시작하고, 최고의 집중 상태에서 정해진 분량을 마치는 일을 반복했다는 것이지요. 그리고 스스로에게 한 약속을 지킨 일이 뿌듯해서 다시 연습을 반복했을 테지요."

"그 약속을 지키면서 자신감도 높아졌겠네요."

"물론이에요. 힘든 도전을 했고, 훈련을 지속했고, 그 결과 끝까지 해냈다는 성취감은 자신에 대한 긍지를 갖게 하지요. 이게 바로 진정한 자기효능감이지요. 돈은 있다가도 없을 수 있지만 자기효능감은 누구도 빼앗아갈 수 없는 것이니까요."

맞는 말이었다. 성공하면 돈은 저절로 따라오는 법이라고 했다. 그러나 자기효능감은 저절로 생기는 것이 아니었다. 노력의 대가로 주어지는 것이니, 그만큼 가치 있는 것이었다.

◆ ◆ ◆

"의지력을 키울 수 있다는 것은 알겠어요. 그런데 어떤 일에 익숙해지면 익숙해질수록 의지력은 필요 없어지는 게 아닌가요? 더 많은 일을 더 쉽게 할 수 있으니까요."

"맞습니다. 그래서 좋은 습관을 들이는 게 중요해요. 매일 좋은 일 세 가지를 하고 코넬대학교 노트 정리법을 생활화하는 일 등이지요. 습관은 고민하는 시간을 줄여서 자동적으로 행동하게 해요. 공부 습관을 들이면 더 크고 중요한 일에 쓸 수 있는 시간을 확보할 수 있지요."

"더 크고 중요한 일이라니……."

"우리가 어려운 일을 지속해나갈 때 의지력이 필요하지요. 의지력을 키우기 위해선 동기부여가 중요하고요. 산을 올라가는 것과 비슷하겠네요. 저기 보이는 정상까지 올라가면 이 힘든 과정은 끝난다, 그리고 정상에서 시원한 바람을 맞으며 멋진 풍경을 볼 것이다, 라는 기대와 확신이 우리를 움직이게 합니다. 드디어 정상에 올라서 시원한 바람도 맞고 멋진 풍경도 보았어요. 그런데 저 너머에 새로운 봉우리가 보이면요?"

"새로운 봉우리요? 여기가 정상인 줄 알았는데 그저 중턱에 있는 고갯마루에 불과했다고요?"

"물론 선택의 자유는 있죠. 멈추거나 더 높은 봉우리로 가거나."

"더 높은 봉우리로 가고 싶은데 남은 힘이 없다면요? 그때도 동기부여를 열심히 해서 의지력을 발휘해야 하나요?"

"둘 중 어느 쪽을 선택해도 좋습니다."

"음……."

제이의 비유를 업무에 적용해보았다. 더 높은 봉우리, 더 높은 목표를 추구하는 게 싫지는 않았다. 하지만 비슷한 강도의 일을 다양하게 겪으면서 탄탄한 경험을 쌓고 싶다는 마음도 들었다. 급하게 먹는 밥은 체하는 법이 아니던가. 신중하게 생각을 가다듬은 후 입을 열었다.

"고갯마루까지 올라가는 정도는 가뿐해질 때까지 몇 번이고 도전해 보고 싶어요. 비슷한 코스로 가더라도 또 다른 난관이 생길 수 있잖아요. 남들이 가지 않은 새로운 루트를 발견할 수도 있고요. 하지만 고갯마루가 최종 목표라는 뜻은 아니에요. 오히려 끈기 있는 연습을 통해 첫번째 고갯마루를 베이스캠프 삼아, 더 높고 험한 봉우리들을 향해 걸어가고 싶어요. 고갯마루까지 가는 건 익숙해질 테고, 익숙해진 곳에 머무르는 건 재미없으니까요."

제대로 전달이 되었는지 모르지만 최선을 다해 생각을 말했다. 경험을 쌓는다는 변명 아래 고작 낮은 고갯마루에 집착하다니 고갯마루 성애자냐, 솔직히 용기가 없는 게 아니냐, 그렇게 간덩이가 작아서 어디에 쓰겠냐, 토끼가 와서 누님 하겠다 등 제이의 냉정하고 엄격한 질책이 쏟아질 수도 있겠다고 내심 쓴소리를 들을 각오를 했다.

조용히 듣고만 있던 제이가 조용히 말문을 열었다.

"그게 지은 씨의 생각인가요?"

"네. 제 생각이에요."

"그렇습니까. 솔직히 감탄했어요."

"……네?"

"저는 A와 B, 일부러 두 가지 길만 보여줬는데 C를 말하니까요."

"제3의 길을 제가 말한 건가요?"

"생각하는 법을 배우기 시작했군요. 훌륭해요."

"……그렇게 갑자기 칭찬을 하셔도 이거야 원 얼떨떨해서……."

제이가 갑자기 이렇게 나오는 이유가 뭔지 오히려 궁금했다.

'신종 트레이닝 방법인가? 궁디 팡팡 하다가 갑자기 똥침을 놓을 건가?'

그렇다면 역습을 당하기 전에 먼저 물어보는 편이 나을 터였다.

"제가 생각하는 법을 배우기 시작했다니, 무슨 뜻인가요?"

"우리 뇌는 질문을 하면 답을 찾습니다. 그래서 질문하는 법이 중요하지요. 닫힌 질문을 하면 닫힌 답을 내놓고, 열린 질문을 하면 열린 답을 내놓기 때문이에요. 예스 혹은 노라고 대답하게 하는 질문, 즉 묻는 말에 단답형으로 대답하게 하는 건 닫힌 질문이고, 반면 생각을 말하게 하는 질문은 열린 질문이지요. 방금 전 저는 교묘하게 닫힌 답을 하도록 유도했어요. 그런데도 지은 씨는 함정에 빠지지 않고 훌륭하게 뛰어넘었어요."

비록 내 대답이 얼마나 훌륭한 것이었는지 실감하지 못했지만, 칭찬을 받으니 순수하게 기뻤다. 시험인지도 모르고 본 시험을 멋지게 통과했으니 말이다.

"그런데 왜 일부러 닫힌 질문을 하신 건가요?"

"지은 씨가 얼마나 성장했는지 궁금해서요. 그리고 제가 엄격한 사람이기 때문이지요. 지은 씨가 아무리 멘토링의 효과를 긍정적으로 말한들, 말만으로는 어느 정도인지 믿을 수 없으니까요. 저는 언어적인 부분과 함께 비언어적인 부분도 중요하게 생각해요. 말로는 꾸밀 수 있지만 그 사람의 무의식적인 사고는 어떤 식으로든 배어나오기 마련이지요. 처음과 비교하면 지은 씨의 눈빛과 태도가 많이 달라졌어요. 그래서 더욱 궁금했지요. 눈에 보이는 이 변화가 진짜인지, 가짜인지."

시험 당해서 기분이 나쁘다는 생각은 들지 않았다. 오히려 시험을 통과했다는 기쁨이 더 컸다. 대화에 참여하는 게 더 신이 났다.

"인간은 적응하는 존재예요. 처음엔 낯설고 불편하지만 익숙해지면 그 상태에 머물고 싶어하지요. 움직이는 동전은 움직이려고 하고, 멈춰 있는 동전은 가만히 있으려고 하는 것과 비슷하겠군요. 이런 관성의 법칙이 우리에게도 적용된다고나 할까요, 편안한 상태에 머물면 그 상태 그대로를 유지하고 싶어지지요."

"겨울날 따뜻한 이불 속에서 빠져나오기 싫은 것처럼요."

"그래서 자신이 가고 싶은 목적지가 어디인지 잘 생각해야 하는 겁니다. 단기 목표와 장기 목표를 구분해야 하고요, 궁극적으로는 목적과 목표를 구분해야 하지요."

"목적과 목표요?"

"지은 씨는 인생의 목적이 뭔가요?"

"회사에서 업무를 잘하는 거요."

"하하하. 그건 목표지요. 그것도 단기 목표요."

"음, 그럼 승진하는 거?"

"그것도 목표라고 할 수 있지 않을까요? 단지 회사에서 승진하기 위해 이 세상에 태어난 건 아닐 테니까요."

생각할수록 어려운 질문이었다. 인생의 목적에 대해선 진지하게 생각해본 적이 없었다. 그저 하루를 잘 보내고, 저녁에 시간 맞춰 퇴근할 수 있으면 행복했다. 코로나19가 터진 이후론 아무 일도 일어나지 않는 날이 행복한 날이었다. 인생의 목적이 무엇인지보다 천국의 계단에 오를 수 있는 방법을 말하는 게 더 쉬워 보였다.

"멘토링 마지막 날 세 가지 질문에 답해야 하는 것, 기억하지요?"

"네."

"아직 3주가 남았으니 진지하게 답을 찾아보세요. 인생의 목적은 그 질문과 연관되어 있으니까요."

나는 말없이 고개를 끄덕였다. 3주 안에 과연 그 어마어마한 질문에 대한 대답을 찾을 수 있을지 자신은 없었지만, 오늘 제이가 격려해준 대로 나만의 대답을 하면 될 터였다. 그런 면에서 오늘은 터닝 포인트와 같았다.

"포기하지 않고, 저만의 답을 찾아보겠습니다."

"파이팅 넘쳐서 좋은데요. 바위를 뚫는 물의 힘을 생각해보세요. 물과 바위의 성질만 놓고 보면 비교할 수 없는 대상이지만, 물이 오랫동안 바위의 한곳에 떨어지면 구멍이 생기지요. 처음엔 작은 구멍일 테지만 시간이 지나면 거대한 바위를 쪼개기도 합니다. 집중력과 의지력도 이와 같아요. 지은 씨가 하고자 마음먹는다면 못할 일이 없답니다."

멘토링이 끝났다. 어느 때보다 몸안에서 힘이 솟구치는 것 같았다. 마음속에서 알 수 없는 무언가가 생성되고 있었다.

◆ ◆ ◆

'오, 신이시여! 왜 지란을 태어나게 하시고 그 옆집에 저를 태어나게 하셨나이까!'

결과부터 말하자면, 지란과의 만남은 말 그대로 지랄 환장 대파티였다. 처음엔 가볍게 맥주로 시작했다. 그러나 지란은 술 좀 먹는다는 나보다 한 수 위의 주당이었다. 지란과의 만남에는 반드시 갖춰야 할 필수적인 세 요소가 있었다. 들은 이야기의 디테일까지 놓치지 않는 탁월한 기억력, 쉴 틈 없이 쏟아지는 질문 공세를 받아내는 엄청난 집중력, 그리고 죽지 않고 끝까지 버티는 초인적인 의지력이었다.

지란의 간은 보통 간이 아니었다. 지란의 간은 보통 사람의 4배쯤 클 것 같았다. 평소 하는 행동만 봐도 간덩이가 부었다고 할 만한 일을 예사로 할 때가 많았으니 말이다. 대학을 다니다가 마음대로 휴학한 후 등록금을 들고 6개월 동안 여행을 떠난 적도 있었다. 간간이 사진으로 생사를 확인시켜주었으나, 사진으로 보이는 곳은 이곳이 지구가 맞나 싶은 곳뿐이었다. 남들 다 가는 유럽 같은 곳은 일절 가질 않고, 알 수 없는 곳으로만 떠돌아다녔다. 마지막 여행지는 남극이라고 했다. 남극으로 여행을 갈 수 있다는 사실도 지란을 통해 처음 알았다.

"도대체 걔는 왜 그런 데를 간대니?"

"저도 그게 궁금합니다."

지란의 엄마는 나를 붙잡고 지란의 마음을 물었다.

"아주머니께서 낳으신 딸의 마음을 타인인 제가 알 리 없죠."

간곡히 말해보았지만 그래도 "친구잖니, 친구니까 알 것 아냐?"라며 지란이 그동안 했던 이해하지 못할 말과 행동에 대해 심리학, 경제학, 철학, 수학, 물리학, 진화생물학, 심지어 별자리 유형까지 동원해 다각적 다층적으로 해석하며 "너도 그러냐?"고 물었다. 이때를 계기로 지란이 자신의 엄마를 꼭 빼닮았다는 것을 깨달았다. 있는 얘기 없는 얘기 탈탈 털리면서 그때 진심으로 생각했다.

'친구고 뭐고 돌아오면 바로 절교다!'

절교를 하는 데 반드시 상대가 앞에 있어야 할 이유는 없겠지만, 그동안 시달린 것을 생각하면 반드시 지란의 얼굴에 절교라는 말을 던져주고 싶었다. 그러나 돌아왔다며 술 한잔하자는 지란의 전화를 받자마자 몸이 먼저 달려가고 말았다. 입담은 여전했지만 분위기는 어딘가 달라져 있었다. '세기의 로맨스'를 경험해서 그렇다고 요란을 떨었지만, 퍽이나. '세기의 음주'를 하고 왔을 터였다.

"아유, 이제 입가심이 끝났네. 본격적으로 마시자!"

"맥주 캔 10개가 입가심이냐?"

투덜거리면서도 잠자코 냉장고에서 소주를 꺼냈다. 장장 2시간에 걸쳐 지란의 썸에 대한 전후 사정을 들은 후였다.

"그놈에 대해 지란이 네가 아는 게 뭐야?"

"잘생겼다는 거?"

"네 취향이 독특하다는 건 알지?"

"알지. 그래서 사업이 번창하고 있잖아."

"하긴 네 센스는 갑이지."

나도 모르게 한 칭찬에 지란이 히죽 웃었다. 이게 아닌데 싶었지만 지란의 센스가 좋은 건 사실이니까. 다시 본론으로 돌아가서 물었다.

"그리고 또?"

"자주 잠수 탄다는 거?"

여기까지만 들어도 답이 나왔다.

"그럼 그놈에 대해 모르는 건?"

"왜 잠수를 타는가."

나는 깊은 한숨을 내쉬었다. 자신이 정말 좋아하는 사람이라면 연락이 오지 않을까, 하루에도 수십 번 휴대폰을 들여다보게 마련이었다. 만난 지 한 달도 안 됐는데 잠수라면, 이유는 두 가지였다. 상대에게 관심이 사라졌거나 이별에 대한 예의를 모르는 족속이거나. 이유가 뭐든 더 확실한 것 한 가지는 그놈은 현재 지란을 진심으로 좋아하지 않는다는 것이었다.

'이 명확한 이유를 모르냐, 바보야.'

역시 사람은 자기 일엔 어두운 법인가보았다. 뚝배기에 보글보글 끓여준 계란찜을 말없이 퍼먹던 지란은 뚝배기의 바닥이 보이자 비로소 숟가락을 내려놓았다.

"알았다. 네 표정 보니까. 넌 이유를 아는 거지?"

'헐, 귀신. 눈치는 빨라가지고.'

기왕 이렇게 된 거 확실하게 대답해주려고 입을 열었다.

"그러니까 그놈은……."

"잠깐! 말하지 마. 내가 생각하는 그거 같으니까."

"그게 뭔데?"

"……."

지란은 울 것 같은 표정이더니 금세 낄낄 웃었다. 한참 웃고 난 지란이 무심하게 툭 내뱉었다.

"그놈은 날 좋아하지 않았군."

예전 썸들에선 곧 죽어도 그놈들이 자길 좋아했다고 믿던 지란이었다. 그런데 이젠 달라졌다. 자신의 연애에 대해 객관적으로 성찰하고 있으니 말이다. '우리 지란이 달라졌어요!'라고 외치고 싶었다. 처음으로 조용히 술자리가 끝날 것 같아서 살짝 감격스럽기까지 했다.

그러나 환상이 깨지는 데는 1분도 걸리지 않았다. 지란이 갑자기 자리에서 벌떡 일어났다.

"왜? 도대체 왜? 왜애애애애 그런 거냐고! 어떻게 날 안 좋아할 수가 있냐고! 야, 강지은! 말해봐! 이게 말이 돼? 말이 되냐고?"

"그러니까 그건…… 말이 안……되지. 되는데……."

"그치? 말이 안 되지! 이렇게 예쁘고, 이렇게 돈 많고, 이렇게 성격도 좋은데!"

"네네."

"우씨. 나 토할 것 같아."

"뭐? 야! 안 돼! 절대 안 돼! 화장실, 빨리!"

토하려는 지란을 억지로 일으켜 화장실에 밀어넣었다. 웩웩거리는 소리를 들으며 생각했다.

'그래. 알고 있구나. 그 사람은 널 좋아하지 않아. 그게 답이야. 그러나 모르고 있는 것도 있어.'

화장실에서 기다시피 나온 지란을 침대에 눕혔다. 속 쓰리다고 징징대는 지란의 등을 토닥이며 속으로 생각했다.

'그놈은 너의 장점을 몰라. 억만 개 중 하나도 모를걸. 그걸 알기도 전에 헤어졌다는 것도 모르겠지. 평생 모를 거야.'

"그놈이랑 잘 헤어졌다!"

"그래! 역시 그렇지? 잘 헤어졌지?"

"그럼, 잘 헤어졌고말고."

응응, 웅얼거리던 지란이 갑자기 벌떡 일어났다.

"별 보러 나갈까?"

나는 비틀거리는 지란을 부축해 옥상으로 나갔다. 남들이 볼 땐 작은 옥상이었지만 그 순간 우리에겐 부러울 것 없는 장소였다. 늦은 밤, 도시의 불빛이 멀리서 반짝였다. 우리는 나란히 고개를 꺾고 하늘을 바라보았다.

"별 보이냐?"

"저기 있네."

"어디."

"저기 하늘에. 눈에 안 보일 뿐 저기 있어."

그랬다. 하늘에 별은 분명히 있었다. 눈에 보이지 않는다고 존재하지 않는 것은 아니었다. 우리 안에 분명 있지만 눈엔 보이지 않는 집중력, 의지력처럼.

| 4부 |

혼돈

대나무 숲의 비밀

잠에서 깨어났다. '뭔가' 이상했다. 일어나려고 해도 몸이 움직여지지 않았다. 내 몸이 아닌 듯, 다른 존재가 된 것 같았다. 손가락과 발가락을 까딱여 신체의 감각을 되살리려고 했으나 몸뚱이만 느껴질 뿐, 손발이 있다는 감각이 느껴지지 않았다. 문이 열리는 소리가 들렸다. 다행히 청각은 살아 있는 듯했다. 그러나 안도의 순간도 잠깐, 귀를 찢는 것 같은 비명소리가 들렸다.

"으아아아아악!"

도무지 이 세상 것이라고 생각되는 목소리가 아니었다. 악령, 드라큘라, 혹은 좀비를 봤다고 해도 이보다는 나을 터였다.

"뭐야! 이게 뭐야!"

"웨에에엑! 미쳤어, 미쳤어!"

"대체 이 거대한 벌레는 뭐야? 세상에 이런 게 있다고?"

"지은아, 지은아! 어디 간 거야?"

메시지를 연달아 보내듯 쉼 없이 이어지는 말투. 지란이었다.

"으아어……."

어떻게든 말을 해보려고 했다. 그러나 내 성대에서 나오는 것이라고 믿기엔 너무 끔찍한 소리였다. 필사적으로 움직였지만 그 행위가 오히려 상대를 더욱 겁에 질리게 만든 것 같았다. 문이 쾅 닫히는 소리가 들리는가 싶더니 이내 하나의 단어가 강렬하게 귀에 꽂혔다.

"몽둥이!"

본능적으로 느꼈다. 지란이 가져올 몽둥이에 내 몸이 절단날 운명이라는 것을. 이대로 죽을 수는 없었다. 그러나 온몸이 결박된 듯 움직일 수가 없었다. 다시 문이 열리는 소리가 들렸다. 공포감이 극대화되었다. 결국 오늘 친구 손에 죽는구나 싶었다. 그러나 두번째 들려온 목소리의 주인공은 지란이 아니었다. 깊은 우물 바닥에서부터 울려 나오는 듯 낮은 목소리, 제이였다.

"강지은! 지옥에 온 것을 환영한다."

눈을 번쩍 떴다. 몸이 용수철처럼 솟구쳐 올랐다. 온몸이 땀으로 흠뻑 젖어 있었다. 사방을 둘러보았다. 내가 어디에 있는지 혼란스러웠다. 침대, 책상, 옷장 등 익숙한 물건들이 하나씩 눈에 들어왔다.

틀림없는 내 방이었다. 그제야 안도의 숨을 깊이 내쉬었다.

'아! 꿈이었구나!'

어제 과음한 탓일 것이다. 목이 말랐다. 겨우 침대 밖으로 나와 냉장고

문을 열었다. 생수병을 꺼내 그대로 벌컥벌컥 마셨다. 목을 타고 들어가는 찬물 덕분에 정신이 조금 더 명료해졌다. 손가락과 발가락을 움직여보았다. 오른쪽 왼쪽, 마음먹은 대로 움직여졌다. 평소엔 아무 생각 없이 쓰던 손발이었지만, 꿈 때문인지 생각한 대로 움직여지는 게 이상할 정도로 신기했다. 생수병에 남은 물을 마저 마셨다. 현실감각이 되돌아왔다.

다행히 서두르면 지각은 면할 것 같았다. 생전 처음 꾸는 벌레 꿈은 나중에 검색해보도록 하고 서둘러 집을 나섰다.

◆ ◆ ◆

이후 며칠 동안 일진이 꼬이는 날이 이어졌다. 간발의 차이로 전철을 놓치는 일이 도미노처럼 이어져, 갈아타야 할 전철을 또 놓치는 참사를 당했다. 밤에는 벌레 꿈에 시달리고 아침엔 숨이 턱에 닿도록 뛰었다. 그러나 3일 연속 지각을 하고 말았다. 10초든 1분이든 지각은 지각. 박 과장이 가장 싫어하는 게 지각이었다. 숫자를 다루는 감각 때문인지, 정해진 숫자대로 나오지 않는 상황을 박 과장은 유난스러울 만큼 싫어했다.

'숫자 강박증 환자거나 숫자 성애자인 거 아냐?'

속으로 투덜거렸지만, 지각 앞에서 할 변명은 없었거니와, 요 며칠 벌레 꿈에 시달리는 바람에 지각했다고 말할 수는 더더욱 없는 노릇이었다.

그러나 불운은 여기에서 끝나지 않았다. 하루는 오전 업무가 시작되자마자 박 과장에게 불려갔다. 며칠 전 검토한 서류에서 커다란 오류가 발견된 것이다. 단순한 업무 실수가 아니었다. 그대로 승인이 됐다면, 회사에 타격을 입힐 수도 있는 일이었다.

"강지은 씨. 이런 일을 막기 위해 저나 이 대리가 있는 거지만, 언제까지 상사만 믿고 일할 겁니까?"

냉정하고도 뼈아픈 말이었다. 한 사람의 몫을 해내기에 월급을 받는 것이었다. 자기 월급의 10배는 하지 못할망정 100배, 아니 1000배의 손해를 입힐 뻔했다. 입이 10개여도 할말이 없었다. 박 과장과 이 대리가 나서서 수습을 해준 덕분에 더 큰 일로 번지지 않은 게 다행이었다.

따뜻한 봄바람 같던 날들은 꿈처럼 사라지고, 급속도로 냉각된 분위기가 형성되었다. 점심 식사 때마다 계란말이를 시켜주던 이 대리는 사고를 수습하기 위해 외근을 나갔고, 사장단 회의에 들어간 박 과장은 감감무소식이었다. 점심시간이 지났어도 나는 사무실을 나설 생각이 들지 않았다.

주변 밥집은 어딜 가나 혼잡할 터였다. 테이블에 혼자 앉아 밥을 먹기란 보통 눈치 보이는 일이 아니었다. 사무실에서 혼자 차가운 샌드위치를 씹어 먹으며 오랜만에 서러움이라는 감정을 맛보았다. 그나마 먹던 샌드위치도 남기고 말았다. 아무리 힘들어도 입맛만은 살아 있던 나였다. 그런데 샌드위치 하나를 다 먹지 못하다니, 발갛게 성이 난 거대 종기의 고름을 짜내면서도 없었던 일이었다.

'이상하다. 조금씩 나아지고 있는 것 같았는데. 뭐가 문제였지? 뭐긴 뭐겠어. 결국 문제는 나한테 있는 거지. 나란 인간은 이 정도였던 거야.'

방정식을 겨우 풀게 된 기쁨도 잠시, 부등식 앞에서 쩔쩔 맸던 기억이 되살아났다. 수학에 대한 희망이 싹트자마자 더 어려운 문제를 만나 단번에 좌절되었듯, 자신감이 한꺼번에 무너지는 듯했다. 성장의 기쁨과 변화의 희망을 느끼던 중에 일어난 일이라 더욱 혼란스러웠다. 기쁨은 슬픔으로, 희망은 절망으로 바뀌고 있었다.

벽돌을 한 장 한 장 손수 올리듯 공들여 쌓은 자신감이 다시 땅으로 곤두박질쳤다. 속마음을 털어놓을 사람, 하다못해 옛이야기에 나오는 '대나무 숲'이라도 있으면 좋겠다는 생각이 들었다. 속에 쌓인 이야기를 실컷 하고 나면 마음이라도 후련할 것 같아서였다.

지란을 떠올렸다. 그러나 호되게 겪었던 지랄 환장 대파티가 떠오르면서 저절로 고개가 좌우로 돌아갔다. 아직 '이별 후유증'에서 벗어나지 못하고 있을 터였다. 그런 지란과 술을 마시는 건 지난번 상황을 또 한번 겪게 된다는 것을 의미했다. 생각만 해도 술냄새가 격하게 내장을 타고 올라오는 것 같았다.

퇴근을 해도 마음이 편하지 않았다. 한동안 심취했던 웹소설도 손에 잡히지 않았다. 혼술을 하며 예능 프로그램을 보거나 액션 영화를 보았다. 그러나 무엇을 해도 기분은 나아지질 않았다. 지독한 변비에 걸렸을 때도 이렇게까지 답답하진 않았다. 영혼이 가출이라도 한 듯, 살아 있어도 사는 것 같지가 않았다. 그렇게 일주일을 보내고 난 금요일 밤, 한계 상황에 이르렀을 때 나는 방바닥을 데굴데굴 굴면서 외쳤다.

"으아아아! 미치겠다! 으아아아아! 스트레스!"

◆ ◆ ◆

일진이 사나워도 시간은 지났고, 일진이 좋아도 시간은 흘렀다. 갑자기 왜 이런 구렁텅이에 빠졌는지, 승승장구하던 날은 어째서 종말을 맞고야 마는 것인지, 미지의 운명에 답해줄 사람은 현재로선 제이가 유일했다.

"강지은, 이대로 자빠져 있을 거냐?"

힘들다고 자빠져 있을 수는 없었다. 네번째 멘토링의 날, 가짜 기운이라도 차려볼 요량으로 두 주먹 불끈 쥐며 양 입가를 힘껏 끌어올렸다. 그러나 거울 속에 비친 내 모습은 암흑의 그림자를 칭칭 감고 있는 '다크 강지은'일 뿐이었다.

카톡 알림이 울리고 링크가 떴다. 서둘러 노트북을 켰다. 제이는 타탄 체크 셔츠에 올리브색 슬랙스를 입고 있었다. 이렇게 입어도 잘 어울리고 저렇게 입어도 잘 어울리니 '역시 패션의 완성은 얼굴'인가보았다. 가만히 뜯어보면 제이는 전형적으로 잘생긴 '미남'은 아니었다. 팔다리가 길쭉한 모델 체형도 아니었다. 오히려 평범하다면 평범한 축에 속했다. 광화문, 강남역, 잠실, 영등포시장, 즉 서울 동서남북뿐만이 아니라 제주도, 파주, 울릉도, 인천에 이르기까지 전국 어디에서나 볼 수 있는 사람이라고 해도 될 정도였다.

그러나 제이는 단연 독보적인 데가 있었다. 한국이 아니라 뉴욕이나 파리, 베를린, 상하이 같은 도시에서도 눈에 띌 것이라는 데 내 오른손

손모가지를 걸 수도 있었다.

'뭐가 다를까?'

제이와의 첫 만남을 떠올렸다. 누가 봐도 인정할 만큼 세련된 스타일이었지만 제이의 인상을 결정하는 것은 스타일이 아니었다. 스타일을 완성하는 최후의 어떤 것, 말로 표현하긴 어려웠지만 분명한 '화룡점정'이 있었다. 오늘따라 한 치의 망설임이나 흐릿함 없이 화면을 바라보는 검은 눈동자를 보며 나도 모르게 두 손을 모았다.

지금 심정으로는 내 미래보다 제이의 눈빛이 백만 배는 더 밝아 보였다. 제이를 마주보고 있는 것만으로도 열등감이 자극되는 듯했다. 스트레스 폭풍을 맞아 넋이 나간 상태에서 열등감을 자극하는 존재를 만난다는 건, 설령 그가 훌륭한 멘토라 하더라도 마음이 무거워지는 경험이었다.

"무슨 일 있었어요? 표정이 어두워 보이네요."

"얼굴에 다 나타나나요?"

"지은 씨는 본심을 숨기는 데 능숙한 편은 아니니까요. 그게 꼭 나쁜 것도 아니고요."

"제가 너무 한심해요."

나는 며칠 동안 있었던 일을 요점만 간단히 이야기했다. 그러나 곧 제이의 요청으로 '되도록 소상히' 이야기하고 말았다. 구체적으로 어떤 일이 있었는지 이야기하고 나니 답답했던 마음이 조금은 풀리는 것 같았다. 그러곤 이렇게 외쳤다.

"스트레스가 문제예요! 스트레스를 풀 방법이 있을까요?"

"일을 잘하면 되죠."

'자꾸 살이 쪄서 고민이에요'라고 말했는데 '덜 먹으면 되죠'라는 대답을 들으면 이런 기분일까. 원망하는 눈으로 제이를 바라보았다.

"저도 잘하고야 싶죠……."

"스트레스를 받으면 일이 잘 안 되나요?"

나는 멀뚱히 제이를 바라보았다. 스트레스를 받으면 일이 잘 안 되는 것은 끼니를 거르면 배가 고프고, 잠을 못 자면 졸린 것과 같은 이치가 아니던가. 스트레스를 받으면서도 일을 잘하는 사람이 있는지, 오히려 제이에게 묻고 싶었다.

"스트레스에 대해 지은 씨는 어떻게 알고 있나요?"

"지속적으로 강도 높은 스트레스를 받는 건 위험하다고요."

"즉, 스트레스는 해롭다?"

"만병의 근원이 스트레스라고도 하잖아요."

"다들 그렇게 얘기하죠."

"아니라는 건가요?"

"생각하기 나름이죠. 스트레스 자체의 문제라기보다 그 스트레스를 어떻게 바라보느냐, 하는 관점의 문제니까요."

"스트레스가 설마 좋은 거라고 말하려는 건 아니죠?"

오 마이 가쉬! 지금까진 제이의 말이 전적으로 옳다고 생각했지만 이것은 아니었다. 스트레스가 좋은 것이라면 매일 밤 시달리는 악몽은 무엇이며, 스멀스멀 다시 올라오는 듯한 엉덩이의 종기 기운은 무엇이란 말인가. 아무리 천하의 제이라고 해도, 스트레스에 대해서만큼은 오해를 하고 있는 것이 틀림없었다.

"저기, 스트레스를 받아본 적이 한 번도 없으세요?"

"물론 있지요."

"힘들지 않으셨어요?"

제이는 대답 대신 빙긋 웃기만 했다. 그 웃음은 내 질문에 대한 "예스"라는 의미일 것이다. 상식적으로 생각해도 당연했다. 실리콘밸리의 성공을 스트레스 없이 이루었을 리 있겠는가. 일개미에 불과한 나도 이렇게 스트레스를 받고 있는데, 경쟁이 치열하기로 손꼽자면 이 세상 경쟁 따위 5조 5억 배쯤은 가볍게 넘을 실리콘밸리에서 콧노래나 흥얼거리며 업적을 쌓진 않았을 터다. 하지만 "스트레스가 뭐죠?"라는 듯 가볍게 웃고만 있는 제이를 바라보자니 아닐 수도 있겠다는 생각도 들었다. 눈앞에서 싱글싱글 웃고 있는 제이가 기이한 존재처럼 여겨졌다.

"스트레스를 어떻게 푸셨어요?"

"그 질문은 제가 반드시 엄청난 스트레스를 받았을 거라는 전제를 깔고 있는 것처럼 들리는데요, 제 생각이 맞나요?"

"아니, 꼭 그런 의도는 아니고요. 그냥 궁금해서요."

"스트레스에 대한 생각을 다시 배우게 된 계기는 있었지요."

"어디에서요?"

"대나무 숲에 가서요."

“대나무 숲이요? 미국에도 대나무 숲이 있어요?”

“하하하. 저만의 특별한 대나무 숲이었죠. 〈임금님 귀는 당나귀 귀〉라는 옛이야기 아시죠?”

나는 고개를 끄덕였다. 당나귀 귀를 가진 임금님의 모자를 만들어주던 사람이 그 비밀을 말할 수 없어 시름시름 앓다가, 대나무 숲에 가서 실컷 말하고 난 후에야 병이 나았다는 이야기였다. 만약 대나무 숲을 찾아가 속 시원히 소리 지르지 않았다면 그는 스트레스 때문에 죽었을지도 모를 일이다.

“저도 예전엔 지은 씨와 비슷한 생각을 했었어요. 스트레스는 나쁜 것이고, 피하는 게 상책이라 여기며, 가능한 한 스트레스를 줄이려고 애썼죠. 하지만 대나무 숲 덕분에 전 스트레스에 대해 전혀 다른 관점을 배우게 되었답니다.”

“그 대나무 숲은 어디에 있나요?”

“진짜 대나무 숲이 아니라 심리 상담가의 방이었어요. 하고 싶은 이야기를 하고 나면 속이 후련하기도 하고, 새로운 통찰도 할 수 있었답니다. 대나무 숲에 가서 마음속 고충을 털어놓았던 옛이야기의 주인공처럼, 오늘 저와의 대화가 지은 씨에게도 가슴이 시원해지는 시간이 되길 바랍니다. 어쨌든 살다보면 저마다의 대나무 숲이 필요한 법이니까요.”

맞는 말이었다. 이야기를 털어놓는 것만으로도 마음이 한결 편안해졌다. 대나무 숲에서 해야 할 일이 소리를 꽥꽥 지르고 눈물을 펑펑 흘리는 것이 아니라 내 관점을 바꿔야 하는 것이라면, 그 또한 기꺼이 할 마음이 들었다.

대화가 본격적으로 시작되기 전, 나는 눈을 감고 깊이 심호흡을 했다. 한 번, 두 번. 숨을 깊이 들이쉬고 내쉬기를 반복했다. 꽉 조인 듯했던 심장이 천천히 뛰는 게 느껴졌다. 온몸을 둘러싸고 있던 긴장감도 조금 풀리기 시작했다. 느긋한 마음으로 천천히 눈을 떴다. 작은 변화였지만 효과는 확실히 있었다. 푸른 대나무 숲을 지나가는 바람을 온몸으로 느끼고 있는 듯, 기분이 상쾌했다.

스트레스와 두려움을 마주볼 때 달라지는 것

"지은 씨가 살면서 겪은 가장 큰 스트레스는 뭔가요?"

"가고 싶은 대학에 못 갔을 때랑 요즘요."

"어떤 마음이 들었어요?"

"인생의 낙오자? 완전히 실패했구나, 하는 느낌이요."

"실패라…… 원하는 것을 얻지 못했을 때 우리가 종종 느끼는 감정이죠. 과정에서 충분히 일어날 수 있는 일을 목표에 대한 실패라고 생각하기도 하고요."

"과정에서 충분히 일어날 수 있는 일이라고요?"

"한두 번 시도 끝에 성공한다면 그거야말로 엄청난 행운이죠. 그런 행운이 연속으로 일어나지도 않고요. '저는 수도 없이 실패에 실패를 거듭했고, 그 덕분에 성공했습니다.' 농구의 황제로 불리는 마이클 조던이 한 말이에요. 지은 씨는 실패했을 때 스트레스를 받았는데, 그는 실패 덕분에 성공했다고 하지요. 차이점이 뭘까요?"

"저는 강지은이고, 그는 마이클 조던이라는 점?"

"타고나길 다르게 태어났다?"

"조던이 특별한 사람인 건 틀림없지만 노력 없이 천재가 되었다고 생각하진 않아요. 최고가 되기 위해 얼마나 괴물 같은 노력을 했을지 이젠 조금이나마 아니까요. 강도 높은 노력을 꾸준히 해나갈 수 있는 것이야말로 진정한 재능이라는 생각도 들고요. 하지만 그와 나 사이에 분명한 차이점이 있는 것 같아요."

"어떤 차이점인가요?"

"목표 자체가 달랐을 것 같아요. 그는 뚜렷하고 높은 목표가 있었고, 저는 그런 것 없이 살아왔으니까요. 목표가 있다 해도 그저 직장 생활을 잘하고 싶다는 것 정도?"

"직장 생활을 잘해내는 게 NBA에서 뛰는 것보다 못할 게 있나요? 프로 농구 선수들도 그들 나름대로 직장 생활을 하는 건데요. 성과에 따라 연봉이 결정되고 인간관계에서 갈등을 겪고, 퇴사나 이직을 고민하지요."

"그야 그렇지만 연봉이나 인기 면에선 비교할 바가 안 되잖아요."

"남의 삶에서 벌어지는 일보다 자신의 일이 더 중요하고 가치 있는 법이지요. 그렇기에 스트레스도 큰 것이고요. 남들이 볼 때 작고 하찮은 일도 나에겐 중요한 일이라면 스트레스를 받게 되지요. 중요하지 않은 일에 스트레스를 받진 않으니까요. 스탠퍼드대학교의 심리학자 켈리 맥고니걸은 자신의 책 《스트레스의 힘》에서 '우리는 중요하게 생각하지 않는 대상에 대해서는 스트레스를 느끼지 않는다'고 설명했어요."[1]

부서 이동을 발령받았을 때의 상황을 떠올렸다. 주변에선 다양한 일을 두루두루 겪어보면 좋다고 격려해주었다. 그땐 '자기 일이 아니니까 속 편하게 말한다'며 내심 서운하게 여겼다. 생각해보면 당연한 반응이었다. 자기 일이 아닌데 자기 일처럼 심각하게 느끼고 반응할 사람이 누가 있겠는가 말이다. '중요한 일에 스트레스를 받는다'는 말이 새롭게 다가왔다.

"스트레스가 있다는 건 그 일이 중요하기 때문인가요?"

"정확하게는 그 일을 중요하게 '생각하기' 때문이죠."

"중요하게 생각하지만 여전히 잘 못하는 게 문제 같아요."

"처음과 비교해서 전혀 발전이 없었나요?"

"그건 아니에요. 당연히 처음보단 많이 나아졌죠. 그런데 다시 벽에 부딪힌 기분이에요. 그래서 스트레스를 더 받는 것 같고요."

"우리가 모르는 것을 처음 배울 때 스트레스가 생기죠. 어느 정도 익숙하게 된 걸 더 잘하고 싶을 때도 스트레스를 받습니다. 어찌 보면 스트레스는 그저 애매하고 막연한 상황에 대한 변명 같은 이름일지도 몰라요. 지은 씨는 스트레스라는 게 정말 있다고 생각하나요?"

"네. 스트레스는 확실히 존재하잖아요."

스트레스는 내가 태어나기 전부터 존재해온 말일 터였다. 어렸을 때부터 힘든 상황에선 자연스럽게 '스트레스!'를 외쳤고, 친구들도 스트레스를 자주 호소했다. 스트레스는 자연스럽게 일상 속에 있었다. 스트레스가 없었다면 그 많은 힘겨운 일들과 복잡한 감정과 괴로운 압박을 일일이 뭐라고 부른단 말인가. 그것이야말로 스트레스일 것이다. 온갖 것들이 '스트레스'라는 말 한마디로 깔끔하게 정리되었다.

'설마 스트레스란 없다는 말을 하려는 건가?'

현재 상황을 이해하기가 어려웠다. 지금까지 우리가 나눈 이야기가 '스트레스'가 아니었던가. 스트레스가 존재하지 않는 것이라면, 온몸의 세포를 낱낱이 압박해오던 그것을 달리 무엇이라 부른단 말인가? 스트레스는 스트레스여서 스트레스라고 하는 것인데, 스트레스를 스트레스라고 부르지 못한 채 나는 제이만 바라보았다.

◆ ◆ ◆

"스트레스라는 말이 어디에서 비롯되었는지 아시나요?"

"의학 용어였다는 정도만 알고 있어요."

"원래는 금속공학의 한 분야인 야금학에서 쓰이던 말로 금속의 응집력을 가리키던 표현이었어요. 500년 동안이나 쓰였지만, 현대의 불치병이 되기까진 사람을 괴롭힌 적이 없었죠."[2]

"그런데 어쩌다가 만병의 원인을 가리키는 말이 된 거죠?"

"《스트레스의 힘》을 보면, 스트레스 연구의 선구자인 한스 셀리는 쥐들에게 다양한 실험을 했는데 그 결과를 1936년 과학 저널 《네이처》에

발표했지요. 논문의 제목은 '다양한 유해 자극으로 생긴 증후군'이었어요. '손상을 입히는 자극의 유형에 무관하게 전형적인 증상이 나타난다'며 이를 '일반 적응 증후군(General Adaptation Syndrome, GAS)'이라고 이름 붙였지요. 그리고 얼마 지나지 않아 이 증상을 '스트레스 반응'이라고 불렀어요."[3]

"스트레스의 탄생이네요?"

"그렇죠. 우리가 살면서 겪는 온갖 복잡하고 괴로운 상황을 몽땅 묶어서 '스트레스'라고 부르게 된 셈이니까요. 셀리에 박사 이야기는《두려움의 재발견》이라는 책에도 나오는데, 그는 스트레스의 요인과 스트레스 그 자체를 구분했어요. 인생의 도전 과제들인 직장, 금전, 인간관계 등을 스트레스 유발 요인이라고 했고, 신체가 이 도전 과제에 성공적으로 대처하지 못하는 것을 가리켜 '스트레스'라고 했지요."

"스트레스 요인은 외부에 있는 다양한 어떤 것들이고, 스트레스는 신체 반응이라는 건가요?"

"셀리에 박사에 따르면, 문제는 대개 '스트레스 요인'과 '스트레스'를 혼동한다는 거예요. 실직, 실연, 빚, 이사, 자연재해 등 '외부 요인'은 대개 우리가 통제하지 못하는 것일 때가 많지요. 예를 들어볼까요? 공부나 업무 자체가 스트레스인가요?"

잠시 생각을 해보았다. 공부와 업무는 늘 힘들고 어려운 과제, 스트레스라고만 생각했다. 하지만 엄밀히 구분하면 그것을 '어떻게 받아들이느냐'에 따라 달랐다. 공부도 흥미로울 때가 있었고, 끔찍하게만 여겨지던 업무도 재미있게 다가올 때가 있었다. 모르던 것을 하나씩 알게 될 때의 희열감은 좋아하는 음식을 먹을 때만큼이나 뇌를 흥분시켰다.

"그 자체가 스트레스는 아닌 것 같아요. 냉정하게 말하면 공부는 공부고 업무는 업무일 뿐이죠. 제가 과도할 만큼 힘들다고 느낄 땐 스트레스가 되지만요. 하지만 항상 스트레스라고 느끼는가 하면 그것도 아니에요. 어떨 땐 재미를 느끼기도 하거든요."

"언제 재미있다고 느끼나요?"

"할 만하다고, 자신감이 생길 때요. 아주 힘든 업무를 잘해서 칭찬을 받을 때도 그렇고요."

"결국 자신의 '감정 상태'나 '사고방식'에 따라 외부 요인이 스트레스가 되기도 하고, 반대로 기분 좋은 일이 되기도 하죠. 그런 의미로 '스트레스는 없다!'고 말하는 이들도 있어요."

"그건 너무 극단적인 말이 아닌가요?"

"내가 이해하지 못하는 입장일 때 상대의 관점은 대개 극단적으로 보이죠. 하지만 스트레스는 성장의 디딤돌이 되기도 한답니다. 예를 하나 들어볼까요? 지은 씨가 지금 하고 있는 공부가 있나요?"

"웹소설 쓰는 법을 배우기 시작했어요."

"재미있어요?"

"네. 아직까진요."

"멘토링 전엔 어떻게 생각했나요?"

"어유, 배울 생각은 하지도 않았죠."

그러고 보니 새삼 신기하다는 생각이 들었다. 이제까지 취미로만 읽던 웹소설을 직접 써보자는 결심은 하지 않았다. 현재의 내가 타임머신을 타고 과거로 돌아가 "강지은, 걱정 마! 넌 몇 달 후 업무에 적응할 거고, 심지어 웹소설을 쓰고 있을 거야!"라고 얘기해준다 한들, 과거의 나는 이게 무슨 헛소리냐며 믿지 않았을 것이다. 만약 1년 후의 내가 타임머신을 타고 내일 아침에 나타나 "강지은, 걱정 마. 1년 후 넌 팀의 에이스가 될 거야"라고 말하면 그걸 믿겠는가 말이다.

오직 현재의 고통만이 중요하고, 영원히 고통받는 것처럼 느껴지는 법이었다. 그렇기에 이 현재의 고통에서 벗어나기 위해서라도 빌런처럼 다가오는 스트레스를 물리치는 방법을 꼭 배우고 싶었다.

◆ ◆ ◆

"스트레스를 정말로 긍정적으로 생각할 수 있을까요?"

"그러고 싶은가요?"

"가능하다면요."

"지은 씨는 무언가를 새롭게 배우거나 업무를 익힐 때 스트레스를 필연적으로 겪을 수밖에 없다고 생각하나요?"

"스트레스 없는 인생은 상상할 수도 없는걸요. 아마 사는 동안 쭉 스트레스를 받겠죠."

"맞아요. 지은 씨는 아마도 그렇게 살 거예요."

싸늘했다. 제이의 말이 비수처럼 와 꽂혔다. 생각한 것을 솔직하게 말하는 제이였지만 그래도 이건 너무 하지 않나 싶었다. 이렇게 된 것, 나도 솔직하게 반응하는 게 나을 터였다.

"설마 지금 제 뼈를 때리는 건 아니실 테고…… 농담이시죠?"

"농담이라니요. 전 지은 씨 의견에 동의했을 뿐인데요."

"아니, 왜 그런 거 있잖아요. 스스로는 능력이 없고 모지리라고 말하더라도 듣는 사람으로부터 아니야, 그렇지 않아, 넌 괜찮아, 잘하고 있어, 이런 말을 듣고 싶은 심정이라고나 할까……."

"나는 나를 면박 주어도 남이 그러면 안 된다? 참 이상하네요. 왜 타인에게 존중받고 싶은 만큼 자신을 존중하지 않지요?"

나는 머리를 긁적였다. 듣고 보니 참 이상하긴 했다.

"지은 씨만 그런 건 아니에요. 많은 사람들이 공부를 잘하고 싶다고 생각하면서도 제대로 공부하는 법은 배우려 들지 않고, 돈을 많이 모으고 싶어하면서도 필요 없는 물건으로 집안을 가득 채우지요. 삶이 소중하다고 생각하면서도 죽음의 의미를 들여다보지 않고, 관계를 잘 맺고 싶어하면서도 타인을 존중하고 배려하는 법을 깊이 고민하지 않습니다."

"참 모순적이네요."

"스트레스를 대하는 우리의 태도도 그럴 겁니다. 스트레스 때문에 죽겠다고 하지만, 스트레스에서 벗어나지 않는 길을 선택하니까요. 하지만 걱정은 말아요. 스트레스를 다루는 법을 배우면 되니까요."

"스트레스를 다룬다고요?"

"우리의 공부법은 '배우는 방법을 배우는 공부법'이니까요. 지은 씨가 웹소설을 잘 쓰고 싶다든가 영어 실력을 높이고 싶다면 해당 분야를 공부하면 돼요. 일상의 행복감을 늘리고 삶의 질을 높이는 법을 배울 수도 있지요. 분야나 내용은 다를지라도 무언가를 배우고 익히는 학습의 기본은 같습니다. 진지하게 대하고, 어려움을 이겨내고, 안전한 영역에서 벗어나 더 나은 실력을 키우는 과정을 반복해가며 결국엔 자신이 원하는 상태에 도달하는 기승전결의 과정이 있지요. 이때 공부하는 과정에서 겪는 어려움을 '스트레스'라고 총칭한다면, 그것을 다루는 방법도 배워야겠지요. 어려움을 겪지 않고 의미 있는 가치를 창출하는 법은 없으니까요."

"말하자면 영웅을 빛나게 하는 건 악당이라는 건가요?"

빌런 없는 슈퍼 히어로는 없는 법. 나는 〈다크 나이트〉를 떠올렸다. 조커가 배트맨에게 "네가 나를 완성해"라고 말한 것처럼 공부와 스트레스는 운명 공동체인지도 몰랐다.

"스트레스를 겪을 수밖에 없다면 피하지 말라는 거군요."

"이길 수도 없고 피할 수도 없는 스트레스라면 '진지하게' 대하는 법부터 배워야겠지요. 앞서 말한 스탠퍼드대학교 교수이자 세계적 심리학자인 켈리 맥고니걸 박사의 테드 강연 〈스트레스와 친구가 되는 법〉을 보는 것도 도움이 될 거예요. 그녀의 책 《스트레스의 힘》도 추천하고요. 그녀는 스트레스를 삶의 에너지로 수용하는 방법에 대해 탁월한 견해를 가졌어요."[4]

"스트레스와 친구가 된다고요? 어유, 세상에 친구로 삼을 게 얼마나 많은 데 굳이 스트레스를…… 배트맨과 조커가 사이좋게 어깨동무를 하고 세상의 평화를 지키는 일보다 어려운 일로 보이는데요."

"하하하, 스트레스가 연쇄 살인마라도 된다는 듯한 표정이네요. 스트레스를 위협적으로 받아들일 필요는 없어요. 하지만 제대로 생각해볼 가치는 충분하지요. 조커가 처음부터 조커로 태어난 게 아니라 조커가 되어간 것처럼, 스트레스를 괴물로 받아들일 것인지 '내 안의 힘'으로 받아들일 것인지는 우리의 선택에 따라 달라지니까요."

"스트레스가 내 안의 힘이라고요?"

"맥고니걸 박사의 '새로운 스트레스 과학'이라는 연구 결과에 따르면요. 불안, 좌절, 역경은 일종의 외부 자극이자 삶의 에너지예요. 물론 한 사람이 수용할 수 있는 정도를 넘어서면 트라우마가 되기도 하지만, 사람의 정신은 자신이 생각하는 것보다 탄력성이 커요. 끊임없는 자극은 우리를 성장하게 만들지요. 아기가 세상에 태어나 아무 자극을 받지 않는다면 어떻게 될까요? 듣고 보고 만지는 등 일체의 자극이 제거된 환경이라면 정상적으로 성장할 수 있을까요?"

"성장은커녕 뇌 발달 자체가 굉장히 제한적이겠죠."

"우리는 외부 환경에 반응하면서 자신의 사고를 발달시키고 적응해 가지요. 외부에서 주어진 스트레스는 우리를 긴장하게 하고 변화에 대응하게 하고요. 맥고니걸은 오래 연구한 끝에 스트레스를 긍정적으로 받아들이는 네 가지 방법을 발견했어요. 첫째는 스트레스를 수용하는 거예요. 스트레스와 똑바로 마주보기, 일종의 직면이지요. 스트레스를 회피하거나 억압하지 않고 정면으로 바라보는 일에서부터 출발한다고나 할까요. 이렇게 스트레스를 수용하면 위협이나 시련에 직면해도 의욕이 샘솟는다고 했어요. 지은 씨도 이런 경우를 겪은 적이 있나요?"

"최근에 겪은 일들이 죄다 그랬죠. 처음엔 반쯤 포기한 상태였지만, 어쨌든 수용하려고 노력하니까 적응이 되더라고요."

비록 거대 종기가 날 만큼 험난하고 거친 시간을 보내긴 했지만, 지금 생각해보면 '수용'은 커다란 전환점이 되었다. 그때 참지 못하고 사표를 썼다면 두고두고 후회했을 지도 몰랐다.

"그럼 두번째는 뭔가요?"

"스트레스 에너지를 보다 효율적으로 활용해 탈진하지 않는 법을 배우는 겁니다. 스트레스를 받지 않는 요령을 익히는 건 스트레스에 대한 수동적 대처법이지요. 맥고니걸 박사가 가르쳐주는 건 스트레스를 능동적이고 적극적으로 이용하는 방법이에요."

"그게 가능한가요?"

"물론입니다. 누구나 배울 수 있고, 삶에서 적절하게 쓸 수 있지요. 세번째는 스트레스의 경험이 사회적 고립으로 가지 않고 관계의 원천이 되도록 하는 겁니다."

"마지막 네번째는요?"

"스트레스로부터 고통의 의미를 발견하는 법을 배워 새로운 삶으로 나아가는 것이지요."

"어마어마하네요. 그런 방식을 배울 수만 있다면 스트레스에 대한 생각을 완전히 바꿔야겠는데요!"

◆ ◆ ◆

"스트레스를 어떻게 생각하느냐에 따라 스트레스는 공부의 힘이 되기도 합니다. 지금부터 스트레스를 긍정적으로 전환시키는 두 가지 방법을 알려드리지요. 맥고니걸 박사가 제안한 여러 방법들 중 일부예요. 이 두 가지는 간단하지만 굉장히 강력하답니다. 공부를 할 때는 물론 삶에서 직접적으로 활용할 수 있는 방법입니다."

나는 두 주먹을 불끈 쥐었다. 스트레스를 긍정적인 힘으로 바꿀 수 있다면 맨발로 에베레스트산이라도 오를 기세였다. 누구에게나 자신만의 에베레스트산이 있다고 한다면, 내겐 현재 업무야말로 에베레스트산이었다. 긍정적 사고라는 베이스캠프가 도움이 된다고 하더라도, 정신 바짝 차리지 않으면 순식간에 벼랑 끝으로 떨어질 터였다.

"첫번째 방법은 '마주보기'입니다. 긴장감을 흥분으로, 위협을 도전으로 바꾸는 것이지요. 맥고니걸은 실험에 참가한 거의 모든 학생들에게 불안한 기분이 들 때 '자신이 흥분한 상태라고 생각하는 것이 효과적이었다'는 이야기를 들었다고 합니다. 불안함으로 가득찬 신체 증상을 느낄 때마다 '괜찮아. 이건 지금 이 상황에 도움이 되는 감각이야. 내 몸이 도움을 주려는 거야'라고 생각을 해서 긴장감을 흥분으로 표현한 제자도 있었지요. 맥고니걸은 불안감과 흥분감은 종이 한 장 차이라고 말해요. 무섭게 심장이 뛴다면, 심장박동 소리가 자신을 격려하는 것이라고 생각하라고 조언하죠."

"긴장 상태에서 일부러 평온을 유지하려고 애쓰기보다 그 긴장감을 긍정적인 설렘이나 흥분으로 받아들이는 거군요. 그럴 수만 있다면 정말 좋겠는데요!"

"다음으로 맥고니걸이 제안한 두번째 방법은 '연결하기'입니다. 스트레스 속에 혼자 고립되어 있는 것 아니라 스스로를 세상과 연결시키며 위압감을 희망으로, 자기중심적 목표를 공익적 목표로 전환시키는 것이지요. 다른 사람을 자주 도와주는 편입니까?"

"자주는 아니지만 때때로 있긴 있었어요."

"특히 기분 좋게 느껴졌던 경험이 있나요?"

"작년 휴가 때였나, 보딩을 하려고 줄을 서 있는데 공항에서 외국인 노부부가 티켓을 보며 곤란해하시더라고요. 그래서 뭐가 문제인지 물어보고 도와준 적이 있는데, 몇 번이나 손을 흔들며 땡큐를 연발했어요. 저보고 천사라고 하면서. 전 그냥 제가 그 자리에서 할 수 있었던 작은 도움을 드린 것뿐인데, 진짜 기분 좋았어요!"

"보딩 때라면 지은 씨도 여유가 없었을 텐데요."

"네. 사실은 엄청 스트레스 상황이었어요. 비행기가 연착을 했는데 환승 시간에 못 맞출까봐 긴장했거든요. 휴가를 망칠지도 모른다는 좌절감마저 들었죠. 화가 폭발하기 직전이었고요."

"그런데 누군가를 도와주고 난 후에는 어떻던가요?"

"마음이 부드러워지면서 어떻게든 되겠지, 나쁜 일은 안 일어날 거야, 싶던데요. 진짜 아무 일도 일어나지 않았고, 휴가 내내 유쾌하고 정말 즐거웠어요."

"그와 비슷한 경험이 또 있나요? 아주 소소한 것들도 좋아요."

나는 기억을 떠올리며 생각나는 대로 말했다. 동네 고양이 구조 사건부터 시작해서 지하철역에서 어르신을 도와드린 일까지, 말하다보니 생각보다 많았다.

"누군가를 도와준 일들이 좋은 경험으로 남아 있네요."

"작은 일이라도 도움이 되면 내가 괜찮은 인간이라는 생각이 들어요. 도움에 대한 감사의 인사를 받으면 마음이 되게 따뜻해지고요. 사는 게 팍팍하지만은 않구나, 아직 살 만한 세상이구나, 이런 희망도 생기죠."

"그게 바로 맥고니걸이 말한, 스트레스를 삶의 힘으로 전환시키는 두 번째 방법이에요. 일상적인 책임과 의무에서 벗어나 다른 사람을 위해 뭔가를 해줄 일을 찾는 것이지요. 자신이 공부한 것을 기꺼이 알려주거나, 지식을 공유하는 일도 좋고요. 일상에서 할 수 있는 아주 작은 일도 좋습니다. 다른 사람을 칭찬하거나 감사를 표하는 것도 있지요. 자신이 어떤 면에서 관대함을 갖고 긍정적인 측면을 바라볼 수 있을지 생각해 보는 겁니다. 사소하지만 긍정적인 선택을 자주 하면 스트레스를 받아들이는 방식에도 변화가 온다고 해요."

제이는 계속 설명을 이어갔다.

"우리가 어떻게 생각하든 스트레스는 우리 삶과 밀접한 연관을 맺고 있습니다. 예전과는 비교할 수 없을 만큼 생활이 복잡해지기도 했고, 많은 일을 동시에 해내야 하는 것도 그 이유 중의 하나겠지요. 심지어 현재의 삶뿐만이 아니라 미래의 시간까지 걱정해야 하니까요. 하지만 스트레스에 대한 사고방식 혹은 대응 방식에 따라 우리 삶은 크게 달라집니다. 지금까지 스트레스를 피하는 '수동적'인 태도를 지니고 있었다면 앞으로는 이 두 가지 방법을 통해 '능동적'으로 대처해보세요. 단언컨대, 스트레스에 대한 생각을 새롭게 갖는 것만으로도 지은 씨의 시각은 넓어질 겁니다."

"스트레스에 핑계 대지 말라는 건가요?"

"인생에 핑계 대고 싶지 않다면요."

우리는 마주보며 웃었다. 스트레스에 대한 이야기를 나누는 동안 함께 에베레스트산 등정을 한 것처럼 강한 유대감이 생긴 것 같았다.

"그동안 상당히 많은 일을 '스트레스'로 치부해버린 것 같아요. 제대로 마주보지도 않았고요."

입버릇처럼 '스트레스!'를 외치면서도 실제 스트레스에 대해 진지하게 생각해본 적은 없었다. 뭔가 어려움을 겪을 때마다 막연하게 스트레스가 크다고 여기거나 이 상황이 빨리 끝나기만을 바랐다. 공부든 일이든 노력이 투입되는 곳엔 당연히 스트레스가 동반되는 것이라고 생각했고, 어떻게 하면 스트레스를 덜 받을까 고민했을 뿐이다. 혹은 당면하지도 않은 일을 걱정하며 스트레스를 미리 받는 일도 있었다.

"스트레스를 어떻게 활용하느냐는 감정을 조절하는 일부터 업무에 성과를 내고 새로운 지식을 학습하는 것까지 두루 영향을 미칩니다. 맥고니걸에 따르면, 스트레스는 우리가 삶에서 마주치는 수많은 일들의 다른 측면과 관계 맺는 방식을 변화시키는 잠재력을 갖고 있기 때문이죠. 우선 스트레스와 대상은 불가분의 관계라는 사실부터 이해해야 한다는 것이 맥고니걸의 조언입니다."

"대상이 있는 한 스트레스도 있다는 거죠?"

"그 대상이 중요한 경우에만요. 사장단 앞에서 굉장히 중요한 프레젠테이션을 해야 한다고 생각해봅시다. 어떨까요?"

"맡은 순간부터 스트레스 상태겠죠."

"왜죠?"

"중요한 일이고, 잘해야 하니까요."

"만약 충분히 준비했고, 잘할 자신도 있다면요?"

"그래도 스트레스는 받을 것 같아요. 실수를 하면 어쩌나 걱정되고요."

"프레젠테이션 자체보다 걱정이 더 큰 요인인가요?"

"그거야……."

대답을 하려다가 입을 다물고 말았다. 사장단 앞에서 하는 프레젠테이션은 그 자체만으로도 엄청난 압박감이 느껴지는 일일 것이라고만 생각했다. 그런데 질문에 대답을 하다보니 걱정과 부담을 느끼는 마음이 더 큰 문제라는 사실을 알았다. 요컨대, 중요한 것은 마음의 문제였다. 프레젠테이션을 중요하게 생각하는 것도 내 마음이었고, 그것을 망치면 안 된다고 불안해하는 것도 내 마음이었다.

'어라?'

순간, 마음속 전구에 반짝 불이 들어왔다. 이제까지 '이 일은 어렵다' '저 사람은 무섭다' 등 대상과 사람에 대한 탓만 해온 것 같았다. '스트레스는 마음의 상태와 긴밀한 연관이 있다'는 것을 제이의 말이 아니라 그동안의 경험을 통해 알게 된 기분이 들었다.

"부서 이동을 했을 때 왜 그렇게 스트레스가 컸을까요? 단지 싫어하는 곳이어서?"

"싫다 좋다를 말할 수 있는 처지도 아니었는걸요. 그 일에 대해 아무것도 아는 게 없었으니까요. 잘 모르는 데다 관심도 없는 일을 해야 하는데, 과연 무엇을 할 수 있을지 걱정이 더 컸던 거죠."

"만약 새로운 일을 하고 싶었다면요?"

"왜 이제야 기회가 왔나, 쾌재를 불렀겠죠."

"팀 이동 자체가 문제라기보다 그 일에 대한 두려움이 스트레스의 요인이었다는 건가요? 새로운 걸 배울 땐 어떤가요?"

"음, 비슷한 것 같아요. 좋아하는 일을 할 때조차 내가 이걸 잘할 수 있을까? 별로 잘하지 못할 거야, 이런 생각이 항상 있거든요. 자신을 믿으면서도 못 믿겠는 그런 마음? 사람들이 나를 비웃으면 어떡하지 이런 마음도 들고요. 이런 생각을 깊이 하는 것 자체가 싫어요. 떠올리는 것만으로도 굉장히…… 두렵거든요."

솔직한 말이었지만 마음은 괴로웠다. 산소통도 없이 에베레스트산을 오르는 것처럼 숨쉬기가 어려웠다. 이렇게까지 말하는 것도 처음이었다. 멘토링을 하는 동안 마음이 열리지 않았더라면 절대 꺼내지 않았을 말이었다. 그런데 신기했다. 말을 마치고 나자 몸안에 있던 커다란 돌을 꺼내놓은 듯 묵직한 기분이 사라졌다.

'이런 게 '대나무 숲'인 걸까?'

제이가 가볍게 고개를 끄덕였다. 어떤 심정인지 이해한다는 표정이었다. 스트레스로 딱딱해진 마음이 부드럽게 풀리는 것 같았다. 마음을 공감해주는 사람이 있다는 사실이 큰 힘이 된다는 것을 실감하는 순간이었다.

◆ ◆ ◆

한동안 제이는 말이 없었다. 그리운 사람을 생각하는 듯 애틋한 표정이었다. 몸은 의자에 앉아 있었지만 마음은 아주 먼 곳에 있는 것 같았다. 항상 제이의 앞모습만 보다가 얼핏 뒷모습을 본 것 같은 기분이 들었다. 견고하고 완벽한 벽 사이에 있는, 자세히 보지 않으면 있는지도 모를 어떤 '틈'을 본 것 같기도 했다. 지금은 이것이 무엇인지 설명할 수 없었지만 언젠가 이해할 날이 올 것이라고 믿었다. 잠시 후 제이는 평소 모습으로 돌아왔다. 아주 잠깐 동안 열렸던 '틈'은 어느새 닫히고 없었다.

"스트레스보다 더 중요한 건 우리 마음의 그림자예요."

"그림자……요?"

외계인이 지구어를 배워 말하듯 천천히 '그림자'라고 말해보았다. 일상적인 단어임에도 평소에 잘 쓰지 않는 말이었다. 입 밖으로 꺼내는 순간, 뭐라 말할 수 없는 묘한 감정이 들었다.

"빛이 강하면 그림자도 짙어지죠. 우리가 성공을 열망할수록 내면의 두려움이나 열등감도 커집니다. 두려움의 원인은 외부에 있는 게 아니에요. 실패할 만한 객관적인 이유 때문에 두려워하는 게 아니라, 자신에게 문제가 있다는 잘못된 인식, 근거 없는 수치심, 습관적인 자기 비난 등이 두려움의 원인이 되죠. 예컨대 두려워하는 이유는 우리 자신이 만들어내는 것이라 할 수 있습니다."

"저는 두려운 감정이 싫어요. 저에게 두려움이 없었으면 좋겠어요."

제이가 어깨를 으쓱했다.

"우리가 느끼는 감정들 중 불필요한 감정은 없어요. 행복감과 기쁨이 필요하듯 슬픔과 두려움도 필요하지요. 특히 두려움은 우리에게 꼭 필요한 감정이에요. 중요한 일이나 큰일을 앞두고 있을 때 어떤 두려움도 느끼지 못한다면 큰 사고를 일으킬 수 있지요. 두려움은 현실감각을 되살려주고, 나아갈 방향이 맞는지 다시 숙고하게 합니다. 순간적인 직감력을 높여 번득이는 영감을 불러오기도 하지요."

"그런데 왜 우리는 두려움을 부정적으로 생각하죠?"

"두려움에 압도당할 땐 사고가 정지하니까요. 감정은 때로 우리에게 이성보다 솔직한 진실을 말해줍니다. 두려움, 분노, 슬픔 등 사람들이 부정적으로 여기는 감정들이 이성을 마비시키는 경우도 있지요. 그만큼 강력한 힘을 갖고 있기 때문이에요."

"강력한 힘을 갖고 있다면 그 힘을 잘 사용할 수도 있나요?"

"물론이지요. 쇠를 황금으로 만드는 연금술처럼, 부정적 감정의 숨은 힘을 이용하는 감정의 연금술도 가능하고요. 공부를 하기 힘들게 만드는 요소들 중엔 자신의 감정을 잘 다루지 못하는 것도 있어요. 한마디로 '공부를 하기 싫은 기분'이 이기는 거죠."

저절로 웃음이 터지고 말았다. '공부를 하기 싫은 기분'이 뭔지는 그 누구보다 잘 알고 있었다. 식후 커피가 당기는 것처럼, 공부를 생각하면 자연스럽게 하기 싫은 기분부터 들었다.

"앞서 '두려움의 재발견'이라는 제목의 책을 이야기하기도 했지만, 스트레스와 마찬가지로 두려움은 재발견되어야 하는 감정이에요. 무조건 부정적인 것으로 치부해선 안 되죠. 두려움은 정신을 각성시키고, 감각을 날카롭게 합니다. 현실을 주의깊게 살펴보게 하지요. 두려움은 극복하거나 이겨내는 게 아니에요. 필요한 감정이라는 것을 인정하되, 두려움을 불러온 진짜 욕구, 내가 진정 원하고 바라는 것이 무엇인지 명확하게 직면해야 하지요. 지은 씨는 뭐가 두려운가요? 다시 말하면, 두려움을 느낄 만큼 강렬하게 원하는 것이 무엇인가요? 두려움보다 원하는 것이 커질 때 두려움은 비로소 용기가 되지요. 지은 씨는 어디를 목표로 하고 있습니까? 도달하고 싶은 장소는 어디인가요?"

제이의 마지막 질문이 직진으로 날아왔다. 과녁 한복판에 화살이 박

히듯 마음 정중앙에 질문이 꽂혔다.

'내 삶의 궁극적인 목표가 지금보다 일을 잘하는 것, 더 높은 직급으로 승진하는 것일까?'

일을 잘해서 만족감을 느끼고 높은 연봉을 받는 건 분명 기쁜 일이었다. 그러나 단기 목표로 삼을 만한 것이지 삶의 가장 중요한 목표로 삼고 싶은 것은 아니었다. 그렇다고 진지하게 생각하고 있는 인생의 목표가 있는 것도 아니었다. 어느 쪽이었는가 하면 '인생에 꼭 목표가 있어야 하나?'라고 생각하는 편이었다. 되도록 스트레스를 안 받고 살고 싶었고, 휴가를 가기 위해 일을 한다고 생각하는 면도 있었다. 이런 나에게 '인생의 목표'는 너무 거창하고 동시에 오글거리는 말이었다. 하지만 제이의 말을 좀더 진지하게 듣기로 했다. 지금은 다른 관점을 배우는 시간이니 말이다.

◆ ◆ ◆

"스트레스는 사실 우리 내면의 두려움에 대한 이야기예요. 쉽게 말하면 겁먹을 때와 비슷하지요. 스트레스를 받을 때와 두려움을 느낄 때 나타나는 신체 반응이 같다는 건 알고 있나요?"

"그러고 보니 비슷하네요. 땀이 나고 심장박동이 빨라지고, 손발이 차가워지거나 목이 말라요. 내가 지금 겁이 난다는 걸 다른 사람에겐 절대 알리고 싶진 않지만요."

"지은 씨만 그런 게 아닐 거예요. 저도 때때로 두렵답니다."

"네?"

"왜 그렇게 놀라요? 저도 사람인데, 두려움을 느낄 때가 있죠."

"하지만 두려움 따위는 전혀 안 어울리는 것 같은데……."

"하하하. AI 제이라고 불리긴 하지만 제게도 감정이 있어요. 기쁨, 슬픔은 물론 분노와 두려움도 자주 느낀답니다. 〈토이 스토리〉 〈니모를 찾아서〉 〈몬스터 주식회사〉 등 세계적인 메가 히트작을 만들어내며 픽사를 총지휘했던 에드윈 캣멀은 이런 말을 자주 했지요. 일을 할 때면 언제나 조금씩은 두렵기 마련이라고요.[5] 재미있는 건 아이들은 두렵고 무섭고 겁이 난다고 스스럼없이 말하는데 어른이 될수록 스트레스 받는다고, 초조하고 긴장된다고 말을 한다는 거예요. 울다가도 약한 모습을 보였다며 얼른 눈물을 닦지요. 하지만 두려움은 자연스러운 감정 중의 하나이고, 성공한 사람일수록 중요한 일 앞에서 자신의 두려움을 알아차리고 수용할 줄 알아요. UCLA 대학에서 20년 넘게 인간의 마음에 대해 폭넓게 연구해온 임상심리학자 로버트 마우어(Robert Maurer)의 표현을 빌리자면, 더 넓은 길을 건너려고 할 때 더 큰 두려움이 솟아나는 법이지요. 우리는 두려움을 회피할 게 아니라 두려움을 다루는 법을 배워야 해요."[6]

"스트레스를 피하지 않는 것처럼요?"

"네. 마우어의 책 《두려움의 재발견》에 의하면 인간에게는 기본적인 두려움이 두 가지 있다고 합니다. 하나는 '내가 쓸모없는 인간이 아닐까

하는 두려움'으로 자존심과 연관이 있지요. 다른 하나는 '통제하지 못하는 데 대한 두려움'으로 이런 경우 짜증을 내거나 화를 내기도 하지요. 두려움을 솔직하게 드러내는 대신 분노를 터뜨리는 경우도 많고요. 하지만 두려움을 인지하고 대처하는 것과 두려움을 완전히 제거하는 것을 혼동하면 안 돼요. 두려움은 생존과 성공에 필수적인 감정이니까요. 스트레스에 대한 새로운 관점을 배웠듯, 이제는 두려움에 대해서도 배울 차례예요."

"스트레스를 받는다고 느낄 때 삶에 변화가 필요한 시점이라고 여기듯, 두려움도 일종의 신호로 받아들이면 좋을까요?"

스트레스를 어떻게 다룰 수 있을지 배우고 나니 두려움에 대해서도 비슷하게 접근할 수 있을 것 같았다.

"두려움은 인생의 자연스러운 일부이며 중요한 일을 시작할 때마다 나타나는 것이지요. 그런데 우리는 두려움을 피하기 위해서라면 무엇이든 하려고 합니다. 두려움을 피하려고만 하면 문제를 더 큰 문제로 만들고, 더 큰 문제를 엄청나게 큰 문제로 만들 뿐인데도요. 예를 들어 상사에게 실수를 했거나 애인에게 사소한 거짓말을 했는데, 솔직하게 말하는 게 두려워 사과할 시기를 놓치면 어떻게 될까요? 게다가 그런 일이 인간관계나 업무 등 자신이 책임져야 하는 일에서 반복적으로 생긴다면요?"

가슴 한구석이 따끔했다. 과거부터 지금까지 종종 저지르고 있는 행위였기 때문이었다. 업무뿐만이 아니라 연애를 할 때도, 학생 때도, 어린 시절에도 자주 그랬다. 별일 없겠지, 하며 질질 끌고 미루던 일들이 귀찮아서라고 생각했는데 어쩌면 두려워서였는지도 모른다. 헤어질까봐, 혼날까봐, 비웃을까봐, 나를 보잘것없는 사람 취급할까봐……. 대개는 내가 쓸모없는 인간이 아닐까 하는 두려움이었다.

"마우어는 우리가 두려움을 느낄 땐 분노, 협상, 불평, 먹기, 걱정, 약물 의존 등 다양한 형태로 회피하려고 든다고 했어요. 최악의 경우 중독에 빠지기도 하고요. 그러나 이런 전략은 아무 효과가 없으며 문제를 더 키우는 방식일 뿐이지요. 두려움을 관장하는 뇌 속의 편도체, 우리 안의 경보기를 끄지 못하면 그 무엇도 두려움을 없애주지 못한다는 거죠. 두려울 때 우리가 하는 행동을 잘 생각해보세요. 성공과 실패를 가르던 결정적 장면이 떠오르지 않나요?"

말없이 고개를 끄덕였다. 많아도 너무 많았다. 인생의 고비마다 번번이 고배를 마셨던 것은, 두려움으로부터 도망친 결과였다. '원래 공부를 못한다고, 머리가 나쁘다고, 동생처럼 공부 재능을 타고난 사람은 따로 있다'고 믿은 것도, 결국은 스스로 아무 짝에도 쓸모없고 형편없는 인간이라고 생각하는 것보다 '공부 머리가 없다'고 믿는 편이 그나마 나았기 때문이다.

◆ ◆ ◆

"이제 두려움을 어떻게 마주할 것인가의 문제가 남았네요. 다행히 우리는 두려움을 다루는 법을 배울 수 있어요. 스트레스와 두려움의 관계를 알게 되면 자신의 한계를 어떻게 뛰어넘을지 방향을 찾을 수 있지요."

더이상 스트레스가 문제가 아니었다. 훨씬 더 본질적인 문제, 두려움에 대한 이야기였다.

"공부를 잘하려면 누구와 친한 게 좋을까요?"

"그야 공부를 좋아하고 잘하는 사람들이죠."

"유머 감각을 갖고 싶다면 누구를 만나는 게 좋을까요?"

"같이 있으면 유쾌하고 재미있는 사람들이죠."

"요리를 잘하고 싶다면요?"

"요리를 잘하는 사람들이요."

왜 이런 뻔한 질문을 하는가 싶으면서도 성실하게 대답했다.

"두려움을 잘 다루고 싶다면요?"

"두려움을 잘 극복한 사람들이죠. 성공을 배우려면 성공한 사람들에게 배우듯, 두려움을 배우려면 그걸 잘 다룰 줄 아는 사람들에게 배워야죠."

"지은 씨 주변에 그런 사람들이 있나요?"

"음, 당장 떠오르는 사람은 박 과장님……인가, 적어도 일에 대해서는 두려워하지 않는 것 같거든요."

"그와 관련해 박 과장에게 물어본 적이 있나요?"

"어유, 무슨 그런. 생각도 해본 적이 없는데요."

"왜요?"

"왜요? 라뇨……."

오히려 내가 묻고 싶었다. 지금이야 조금 변했다 하더라도 지난 시간은 그야말로 '지옥'이었는데, 그 상황에서 케르베로스에게 무엇을 어떻게 묻는단 말인가. 박 과장에게 묻지 못한 것을 제이에게 물어보기로 결심했다.

"두려움을 어떻게 다스려야 성공할 수 있을까요?"

"마우어가 책에서 제시한 두려움을 다루는 방법들 중에서도 특히 효과가 높은 두 가지를 알려드릴게요. 하나는 '적극적으로 주변에 도움을 요청하기'입니다. 스트레스를 전환시키는 방법에서 '연결하기'와도 맥이 닿지요. 만약 며칠 동안 기침이 심하게 나고 열이 높으면 어떻게 하겠어요?"

"병원부터 가겠죠."

"혹시라도 심각한 병이라는 진단을 받는 게 두렵지 않아요?"

"그럴수록 더욱 가야죠. 병이 더 커지기 전에요."

"맞아요. 더 커지기 전에 가야지요. 그런데 우리는 몸에 문제가 생겼을 땐 바로 대응책을 세우면서도, 심리적 어려움을 느낄 땐 미적거리는 경향이 있다고 해요. 두려움을 크게 느끼면 느낄수록 혼자 해결하려고 애를 쓰거나 문제를 묻어두고 회피해버린다는 거죠. 당장은 자신을 보호하려는 본능적인 행동이지만 장기적으로는 자신에게 해가 되는 행동이에요."

"하지만 요즘 같은 세상에 누가 도움을 요청하면 귀찮아하지 않을까요?”

“만약 누군가 어려움에 처했는데 말도 못하고 혼자 끙끙 앓고 있는 걸 지은 씨가 알았다고 해보지요. 그를 도울 수 있는 방법을 찾겠어요? 아니면 외면하시겠어요?”

“당연히 돕고 싶겠죠.”

“자신은 어려움에 처한 사람을 돕지만, 다른 사람은 그렇지 않을 것이라고 생각하세요?”

머쓱한 표정으로 웃을 수밖에 없었다. 나 또한 누군가의 도움으로 이 자리에 와 있다는 사실이 떠올랐다. 혼자 힘으로는 결코 만날 수 없는 제이를 만나고, 멘토링까지 받을 수 있었던 것은 박 과장의 도움 덕분이었다. 제이가 다음 이야기를 이어갔다.

“마우어가 제안하는, 두려움을 다루는 두번째 방법은 ‘가장 단순하고 쉬운 것부터 시작하기’입니다. 뇌는 변화를 싫어한다고 해요. 우리의 뇌는 크게 세 부분으로 나뉘어 있지요. 첫번째는 ‘뇌간’이에요. 뇌의 가장 아래쪽에 있는데 파충류의 뇌라고도 불리지요. 잠자고 숨쉬고 심장박동을 유지하는 것은 뇌간 덕분이에요. 두번째는 뇌간 위에 있는 ‘중뇌’예요. 포유류의 뇌라고 불리지요. 체온을 유지하고 감정을 저장하며 위험한 상황에 처했을 때 반응하는 역할을 합니다. 세번째는 ‘대뇌피질’이에요. 이 대뇌피질이 뇌의 나머지 부분을 둘러싸고 있는데 예술, 문화, 과학 등 인간이 문명을 발달시킬 수 있었던 이유는 이것 덕분이지요. 변하고 싶은데 변하지 못하는 건 중뇌에 있는 편도체 때문이에요. 편도체는 생존과 안전을 위한 경보 작동을 하기에 굉장히 중요한 기관이지요. 문제는 우리가 새로운 도전을 할 때도 작동된다는 거예요. 낯선 길을 가거나 새로운 프로젝트를 시작할 때, 연애를 막 시작했을 때도 우리에게 경고를 보낸다고 합니다. 편도체가 작동하면 대뇌피질의 이성적 사고는 제한되는 경우가 많아요. 위험 상황이 아닌데도 위험 상황으로 인식하는 거지요. 공부를 해야 한다고 작정할수록, 성과를 내야 한다는 압박감을 느낄수록 두려움은 커집니다. 집중력은 사라지고 알던 것도 기억이 안 나지요. 변화는 정서적 고통을 유발시켜요. 큰 변화를 바라면 바랄수록 저항이 크겠지요."

"그렇다고 변화하지 않을 순 없잖아요."

"물론이지요. 지금과 다른 수준의 변화는 가능한 목표예요. 중요한 것은 그것을 성공적으로 해낼 수 있는 전략과 전술이지요. 거대한 변화를 이룰 수 있는 작은 행동들을 꾸준히 해나가세요. 큰 성공을 바랄수록 거대한 변화, 위대한 혁신을 생각하지요. 그러나 높은 목표에 걸맞은 엄청난 행동만 유일한 전략으로 생각한다면 좌절도 클 수밖에 없어요. 공부를 할 때도 원대한 목표를 세운 후, 시도하고 실패하면서 공부는 어렵다거나, 나는 공부 머리가 없다고 하지요."

반론의 여지가 없었다. 내 공부 역사야말로 '목표 세우기 - 좌절하기'의 연속이었기 때문이었다. 고등학생 땐 수포자를 면해보겠다며 가장 어려운 수학 참고서를 사서 학원에 다녔지만, 문제 풀이를 끝까지 해본 적이 없었다. 취직 후엔 원어민과 대화를 하겠다는 원대한 목표를 세우고 영어 공부에 도전했다. 그러나 야심 차게 시작했던 새벽반 수강은 한 달 반이 지나기 전에 끝을 맺었다. 자신 있게 수영복을 입기 위해 다녔던 헬스 클럽은 또 어땠는가. 엄격한 식단 관리와 지옥의 트레이닝으로 만들어지기 시작한 근육은, 이별 후 마신 술로 인해 순식간에 액체화가 진행되며 파도인지 뱃살인지 알 수 없을 만큼 출렁거렸다. 그뿐이던가. 한 번 해보고 끝낸 '원데이 클래스'의 목록도 길었다. 시작하는 일은 기가 막히게 잘했으나 도무지 끝까지 성공해본 적이 없는 인생이었다.

"목표를 너무 높게 잡아서 실패한 걸까요?"

"목표는 커도 좋습니다. 지나치게 어려운 실행 방법이 문제이지요. 목표가 너무 낮으면 익숙한 것만 반복하다가 지루해져서 도중에 흥미를 잃어버립니다. 도달하고 싶은 목표와 성공할 수 있는 목표를 연관시켜 세워야지요. 재능이 넘치는 사람도 꾸준히 하는 사람을 이길 수 없다고 했어요. 성공할 수밖에 없을 정도로 쉽고 작은 일부터 시작하세요. 매일 성취감을 느끼세요. 큰 행동 10개 중에 2개쯤 하다가 포기하는 것보다 10개를 100개로 나눠서 꾸준히 해나가는 게 더 나아요. 힘들고 어려울 때마다 '넌 할 수 없어'라고 자신을 비난하는 목소리를 만나게 되죠. 자신을 비판하는 내면의 목소리를 바꾸세요. 목표는 영감을 느낄 만큼 높이 세우되, 행동은 용기를 품을 만큼 낮게 가지세요."

영감을 느낄 만큼 큰 목표, 용기를 가질 만큼 작은 행동. 다시금 해보고 싶다는 희망이 생겼다.

원하는 목표에 도달하는 법

"비록 잃은 것이 많지만, 아직 남은 것도 많다. (…) 애쓰고, 추구하고, 포기하지 않고 버텨낼 강한 의지력이 아직도 있다."[7]

제이의 음성이 노래처럼 울려 퍼졌다.

"앨프리드 테니슨의 〈율리시스〉에 나오는 구절이에요. 지은 씨도 아직 늦지 않았어요. 시간은 충분하니까요. 우리가 스트레스를 겪을 땐 변화와 성장에 관해 새로운 관점을 가져야 할 기회가 왔다고 생각하세요. 맥고니걸이 말했듯 스트레스를 받는다는 건 그 일이 내게 중요하다는 뜻이고, 잘하고 싶은 만큼 잘못하면 어떡하나 두려움을 느낀다는 의미지요. 단순히 스트레스를 풀기 위해 하는 행위는 도움이 되는 면도 있지만 인생에서 정말 중요한 문제를 회피하는 것일 수도 있어요."

그동안 스트레스를 풀기 위해 했던 행위들을 떠올렸다. 먹고 마시고 춤추고 노래 부르고 떠나고 울고 화내고 우울해하던 모든 노오력들. 그것은 그것대로 일시적인 효과가 있었지만 이제는 다른 방식을 배워보고 싶었다. 업무를 생각하면 여전히 가슴 한구석이 무거워졌지만 한결 견딜 만하고, 묘하게 다시 도전해볼 수 있겠다는 자신감마저 생겼다.

"살면서 그토록 많은 스트레스를 받았는데, 정작 스트레스에 대해 배울 게 있다는 생각은 한 번도 해본 적이 없어요. 빈도수로 보나 강도로 보나 중요한 것인데 말이에요."

"브라보! 그 작은 발걸음이 지은 씨를 어디로 데려갈지 궁금해지네요. 우리가 살아가는 하루하루가 쌓여 인생이 되는 것처럼, 공부도 마찬가지예요. 작은 성취, 작은 변화를 결코 과소평가하지 마세요."

마음이 활짝 열린 상태로 제이의 말에 귀를 기울였다. 스트레스나 두려움에 대해 예전과 같은 고정관념이 남아 있다면, 지금 같은 태도를 갖긴 어려웠을 터다. 그러나 지금은 무엇이든 새롭게 배울 준비가 되어 있었다. 이것이 학습에 얼마나 효과적인지 알고 있기 때문이다.

"켈리 맥고니걸, 로버트 마우어 등 스트레스와 성장에 대해 깊이 있는 책들을 쓴 연구자들이 공통적으로 말하는 것이 있어요. 일단 스트레스로 위장하고 있는 두려움을 직면하고 수용하라는 것이지요. 직면은 삶의 여러 면에서 도움이 되는 태도입니다. 예를 들어 지은 씨에겐 고치고 싶은 성격이 있나요?"

"고민만 하고 우물쭈물하다가 그냥 넘겨버리는 점이요. 부당한 일을 겪을 때 뒤돌아 혼자 화를 내거나 그냥 참아버리는 것도 좀 버리고 싶어요."

"그런 면이 자신에게 있다는 것을 인식하고 있네요?"

"원래 내가 좀 그렇지, 알고는 있는데 못 고치니까 답답해요."

"그게 지은 씨의 성장에 큰 걸림돌이 되나요?"

"조직 생활을 하다보면 내 뜻대로 할 수 없는 부분이 있잖아요. 주어진 업무를 능숙하게 처리하고 성과를 내야 한다는 건, 늘 변하는 상황에 적응해야 한다는 의미일 텐데요. 안타깝게도 저는 순발력이 뛰어난 편은 아닌 것 같아요. 자신의 감정을 툭툭 털고 시원하게 일을 즐기는 사람이 부럽고요."

"하하하. 변화는 이미 시작된 것 같은데요. 우리가 자기 성격의 부정적인 측면을 바꾸고자 할 때, 그런 면이 내게 있다는 사실을 인식하는 것부터 변화는 시작되니까요. 멘토링을 시작한 것 자체가 변화가 시작되었다는 의미이기도 하고요."

"어? 그런가요? 하지만 멘토링은 100퍼센트 자의로 시작한 건 아닌데요……."

"원래 변화는 외부 자극이 있어야 가능한 겁니다. 제가 자주 즐겨 비유하는 것처럼 아기가 성장하는 과정과 비슷하지요. 외부 자극에 대한 반응의 결과로써 성장이 일어난다고 할 때 중요한 점은, 주의깊게 자신의 반응을 바라보는 거예요. 이 또한 일종의 직면이지요. 자극에 대한 자동 반응은 변화를 일으키기보다 현실에 안주하게 하니까요. 지금까지 해오던 방법이 더이상 통하지 않을 때 우리는 누구나 불안을 느끼지요. 무력감을 느끼기도 하고요. 이때 자동적 사고는 '내가 그렇지 뭐' '내 인생은 별것 아니구나' '나는 여기까지야'라고 자신의 능력에 손쉽게 한계를 짓는 겁니다. 미친듯이 노력해야만 원하는 것을 이룰 수 있다는 생각도 마찬가지예요. 지금껏 지은 씨가 노력이 부족해서 힘든 상황에 빠졌던가요?"

"잘 모르겠어요. 노력이 부족하지 않나, 항상 두려움이 있거든요."

순간, 제이의 눈이 반짝거렸다.

"이젠 스트레스가 아니라 두려움이라고 스스럼없이 말하네요. 노력이 부족하다는 생각 그 자체 때문에 스트레스를 받는다고 생각하진 않나요?"

"어라? 진짜 이상하네요. 그런데 지금은 그다지 스트레스를 받는다는 기분이 안 들어요."

스스로 생각해도 신기했다. 지나치게 애쓰고 노력해야 한다는 생각은 늘 약간의 두통과 함께 스트레스를 가져온다고 여겼는데 말이다. 제이 말대로, 변화가 시작되었다는 의미인지도 몰랐다.

◆ ◆ ◆

"넓은 평야에 고속도로를 만들 때 일부러 곡선을 만든다는 사실을 알고 있나요?"

"왜요? 직선으로 쭉쭉 뻗게 만들면 더 빨리 갈 수 있을 텐데요."

"직선만 계속되면 사고가 날 위험이 있죠. 우리 정신은 같은 것을 반복하게 될 때 주의를 잃어버리거든요. 이것과 관련해서 세계적인 신경과학자이자 뇌 과학자인 이안 로버트슨의 연구 결과가 있어요. 40년 이상 인간의 뇌와 마음을 관통하는 연구를 해온 그는 스트레스가 우리에게 어떤 영향을 미치는지 탐구했어요. 그의 연구엔 재미있는 이야기들이 많은데, 그의 책《스트레스는 나쁜 것이 아닙니까》에 잘 소개돼 있지요. 그는 왜 어떤 사람들은 삶이 던지는 문제로 더 약해지는 반면, 어떤 사람들은 더 강해지고 폭발적인 성장을 이뤄내는지 궁금해했어요. 스트레스와 뇌의 티핑 포인트에 어떤 관계가 있는지 밝혀냈지요."[8]

"뇌의 티핑 포인트요?"

"마음이라는 소프트웨어와 뇌라는 하드웨어의 상호작용에 대한 연구라고도 할 수 있지요. 만약 스마트폰이나 컴퓨터를 지속적으로 업데이트하지 않는다면 어떨까요?"

"낡은 운영 체계를 고수하는 건 바보 같은 짓이죠. 새로운 앱이나 프로그램이 하루가 다르게 쏟아지잖아요. 스마트폰만 하더라도 업데이트를 안 하면 일상적인 메신저 사용도 어려울걸요."

"그렇겠죠. 꾸준히 업데이트를 하면서 기기 사용을 연장하듯, 우리도 삶의 업데이트가 필요하지요. 그러고 보면 배움이란 결국 업데이트의 다른 말일지도 모르겠네요. 업데이트를 통해 기능이 업그레이드되면 예전 버전으로 돌아가기 어렵죠. 불편하니까요."

"결국 스트레스, 아니 두려움을 느끼는 건 내 삶에 적극적인 업데이트가 필요하다는 신호인가요?"

"업데이트가 필요하다는 신호이자 동시에 업데이트가 시작되고 있다는 증거이기도 하지요. 업데이트를 시작할 때 프로그램을 일시 정지하듯, 스트레스는 우리가 하던 방식을 멈추게 하지요. 강제로 작동이 멈춰진 것처럼 답답하고 뒤로 물러선 듯 보이겠지만, 그 순간의 도전을 받아들여 방향을 다시 점검하고 목표를 뚜렷이 하면 예전과는 다른 성과를 내게 됩니다. 생각 자체가 달라지니까요."

스트레스가 일종의 업데이트 알림과도 같다는 관점은 나에게 확실히 도움이 되었다. 그런 관점에서 본다면 지금 나는 제이와의 대화를 통해 기존 생각을 바꾸는 일에 도전하고 있는 셈이었다.

"반복적이고 일상적인 일에 익숙해지면 우리 뇌는 지루함을 느껴요. 주의가 분산되고 집중력이 떨어지지요. 로버트슨은 이를 중요하고 특별한 작용을 위한 뇌의 스위치가 켜지지 않은 것이라고 설명하는데, 그 스위치가 '오프'된 상태로 오래가면 어떻게 될까요?"

"일하는 게 점점 재미없고 싫겠죠."

"다시금 말하지만 일 자체는 재미있을 수도 있고, 없을 수도 있어요. 우리가 어떤 의미를 부여하느냐에 따라 달라지지요. 장사를 하는 분들을 보면 자기 가게를 아끼며 즐겁게 장사를 하는 분도 있지만, 이놈의 장사 때려치우고 싶다는 생각으로 꾸역꾸역하는 분도 있잖아요. 직장의 업무도 마찬가지겠지요. 힘들고 어려운 인간관계를 참아가며 왜 이 일을 하는지 모를 수도 있어요. 하지만 가만히 생각해보면, 그런 태도는 외부 상황에 대한 통제력이 자신에게 전혀 없다는 사고방식을 전제로 한 경우가 많지요."

"하지만 실제로 저희한테 무슨 권한이 있나요? 조직에서 시키는 업무를 할 뿐인데요. 제가 업무를 능숙하게 잘하게 되는 날이 설령 온다고 해도, 그게 제 인생에 무슨 도움이 될까요?"

"그에 대한 답은 지은 씨 자신이 찾아야겠지요. 그래서 첫날 세 가지 질문을 던진 거예요. 저와의 멘토링은 공부법을 배우는 시간인 동시에, 그 세 가지 질문에 대한 지은 씨만의 답을 찾는 과정이기도 하고요. 정해진 답은 없으니 지은 씨가 생각하는 바를 정리하면 됩니다."

스트레스와 두려움을 다루고 활용해 삶의 원동력으로 삼는 법을 배우더라도, 무엇을 위해서 그것이 필요한가를 물을 수밖에 없었다. 기승전 세 가지 질문이나 마찬가지였다. 하지만 자기 인생의 목표를 분명히 알고 사는 사람이 얼마나 되겠는가. 일단은 눈앞의 제이에게 집중하자고, 다시 마음을 잡았다.

◆ ◆ ◆

"인생에 직선뿐만 아니라 곡선이 필요하듯, 성장을 위해선 현재의 위치에서 벗어나게 하는 도전이 필요하지요. 평생 초등학생이나 중학생으로 살 수는 없으니까요. 도전을 하지 않는 건 때가 되었는데도 졸업을 하지 않는 것과 같아요. 학년이 바뀌고 친구가 달라지는 일엔 약간의 두려움도 느끼기 마련이지만, 자연스러운 발달단계이기도 하지요. 관성의 법칙은 물리적인 법칙이지만 심리적인 법칙이기도 합니다. 안전한 상태에서 벗어나려고 할 땐 각종 핑계를 대면서 저항을 하기 마련이지요."

"제가 부서 이동을 하게 되었을 때처럼 말이죠?"

그때는 지옥에 떨어진 것처럼 괴로웠는데, 지금은 조금 힘든 직장 생활 정도로 여겨졌다. 상황이 변한 건지 내가 변한 건지 잠시 생각했다. 상황은 그대로였다. 그렇다면 변한 것은 나일 터였다.

"원하지 않는 일을 하게 된 것은 안타까운 일이지만, 실력을 키워야 하는 현실에서 종종 만나는 상황이기도 하지요. 하지만 이런 강제성이 주어지지 않았다면 지은 씨 인생에 큰 변화는 없었을지도 몰라요. 저를 만나는 일을 포함해서 말이지요. 과거에 지은 씨가 어떤 괴로움을 겪었든 어떤 사고방식으로 살았든 그것은 변화시킬 수 있어요. 미래를 바꾸는 힘은 오직 현재에서 나오니까요. 우리가 초반에 지은 씨가 걸어온 공부의 역사에 대해 이야기 나눈 이유도, 과거로 돌아가기 위해서가 아니었지요. 지금 내게 영향을 미치고 있는 과거를 인식하고 바꿀 부분을 찾기 위해서였어요. 알고 있는 것이 무엇인지, 모르고 있는 것이 무엇인지 알아야 어떤 변화를 원하는지 진단이 가능하니까요."

"아는 것만 알아서는 발전이 없기 때문이겠죠?"

"배움은 무지의 영역을 인식의 영역으로 확장시키는 행위입니다. 아는 것만 반복해서는 새로운 앎을 창출하기 어렵지요. 그런데도 우리는 자신이 아는 길로만 다니고 하던 대로만 행동합니다. 모르는 부분으로 과감히 뛰어들어 정신을 개척하려고 하지 않지요."

"두려워서인 것 같아요. 내가 잘 모르는 영역에선 부족한 부분이 적나라하게 드러나고 자신이 벌거벗은 기분이 드니까요."

"하지만 새로운 것에 도전해보면 의외로 해볼 만하다는 생각도 들지 않나요? 지은 씨가 재무제표를 익히고 볼 줄 알게 되면서 업무에 자신감이 붙은 것처럼 말입니다."

제이의 다정한 말이 가슴을 울렸다. 그동안 누군가 나에게 이렇게 말해준 적이 없었고, 나 또한 누군가에게 이런 말을 해본 적이 없었다. 스트레스로 힘들다고만 생각했는데, 성장 곡선을 그리고 있었던 것이다.

"제대로 성장하기 위해선 무엇을 하면 될까요?"

"아는 것은 무엇이고 모르는 것은 무엇인지 자신에게 묻는 용기가 필요하지요. 기존의 앎에 머물지 않고 새로운 배움으로 나아갈 때 진정한 성장이 시작되니까요. 집중하고 몰입할 줄 아는 사람이 되면 걱정할 것 없어요. 자신감이 튼튼한 다리 역할을 해줄 거예요. 자신을 믿고 나아가세요. 무엇보다 자기 자신을 있는 그대로 수용하고 인정해주는 게 중요합니다."

"자신을 있는 그대로 인정하면 발전하기 어렵지 않나요?"

"조금 다른 문제예요. 어떤 경우에라도 자신을 비난하지 않아야 해요. 지은 씨가 가장 소중하게 여기는 물건이 뭔가요?"

얼마 전 백화점 세일 때 산 레드 립스틱을 떠올렸다. 레드 립스틱만 6개 갖고 있었지만 이번 건 달랐다. 무려 '벨벳 레드'였다. 게다가 신상. 하늘 아래 똑같은 레드는 없는 법이다. 그러나 그게 과연 가장 소중하게 여기는 물건인가 하면 그렇지도 않았다.

"그러고 보니 딱히 소중한 물건을 갖고 있진 않네요. 충동구매를 하거나 필요한 것을 가성비 생각하며 사서 쓰다가 버리곤 했어요. 공을 들여 물건을 고르는 편도 아니고요."

"그럼 가장 소중한 사람은 누구인가요?"

"아마 가족이겠지요. 우리 강이를 포함해서요."

"강이?"

"강아지, 아니 개예요. 올해 열네 살이죠. 엄청나게 활동적인 놈이었는데 나이가 많아져서 그런가, 요즘은 산책도 귀찮아해요. 그래도 집에 가면 저를 진짜 반겨줘요. 정을 듬뿍 쏟으면서 키웠죠."

강이 이야기를 하자 저절로 눈이 반달 모양이 되었다. 강이는 특별한 존재였다. 변함없이 사랑을 주는 강이의 한결같은 태도는 내가 낙담할 때마다 큰 힘이 되어주었다. 내가 어떤 사람이든 상관없다는 듯한 강이로부터 나는 무한한 신뢰와 깊은 애정을 느낄 수 있었다.

"강이를 아끼는 것처럼 지은 씨는 자신을 아끼고 신뢰하나요?"

허를 찌르는 질문이었다.

"항상 그렇다고는 못하겠네요. 어떨 땐 근거 없는 자신감을 느끼다가도 어떨 땐 형편없는 바보가 아닌가 싶어 두려워요. 모지리도 이런 모지리가 없다는 생각이 들거든요. 남들 앞에선 절대 겁먹은 태도를 보이지 않으려고 가끔은 허세도 부리죠. 현재 상황에서 변화를 바랄 때마다 두려움도 커지고요."

"지은 씨만 그런 건 아니에요. 저를 비롯해 우리가 흔히 겪는 일이랍니다. 변화를 바랄 때마다 두려움도 커진다고 했지요? 맞는 말이에요. 그래서 전략이 필요한 것이지요."

◆ ◆ ◆

"우리 뇌는 기존의 상태를 유지하려고 해요. 공부든 습관 만들기든 작심삼일로 끝나는 이유도 관성의 법칙에 따르기 때문이지요. 변화는 낯설고 두려운 일이니까요. 어떻게 하는 게 좋을까요?"

"뇌를 속이기라도 해야 하나요?"

"하하하. 속임수가 항상 통하는 것이 아니니 금방 탄로날걸요. 뇌를 속이려고 하기보다 변화에 적극적으로 나서게 해야지요. 두려움을 다루는 방법에서 말씀드린 것처럼, 우리 뇌가 두려움을 느끼지 않을 정도로 작은 것부터 시도해 성공의 단계를 많이 밟는 거예요. 그러면서 차츰 레벨을 올려가는 것이죠. 자신의 현재 실력보다 조금 더 어려운 것을 만나는 일은, 우리 삶에 곡선 도로를 만드는 것과 같아요. 변화를 만드는 과정이지요. 도전이 항상 거대하고 어려워야 한다고 생각하진 마세요. 직선과 곡선이 반복되어 나타날 때 주의를 집중하듯, 쉽고 어려운 것을 섞어서 해보는 것도 방법이니까요. 성취감을 지속적으로 꾸준히 쌓아가는 게 중요해요."

"쉬운 문제만 풀어도, 어려운 문제만 풀어도 안 된다는 거네요."

"이제 걸음마를 막 배운 아이에게 마라톤을 하라고 할 수는 없지요. 하지만 잘 걷게 된 아이에게 걸음마 연습만 하라고 할 수도 없습니다. 넘어지더라도 달려야 할 때이니까요. 걷고 달리는 일에 익숙해져도 우리는 종종 넘어집니다. 넘어질 때마다 실패라고 좌절할 수는 없겠지요. 툭툭 털고 일어서서 다시 걷고 달려야지요."

"넘어질 때마다 부끄럽긴 해요."

"자신에게 지나치게 주의를 기울이면 그래요. 자의식 과잉 상태라고도 하지요. 마음에 들지 않는 옷을 입고 나가면 남이 나만 쳐다보는 것 같고, 그럴 때 있잖아요. 사실은 아무도 나에게 관심이 없는 데도요."

"자의식이 강하다는 것과 자신감을 갖는다는 것과 다른 건가요?"

"물론이지요. 자신감은 자신을 있는 그대로 수용하고 인정하는 자존감을 바탕으로 생기는 거예요. 하지만 자의식 과잉은 두려움에 지배당하는 상태지요. 어떻게 하면 두려움을 느끼는 상태에서 자신감 있는 상황으로 변화시킬지, 다음주 멘토링에서 배울 겁니다."

또 한번 감탄했다. 제이는 역시 계획이 다 있는 것이었다.

"넘어져도 다시 일어나 걸어간다는 말엔, 우리가 배우면 좋을 태도가 들어 있어요. 그것은 스트레스를 다루고 두려움을 활용하며 진정한 성장을 하게 하는 강력한 방법이기도 하지요."

"그게 뭔데요?"

"계속하는 겁니다."

"계속하는 거라고요? 그게 전부인가요?"

"자신이 이루고자 하는 목표를 이룰 때까지 계속하는 것이죠."

"도중에 지루함을 느끼면요?"

"그래도 그냥 합니다."

"이건 아니다 싶어서 그만두고 싶을 때는요?"

"그래도 계속합니다."

"두렵고 싫고 짜증나고 막 퇴사하고 싶을 때는요?"

"그래도 일단 합니다."

오랜만에 느끼는 기분이었다. 어이가 없다고나 할까. 저스트 킵 고잉 온. 정말로 이게 전부란 말인가.

"그냥 하면 된다니, 그냥 노력하는 것과 뭐가 다른가요?"

"의사가 수술을 하듯, 파일럿이 비행을 하듯, 공부를 할 때 주의를 기울여야 하는 건 아시지요?"

"네. 지난번에 아는 것과 모르는 것을 구분하고, 집중력을 발휘해 주의를 기울여야 실력이 는다고 하셨잖아요."

"그 상태로 계속하는 거예요. 목표에 도달할 때까지."

"아…… 네."

더이상 설명이 필요 없을 만큼 맞는 말이었다. 스트레스를 자원으로 바꾸는 것도, 두려움을 활용하는 것도 궁극적으로는 목표에 도달하기 위해서였다. 언제 골인이 되는가. 골이 골대에 들어가는 순간 완성된다. 바꿔 말하면 골대에 골이 들어갈 때까지 공을 차는 것. 바나나킥이든 오버헤드킥이든 골대에 골이 들어가야 골인이다. 공부가 하기 싫고 어렵다고 하지 않으면 그 순간 끝난다. 목표에 도달할 때까지 물러서지 않는 법을 배워야 할 터였다.

◆ ◆ ◆

"성공할 때까지 물러서지 않는다. 이게 가장 어렵게 느껴지네요."

"목표에 도달하지 못할까봐 두려움이 솟기도 하지요. 처음으로 돌아가 반복되는 기분도 들겠지요. 그 두려움에 막혀 목표에 도달하지 못하고요."

"최악이지만, 남 일은 아니네요. 제가 딱 그랬으니까요."

"이런 상황을 맞더라도 확실한 것 하나는 계속하지 않으면 성장도 없다는 거예요. 공부를 하다보면 기쁨도 생기고 좌절도 생기지요. 공부가 잘된다고, 하던 것 안 하실 건가요?"

"그건 아니지만, 좀 놀고 싶은 마음은 생길 것 같아요."

"그래서 적당한 수준에 오르면 그만두기도 하지요. 여기까지 했으니 됐다는 마음이 앞서기도 하고요. 그런데 그때 정직하게 물어보세요. 정말로 그 정도 실력을 키우는 것으로 만족스러운 것인지, 더 어려운 과정을 해내지 못할 것이라는 두려움 때문인지, 동기가 약해지면 목표를 잃어버리고 목표가 분명하지 않으면 공부를 지속적으로 하기 어려우니까요."

나는 제이의 이 말을 포기하지 말고 나아가라는 뜻으로 받아들였다.

그러나 제이의 말 속엔 커다란 반전이 들어 있었다. 궁극적으로는 스트레스가 지닌 또 다른 의미이기도 했다.

◆ ◆ ◆

"목표에 도달할 때까지 계속해야 하지만 때로 우리는 자신으로부터 반드시 물러나야 할 때도 있습니다."

"네? 그럼 어떻게 하라는 건가요?"

지루해도 두려워도 짜증스러워도 "저스트 킵 고잉 온!"을 말하던 제이는 어디로 갔는가. '닥치고 전진'을 외칠 때는 언제고 이제는 물러나라니, 어느 장단에 맞춰야 하는지 혼란스러웠다. 해볼 만큼 해보다가 안 되면 물러나라는 건지, 목표를 이룬 다음에 물러나라는 건지, 스트레스를 받으면 잠시 물러섰다가 다시 나아가라는 건지, 수많은 경우의 수를 생각했지만 종잡을 수 없었다. 모처럼 의욕을 불태우려는 마당에 찬물을 끼얹기 위해서는 아닐 터였다. 공을 줬다 빼앗는 장난을 쳤을 때 강이가 짓던 표정으로 제이를 바라보았다.

"자신으로부터 물러나라는 말이 소중하게 생각하는 목표를 향해 나아가는 것을 멈추라는 뜻은 아닙니다."

"그런데 분명, 물러나야 할 때가 있다고 하셨잖아요."

"네."

제이의 대답은 명료했다. 그 단호한 대답에 미칠 것 같은 마음이 드는 게 이상한 일은 아니라고 스스로를 다독이며 나는 숨을 깊이 쉬었다. 제이는 지금까지 비유와 예시로 어떤 어려운 개념이든 쉽게 설명해주었다. 30킬로미터의 속도로 달리면서 오른쪽엔 뭐가 있고, 왼쪽엔 뭐가 있고 천천히 말해주었기에 지도를 그리면서 따라갈 수 있었다. 그런데 갑자기 핸들을 꺾었다. 직선 도로를 달리다가 난데없이 곡선 도로를 만난 것처럼 몸이 휘청거렸다.

'아! 곡선 도로!'

순간, 숨을 멈추었다. 신중해져야 할 때였다. 제이 탓을 하고 있을 때가 아니었다. 멘토링 시간이 30분도 채 남지 않았다. 내가 어떤 질문을 하느냐에 따라서 이 시간의 가치는 달라질 터였다.

'강지은, 생각하자.'

다시 깊게 숨을 들이쉰 다음 생각을 하기 시작했다. 내 눈빛이 진지해진 것을 제이도 알아차렸다. 팽팽한 긴장감이 감돌았다.

"목표를 향해 가는 것은 변함없지만 물러나야 할 때도 있다는 말은, 전진하는 것을 멈추라는 게 아니라 자신이 지금 어디쯤 있는지, 좁은 시야에서 벗어나 넓게 보라는 의미인가요? 지금 상황에서 물러나 객관적으로 들여다보면 새로운 관점을 찾게 되니까요."

"좋은 의견이군요. 계속해보세요."

"제가 업무에 대해 새로 배우면서 이러쿵저러쿵 불평을 하긴 했지만 어쨌든 공부를 계속하긴 했거든요. 강제성이 다분히 있긴 했지만요. 그렇지 않으면 일을 해낼 수가 없으니까요. 그러면서 멘토링을 하고 있는

데, 덕분에 업무에서 떨어져 나와서 스스로 객관적으로 보게 되었거든요. 제 부족한 점을 깨달으면서도 예전처럼 자신을 막 비난하진 않고요. 자기 안에 갇히지 않고 한 발 물러나서 보니까 보이지 않던 것을 보게 되고, 자기 연민에 빠지는 시간도 훨씬 더 줄었고요. 물론 여전히 부족하지만 그래도 멘토링 시작 전의 저와 비교해보면 마음이 단단해진 것 같아요. 뭔지 모르겠지만, 확실히 성장한 기분이 들어요. 마찬가지로 업무력도 나아진 것 같고요."

"그렇게 생각하게 된 이유가 자신을 '객관적'으로 보기 시작했기 때문인가요?"

"그게 가장 큰 이유예요. 뭔가 여유가 생겼다고나 할까요. 전전긍긍하던 때를 돌이켜보면 작은 부분만 지나치게 확대해서 본 것 같아요. 큰 그림을 보지 못한 채 작은 조각만 들고 어떻게 해야 할지 몰라서 방방거린 듯해요."

"아주 좋은 통찰이네요. 확실히 제가 보기에도 불과 몇 주 전과는 많이 달라졌어요. 자기 생각에 갇히지 않고 새로운 관점을 받아들인 결과겠지요. 생각이 변하면 현실에도 변화가 생기고, 현실의 변화는 다시 생각의 변화를 불러오는 법입니다. 작은 목표를 이루고 난 후 더 큰 목표를 향해 갈 때 일시적으로 후퇴한 듯 느껴지기도 하지요. 하지만 직선과 곡선이 교차하는 것이 인생길이에요. 방향만 잃지 않는다면 잘못된 길은 없지요. 지금 하고 있는 일을 잘하고 싶다면 잘하게 될 때까지 계속하세요. 막다른 골목에 다다른 것 같더라도 멈추지 마세요. 단 그때는 자신과

거리를 두고 밖에서 바라보는 게 좋아요. 이안 로버트슨은《스트레스는 나쁜 것이 아닙니까》에서 이것을 '나라는 전쟁터에서 한 발짝 물러난다'고 표현했지요. 우리가 자신감이 있고 낙관적일 땐 자신을 농담거리로 삼을 만큼 여유가 있지요. 하지만 공개적인 자리에서 비난을 받거나 지나치게 경쟁적인 상황에 놓일 땐 어떨까요?"

"마음이 엄청 쫄리죠. 관대함 따위는 개나 줘버려, 이런 마음일 테죠. 잠도 못 자고, 어딜 가도 불안해지고요."

"자신을 민감하게 의식하게 된다는 건가요?"

"네. 길에서 누가 내 쪽을 쳐다보면 내가 이상한가? 하고 생각하고, 직장 동료들이 날 보고 웃으면 뒤에서 험담을 했을 거라고 믿죠. 와, 말하고 보니 진짜 최악이네요."

"자신을 '다시 바라보는 일'이 그래서 중요해요. 처음엔 힘들어도 연습을 하면 충분히 키울 수 있는 능력이지요. 자기 재평가는 자신에게 일어난 일을 있는 그대로 받아들인다는 거예요. 이걸 가리켜 로버트슨은 우리 뇌는 '바라보고 있다고 말한 것을 바라볼 수 있는' 위대한 능력이 있다고 했어요. 가끔은 현실이 내 뜻대로 되지 않기도 하지만, 그 현실이 내게 미치는 영향력을 줄일 수는 있는 거죠. 이 힘을 키우면 더 큰 불안으로 빠지지 않는 제어장치를 갖게 되는 셈이지요. 우리는 성공을 바라지만 성공 자체가 우리 자신은 아니에요. 마찬가지로 불행을 겪게 되더라도 불행 자체가 곧 우리 자신은 아니지요. 팔 하나가 없어진다고 내가 아닌가요?"

"그렇진 않죠. 공부를 잘하든 못하든, 일을 잘하든 못하든 내가 나 자신인 건 변함없으니까요."

"그렇습니다. 이것이 힘든 일을 겪을 때 우리에게 꼭 필요한 태도예요. 목적지에 도착하려면 직진으로 가다가 좌회전도 하고 우회전도 하고 때론 유턴도 해야지요. 고가도로로 올라가거나 터널을 지나기도 하고 일방통행을 할 때도 있습니다. 기름이 떨어지면 주유소에서 기름을 넣고 피곤하면 잠시 쉬기도 하지요. 그렇다고 목적지에 가는 것을 포기한 건가요?"

"아니요. 그렇지 않아요. 목적지를 향해 가는 순간이고, 점점 더 가까워지고 있으니까요."

"바로 그런 의미에서 목표를 향해 가는 것을 멈추지 않되, 자신으로부터 한 발 떨어질 때가 필요한 겁니다. 좌회전을 할 땐 좌회전을 하면 되고, 기름이 떨어지면 기름을 넣으면 되지 왜 여기서 좌회전을 하라는 거냐, 왜 지금 기름이 떨어졌냐고 탓할 필요는 없어요. 작가가 되고 싶으면 매일 꾸준히 글을 쓰고, 농구 선수가 되고 싶다면 매일 슛 연습을 하는 것과 같아요. 왜 자신의 글이 인기가 없는지, 왜 슛 정확도가 떨어지는지 생각해보겠다며 연습을 중단하지 않아도 돼요. 할 수 있는 일을 지속적으로 하면서 해결해야 할 부분을 개선하면 되지요."

"듣고 보니 간단하네요."

"일이 복잡한 경우보다 우리 감정과 생각이 복잡한 경우가 훨씬 많지요. 자신감을 갖는 일은 단순한 만족감보다 더 복잡한 감정을 느낄 수 있는 상태가 되는 거예요. 긍정성과 목표에 집중하게 하는 전두엽 좌측과, 신중함과 거리 두기를 통해 자신을 자각하게 하는 전두엽 우측이 함께해야 가능한 일이지요. 어려운 일 같지만 지은 씨가 매일 하는 일일걸요?"

"네? 제가요?"

"새로운 일을 배우는 걸 어려워하면서도 출근해서 일을 하셨잖아요. 팀에 적응하려고 애쓰고, 멘토링을 꾸준히 하고, 실천하고, 자신에게 부정적이었던 상사들의 마음을 바꾸는 쾌거도 이뤘지요."

"아…… 하하…… 하…… 그게 그렇게 대단한 일은 아닌데요."

"그게 대단한 일이 아니면 뭐가 대단한 일인가요? 자신의 일상을 성실하게 살아내는 것보다 더 대단한 일이 있나요? 혹시 지구를 구하는 게 지은 씨의 야심인가요?"

"설마 그럴 리가요."

제이의 농담에 손사래를 치며 웃었다. 동시에 코끝이 찡해왔다. '일상의 히어로'로 살아간다고 혼자만의 농담처럼 생각해왔는데 '평범한 보통의 날들'을 지켜내기 위해 고군분투했던 시간을 알아주니 마음이 뿌듯해졌다.

◆ ◆ ◆

멘토링 시간이 거의 끝나가고 있었다. 그러나 나는 말을 아꼈다. 길지 않은 침묵이었지만, 이 순간 마음속에 제이와 나눈 대화가 깊이 스며들고 있었다.

"스트레스를 받는 동안 무조건 힘든 시간이라고만 생각했는데, 오히려 상황을 더 진지하게 바라보는 계기가 된 것 같아요."

"어떤 상황에서도 우리가 배울 것이 있지요. 해리 포터 시리즈의 작가 J.K. 롤링의 이야기를 아시나요?"

"자세히는 모르지만, 인생에서 가장 힘든 시기에 해리 포터 이야기를 썼다는 정도는 알고 있어요."

"롤링은 이혼한 후 가난에 시달리며 실직 상태에서 아이를 키워야 했어요. 자신의 인생에서 아무런 희망도 발견하지 못하던 시기였지요. 2008년 그녀는 하버드대학교 졸업식 축사에서 다른 무엇으로 성공했다면 결코 작가가 되겠다는 결심을 하지 못했을 것이라고 말했지요. 그 힘들었던 시기는 불필요한 것을 버리는 시간이었고, 목표를 명확히 하는 시기였어요. 자신으로부터 한 발 물러났던 그때, 그녀는 자신의 예전 모습, 일, 결혼, 전통적인 성공의 개념 등을 다시 들여다보았지요. 한 발 물러나야 했던 그 시간이 그녀를 더 강하게 만든 겁니다. 하지만 무조건 물러난다고 강해지는 건 아니에요. 목표를 향해 나아가지 않으면 절대로 강해질 수 없지요."[9]

"온갖 복잡한 마음이 들고, 회피하고 싶고, 두려움을 느끼더라도 목표를 향해 나아가는 일만큼은 계속해야겠네요. 그럴수록 진짜 내 목표는 무엇인지 생각하게 되네요."

현재의 목표는 맡은 업무를 잘하는 것이다. 인생의 목표를 떠올리며 길을 잃기보다 눈앞의 일을 해가면서 내 발자국이 어디를 향하고 있는지 살펴보고 싶었다. 때로는 뒤로 가는 것처럼 보이거나 길에서 벗어날 때가 있더라도 괜찮았다. 거기에서부터 출발해 멈추지 않고 또 가면 되는 일이었다. 스스로에게 넉넉해지자고 생각하니 왠지 어깨가 넓어진 것 같고 가슴도 뻥 뚫린 것처럼 시원했다.

"나비가 되려면 반드시 애벌레로 살아야 해요. 애벌레 과정을 거치지 않고 나비가 될 순 없지요. 물러서는 기간은 애벌레의 시간이에요. 괴롭고 힘들어도 의미 있는 시간이지요. 하루라도 빨리 나비가 되겠다고 서둘러 고치를 나갔다간 날개를 제대로 펼 수 없어요. 성장하기 위해선 혼자만의 시간이 필요합니다. 스트레스를 느껴서 잠시 멈추고 싶을 때, 성장이 멈춘 듯 정체를 느낄 때, 그 시간을 어떻게 인식하고 수용하는지에 따라 지은 씨 삶의 질이 달라질 거예요."

제이가 알려주는 공부법은 기존의 사고방식을 깨는 일이었다. 때때로 터널 속을 지나는 것처럼 앞이 보이지 않기도 했다. 그러나 기나긴 터널 속을 지나더라도 언젠가 이 터널이 끝난다는 사실을 아는 것과 모르는 것 사이에는 큰 차이가 있었다. 영원히 이어지는 터널은 없었다. 시작이 있으면 끝이 있고, 입구가 있다면 출구도 있다. 비록 시간이 좀 걸릴 수는 있겠지만, 상황을 직면하며 확신을 갖고 앞으로 나아간다면 반드시 출구에 도달할 것이었다.

불현듯 벌레 꿈이 생각났다. 벌레로 변해서 언제 죽을지 모르는 공포가 생생하게 떠올랐다. 스트레스를 받는다고 여겼던 그 시간은 '애벌레의 시간'이었을지도 몰랐다. 나비는 탈피를 하기 전까지 애벌레로 살아야 한다. 애벌레로 있는 게 싫다고 그 과정을 겪지 않을 순 없었다. 애벌레의 시간이 없다면 나비의 시간도 없었다.

이날 밤, 나는 한결 가벼운 마음으로 잠을 청했다. 스트레스든 두려움이든 견뎌볼 만하겠다는 자신감마저 생겼다. 오늘의 태양은 졌지만 내일은 내일의 태양이 떠오를 터였다. 새로운 내일을 생각하니 심장이 뛰었다.

| 5부 |

창조

자신의 뇌에 접속하라

새로운 날이 시작되었다. 상황은 그대로였지만 내가 변하고 있었다. 지금까지 겨우 네 번의 멘토링을 했을 뿐인데, 효과는 확실했다. 가장 큰 변화는 행동이었다. '해야만 하는 귀찮은 일'이거나 '하고 싶지 않아서 방치해두던 일'을 '쉽게 할 수 있는 일'로 바꿔 생각하자, 행동은 또 다른 행동을 불러왔다.

시작은 침구 정리였다. 아침에 일어나면 침구 정리부터 했다. 이불과 베개를 보기 좋게 정리하는 데 걸리는 시간은 단 10초. 그러나 그 10초의 실행은 100년은 더 묵은 것 같았던 게으름을 이겨내는 엄청난 저력을 발휘했다. 간단한 일이었지만 10초 침구 정리는 생각보다 힘이 셌다.

10초의 힘을 한번 경험해보니 10초면 할 수 있는 일들이 많다는 걸 깨달았다. 밥을 먹은 후 그릇들을 싱크대에 가져다두는 일도 10초면 할 수 있었다. 신발을 벗은 후 가지런히 정리하는 일은 10초도 채 걸리지 않았다. 빨래가 적당히 쌓이면 세탁기에 넣고 돌리는 일도 10초면 충분했다.

10초 동안 몸을 움직인 결과는 놀라웠다. 나는 이것을 '10초의 마법'이라고 불렀다. 침구 정리를 하자 방안의 풍경도 달라졌다. 침구 정리는 바닥 정리를 불러왔고, 바닥 정리는 방 전체를 정리하는 데 이르렀으며, 싱크대와 현관을 말끔하게 정리하고 치우는 쾌거를 이루었다. 그리고 이 쾌거는 어떤 분야든 할 수 있다는 확신을 갖는 계기가 되었다. 어지럽던 마음이 정돈되면서 나아가야 할 방향이 보였던 것이다.

슬럼프, 스트레스, 두려움 또는 그 무엇이라고 부르든 마음이 어지러우면 주변도 어지러워졌다. 내가 지금 어떤 상황에 처해 있는지 알고 싶다면 방안을 보면 된다고 생각하며, 깨끗해진 방안을 몇 번이나 둘러보았다. 문득 동생의 방이 떠올랐다. 언제나 깔끔하게 정돈되어 있던 책상, 물건은 정해진 자리에 있었고, 불필요한 물건은 아예 방에 두지도 않았다. 그에 비해 내 방에선 늘 물건이 사라지는 미스터리한 사건이 벌어졌다.

그러나 이젠 아니었다. 어지럽던 공간이 말끔해졌고, 낮은 업무력이 높아졌으며, 무엇보다 자신감이 생겼다. 멘토링을 시작하기 전엔 단순히 공부하는 법을 배워서 업무력을 높이는 데 도움을 받고자 했다. 하지만 제이가 말한 객관적이고 과학적인 공부법이 '인생 공부법'이 된 이유는 단순히 공부하는 기술을 배워서가 아니었다.

공부는 지식을 쌓아두는 정적인 것이 아니었다. 왜 배움이 중요한지에 대한 자각과 더불어, 인생을 폭넓게 조망하는 시각을 가지기 위해 시

대를 수용하고 환경에 적응하는 동적인 것이었다. 변화하는 시대에 맞춰 새로움을 받아들이는 열린 마음과 유연한 태도가 필요했다. 무엇보다 배움을 통해 삶이 예전보다 나아지고 있다는 것을 확신하는 경험은 정말로 멋진 일이었다.

단순히 암기력을 높여도 물론 공부에 도움이 된다. 그러나 그보다 더 중요한 것은 집중력을 키워 몰입할 줄 아는 능력을 갖는 것이었다. 그러기 위해선 왜 내가 이 공부를 하고 싶어하는지 내적 동기를 찾고, 외적 동기를 부여하며, 목표를 이루는 방법을 찾아 꾸준히 실천하는 일이 필요했다. 부서 이동은 지옥 입문처럼 괴로운 일이었지만, 그 안에서 좌충우돌하며 애쓴 덕분에 한 가지 깨달은 점이 있었다. '배우는 방법을 배워야 한다'는 것이다.

영어든 회계든 혹은 수영이나 자전거 타기 등 어떤 것을 잘하려면 그 분야에서 요구되는 기본 요소들을 익혀야 했다. 분야가 다르더라도 무언가를 배우고 익히며 실력을 쌓아가기 위한 원리는 같았다. 왜 이것을 잘하기를 원하는지 명확히 깨닫고, 공부의 단계마다 뚜렷한 목표를 세우고, 주의력과 집중력을 가지고, 공부가 잘되든 못되든 어떤 상황에서든 꾸준히 하는 것이 중요했다. 하지만 무조건 오래 붙잡고 있는다고 해서 효과적으로 배울 수 있는 것은 아니었다. 잠시 멈춰, 알고 있는 것과 모르고 있는 것을 구분해서 모르는 부분을 앎의 영역으로 확장하는 것이 필요했다.

'공부란 무엇인가? 모름의 세계에서 앎의 세계로 부단히 이동하는 것

이다.'

'이동'은 한 번으로 완성되는 일이 아니었다. 아는 것을 확인하고 안심하던 공부법은 과거 나에게 습관과도 같은 것이었다. 그러나 이제는 모르는 것이 무엇인지 스스로 묻고, 그것을 알 때까지 반복해서 공부했다. 그러다보면 자연스레 인내력과 통찰력이 높아졌고, 이렇게 높아진 통찰력과 인내력은 공부를 할 때 핵심을 파악하고 체계적으로 기억하는 데 도움이 될 터였다. 한마디로 공부의 선순환을 만들어내는 것이었다. 노력이 헛된 삽질로 끝나지 않으리라는 확신이 생겼다.

그 어느 때보다 정돈된 마음으로 나는 제이와 만날 시간을 기다렸다. 다섯번째 만남이었다.

◆ ◆ ◆

"오늘은 뭔가 달라 보이는데요? 전체적으로 안정감이 생긴 것 같아요. 자신이 할 일이 무엇인지 아는 사람의 눈빛을 하고 있네요."

"정말요? 달라진 건 크게 없는데, 일이 참 할 만하다고 느껴져서 그런가?"

"오호! 그것 참 반가운 소리군요!"

"기왕 하는 거 제대로 몰입해보려고요. 나도 업무에 강해질 수 있다! 매일 이렇게 자신에게 말해주고 있어요."

"자신에 대한 생각이 바뀐 거네요?"

"생각을 바꾼다는 게 그냥 말뿐인 줄 알았거든요. 그런데 최근에 경험해보니 그게 가능하고, 공부를 하는 데 가장 중요한 거더라고요. 말하자면, 공부의 시작이자 끝이라고나 할까요?"

"왜 그런 생각을 하게 됐나요?"

제이가 흥미롭다는 듯 몸을 앞으로 숙였다. 나는 과거와 달라진 생각의 변화를 말했다.

"예전의 저는 연봉 인상이나 승진 등이 원만하게 진행되는 게 좋은 인생이라고 생각했어요. 승진에 목을 매거나 탁월한 성과를 내겠다는 야망 따윈 없다고 생각했지만, 사실은 일과 나 자신에 대해 더 깊이 생각하고 싶지 않았던 거죠. 그냥 생각하는 게 싫었던 것 같아요. 귀찮기도 했고요. 솔직히 엄청나게 노력을 해야만 이룰 수 있는 목표라면, 그런 목표는 갖고 싶지도 않았죠. 모든 사람이 자신이 원하는 대로 살거나 높은 꿈을 가져야 한다고 생각하지도 않았고요."

"그런데 지금은요?"

"내게 주어진 하루를 충실히 살고, 팀에서도 너끈히 한 사람 몫을 해내고 싶어요. 일 전반에 대한 시각도 넓히고 싶고요."

나는 잠시 말을 멈추었다. 생각을 담아 한 문장 한 문장 정확하게 전달하고 싶었다. 되는 대로 말하기보다 생각을 정리하고 그것을 적확한 말로 표현하고 싶었던 것이다. 내가 무엇을 전하고자 하는지 의도를 명확히 하면서 말하는 일, 이 또한 최근에 생긴 변화였다. 제이 또한 변화를 감지하고 있는 듯했다. 말문이 트인 아이가 이런저런 말을 하며 소통을 시도하듯, 내가 하는 말을 잘 듣는 데 집중했다.

“뭔가를 시작하다가 그만뒀을 때를 곰곰이 생각해보니 지루함을 못 이겼기 때문인 것 같아요. 그럴 때마다 핑계를 댔죠. 술을 마셔서, 컨디션이 좋지 않아서, 일이 밀려서, 이걸 한다고 무슨 영화를 보겠냐는 생각이 들어서 등 ‘합리적인 핑계’는 얼마든지 있었죠. 영어 공부만 해도 그래요. 처음엔 야심 차게 시작했지만 현실에서 급하게 요구되는 상황이 아니다보니 목표가 막연했던 거죠. 그냥 네이티브 수준으로 말하게 되면 좋겠다, 휴가 가서 영어로 막힘없이 대화하면 좋겠다, 이런 정도였거든요. 절실한 이유가 없었어요. 절실하게 원해서 필사적으로 하는 건 모양 빠지는 일처럼 보이기도 했고요. 고등학생 때 전교 1등 하는 친구가 우리 반에 있었는데, 걔는 뭘 그렇게 열심히 하는 것 같지가 않았거든요. 게임도 엄청 잘하고, 놀기도 잘 놀고. 그런 게 좀 멋있어 보였어요. 반면 10등쯤 하던 친구는 학원에, 과외에 악착같이 공부하는 것 같은데도 최상위권으로 들어가질 못했죠. 열심히 한다고 다 되는 게 아니구나, 이런 생각이 제 안에 뿌리 깊게 박혀 있었던 건지도 몰라요.”

이런 생각을 갖게 된 데에는 어린 시절 동생과의 관계에서 느꼈던 열패감도 한몫했을 터였다. 자신보다 늘 잘하는 사람이 옆에 있다는 사실은 그가 비록 가족일지라도, 아니 가족이었기 때문에 더더욱 힘겨운 일이었다.

“공부의 영역은 넓고 깊어요. 중고등학교 시절의 시험 성적만으로 평가하기엔 너무 협소하지요. 똑똑하지만 학교 성적은 낮을 수도 있으니까요. 시험을 잘 본다는 건, 정해진 범주 안에서 문제가 요구하는 바를 충실하게 따라갈 줄 안다는 것이지요. 문제를 파악하고 해법을 찾는다는 원칙은 공부를 잘하기 위한 하나의 중요 요소는 분명합니다. 우리 뇌는 문제를 발견하면 본능적으로 해답을 찾으려고 하니까요. 해답을 찾지 못하면 불안이 생기기에, 어떤 식으로든 해답을 만들어내려고 하지요. 공부를 잘하던 우등생들이 정작 사회에 나와서 어려움을 겪는 이유도 여기에 있어요. 정해진 답을 찾는 데는 익숙하지만 정답이 없는 문제를 푸는 일은 낯설기 때문이지요. 타인과 관계를 어떻게 맺을 것인지, 어려울 때 도움을 어떻게 요청할 것인지, 낙담하고 좌절하는 상황을 어떻게 돌파할 것인지, 이런 것들을 배워본 적이 없으니까요."

"몇 가지 스킬이나 테크닉으로 할 수 있는 게 아니었네요."

"공부 스킬이나 테크닉도 도움이 되는 건 확실하지요. 하지만 스트레스를 삶의 원동력으로 바꿀 수 있는 방법 등을 안다고 해서, 삶에서 만나는 모든 위기를 이겨낼 수 있는 건 아니지요. 우리의 멘토링에 나오는 여러 가지 방법론은 효과가 높지만, 지은 씨의 삶에서 폭넓게 적용되고 응용되어야 하는 것들이기도 합니다. 실천하면서 자신의 것으로 만들지 않으면 공허한 원칙론에 불과하니까요."

제이가 멘토링을 통해 알려주는 내용들은 세계 최고의 학자들이 수십 년 동안 연구해온 결과물이었다. 그러나 스스로 배우고 익혀서 흡수하지 않는다면, 세상에 홍수처럼 범람하는 수많은 연구물 중 몇 가지에 불과할 뿐이었다. 어떤 일이 있어도 시간을 들여 나에게 꼭 필요한 것으로 만들겠노라 다짐했다.

◆ ◆ ◆

"효과적으로 공부를 하려면 집중하고 몰입하는 능력을 높이는 게 필수적이란 이야기는 이미 강조했지요. 한 분야에서 실력을 키우려면 그 분야에 꾸준히 관심을 갖고 지속적으로 업그레이드해야 하지요. 지은 씨가 배우고 있는 웹소설 쓰기를 생각해봅시다. 우선 구성에 대한 공부를 해야겠죠. 유용한 기본 장치를 익히고, 매력적인 캐릭터를 만들고, 사건이 모순되지 않도록 스토리를 장악해야겠죠. 그다음엔 뭐가 필요할까요?"

"……지루함을 이겨내는 것?"

"요컨대 웹소설 쓰는 일이 어려워서가 아니라, 내적 동력이 떨어지거나 심리적 방해물을 치우지 못해서 다음 단계로 나아가지 못한다는 건가요?"

"우주 정거장을 건설하거나 로켓 만드는 일을 하는 것도 아니고…… 제가 배우다가 포기할 만큼 어려운 건 아닌 것 같더라고요. 시간이 걸려서 그렇지 차근차근 해나가면 언젠가 나도 완성시킬 수 있겠다는 생각이 들어요. 생각해보니 다른 공부도 그랬던 것 같아요. 배우는 내용이 어려워서라기보다 꾸준히 해내는 방법을 몰랐던 것 같아요."

"도중에 그만둔 이유가 배우기 어려워서가 아니라는 건가요?"

"낯선 분야를 처음 공부할 때는 어렵죠. 그런데 그 어려움은 주의를 기울여 이해하고 익숙해질 때까지 반복하면 해결할 수 있는 수준이었어요. 그보다 더 큰 문제는 제 마음이 가만히 있질 않는다는 거예요. 지루함, 두려움, 우울 등 특정 감정을 느낄 땐 집중하기가 더 어려워요."

"좋습니다. 지은 씨의 생각이 여기까지 이르렀으니, 오늘은 가만히 있지 않는 그 마음을 모아서 어떻게 내가 하는 일로 다시 데려올 수 있는지, 훈련 방법을 배워보도록 하지요."

"그런 게 정말 가능한가요?"

나의 간절한 질문에 제이가 간결하게 대답했다.

"물론입니다."

◆ ◆ ◆

나는 기대에 찬 마음으로 제이를 바라보았다. 웹소설 창작을 공부한 지 얼마 되지 않았지만, 도전하지 못할 만큼 어려운 분야는 아니라는 생각이 들었다. 문제는 얼마나 지속할 수 있는가였다. 물론 글쓰기란 일이 쉽지는 않을 터였다. 그러나 그보다 더 쉽지 않은 것은 산만해지는 마음을 다스리는 일이었다. 그런데 오늘 바로 이것을 배운다니, 그 어느 때보다 집중하게 되는 건 당연했다.

"지은 씨는 평온하고 행복한 마음으로 공부할 때와 온갖 근심 걱정에 사로잡혀서 공부를 할 때, 언제 더 집중력이 높았나요?"

"평온하고 행복할 때요. 아이디어가 떠오르지 않아도 쓰는 게 즐거우면 돌파하고 싶다는 마음이 들거든요."

"근심 걱정이 많을 때는요?"

"일단 내가 뭘 쓰고 있나, 눈에 들어오질 않죠. 구성을 치밀하게 잡아야 하는 부분도 아닌데 한 장면, 아니 한 문장도 못 쓰다가 결국 노트북을 꺼버려요."

"소설의 어려운 지점이 문제인지, 내 마음 상태가 문제인지 구분하기 시작한 거네요?"

듣고 보니 어라? 하는 생각이 들었다. 그러고 보니 오늘 멘토링을 시작하고 제이가 거듭 물었던 지점도 바로 이 부분이었다.

"업무도 그래요. 억지로 하려고 할 때마다 분노를 느꼈던 것 같아요. 차분히 원리를 파악하고 문제를 해결하기보다 그 일을 해야 한다는 사실이 끔찍하게 느껴졌거든요."

"우리는 자신이 원하는 일과 잘하는 일을 하고 싶어하지만, 사실 어디에 재능이 있는지 깊이 있게 모르는 경우가 많아요. 경험의 폭이 좁기도 하고 선택의 범위가 제한적이어서기도 하지요. 지은 씨는 어떤 음식을 좋아하나요?"

"고기라면 다 좋아해요. 아, 그런데 물에 젖은 고기는 별로 좋아하지 않아요. 그보다 불에 구운 고기를 더 좋아하죠. 국물이 많은 닭볶음탕이나 감자탕에 들어가 있는 돼지고기 등은 잘 안 먹거든요."

"만약 고기를 먹긴 먹는데 국에 들어간 고기만 평생 먹었다면 어떤 생각을 할까요?"

"고기가 엄청 맛있는 음식이라곤 별로 생각하지 않을 것 같아요."

"그럼 고기가 맛있다고 느끼게 된 건 구워 먹어봐서인가요?"

"네. 그리고 물에 젖은 것보다 불에 구운 게 더 맛있다는 걸 비교로 알게 된 것도 있겠죠."

"좋습니다. 훌륭한 성찰이네요. 새로운 경험을 하고, 그것을 예전의 경험과 비교했기에 현재 생각에 이르게 되었단 말이지요?"

가만히 고개를 끄덕였다. 고기 맛을 알게 된 것과 가만히 있지 않는 마음을 모으는 일이 어떻게 연결될지 벌써부터 흥미진진했다. 이제는 제이의 말하기 방식을 조금 알게 된 것도 같았다. 예를 들면 먼저 일상에서 쉽게 경험하는 사실을 말하고, 공부에서 중요한 주제를 말한 다음, 그 두 가지를 엮어내는 식이었다. 전혀 다른 재료를 넣어 새로운 음식을 만들 듯, 제이는 놀라운 솜씨로 두 이야기를 버무리곤 했다.

"그런데 물에 젖은 고기라도 맛있게 먹었던 경험이 전혀 없나요?"

"음…… 삼계탕은 맛있게 먹은 적이 있어요. 김치찌개에 들어간 돼지고기도 좋아하고요. 아, 미역국에 들어간 소고기도 잘 먹어요."

민망함에 살짝 웃고 말았다. 말하고 나니 물에 젖은 고기를 별로 좋아하지 않는다는 말이 무색해졌기 때문이다.

"방금 지은 씨가 말한 것처럼, 우리는 자신의 어떤 부분에 대해 확고한 생각을 갖고 있는 것 같지만 잘 들여다보면 그렇지 않은 경우가 많아요. 나는 공부를 못한다고 여기거나 공부를 싫어한다고 생각하는 사람들도 좋아하는 것을 배울 땐 신나게 하거든요. 또는 요리를 못한다고 말하는 사람들도 라면을 잘 끓이거나 계란을 잘 삶는 등 잘하는 게 한두 가지 정도는 있기 마련이지요. 자신의 한계를 인정하고 장단점을 잘 아는 건 도움이 되기도 하지만, 자신에 대해 섣불리 판단해버리고 새로운 시도에 대한 가능성 자체를 막아버리는 일은 하지 않아야겠지요."

"좋은 생각을 많이 하고 자신에 대해서도 긍정적으로 여기는 것이 확실히 공부에 도움이 되는 것 같아요. 그런데 그런 마음이 들다가도 어느 순간엔 약해져요. 안 좋은 일이 생기면 쉽게 무너지고요."

"생각은 선택의 문제이지, 고정되어 있는 게 아니에요. 우리는 좀더 우리 자신의 좋은 면과 만나야 합니다. 자신에게 좋은 것을 주는 것과 형편없이 나쁜 것을 주는 것 중 어떤 것을 선택하시겠어요?"

"당연히 좋은 것을 주는 쪽이죠."

"말하자면 나는 할 수 있다는 생각, 점점 나아지고 있다는 생각, 올바른 방법으로 연습하면 더 나은 결과를 얻을 수 있다는 생각, 도전을 통해 실력을 키울 수 있다는 생각…… 이런 것들이지요?"

"네. 확실히 그런 생각을 할수록 해보자, 할 수 있다는 마음이 들어요. 작은 좌절을 견딜 수 있는 의지도 생기고요."

"그렇게 자신에게 좋은 것을 주는 마음으로 날마다 좋은 선택을 하는 연습을 해보는 겁니다. 자신을 새롭게 창조하는 것이죠."

"창조한다니, 어떻게요?"

"자신의 뇌에 접속하는 방법을 통해서요."

"뇌에 접속한다고요?"

생전 처음 듣는 말에 입이 떡 벌어졌다. 살면서 이런 이야기를 듣는 날이 오리라고는 상상도 못했다. SF 영화에서나 보던 일이 나에게도 실제로 일어나는 걸까? 심박수가 급속도로 올라갔다.

"특별한 기계 장치라도 필요한가요?"

"배우고자 하는 마음 외에 다른 것은 필요 없어요."

나는 싱긋 웃었다. 배우고자 하는 마음이라면 내 안에 가득 충전되어 있었다.

"임상 신경 과학자이자 정신과 전문의, 뇌 영상 전문가인 대니얼 G. 에이멘(Daniel G. Amen)은 뇌 의학과 행동 의학 분야의 세계적인 권위자지요. 그는 세계 최대의 기능성 뇌 영상 데이터베이스를 구축해서 30년간 120개국 국가의 사람들을 대상으로 16만 장에 이르는 뇌 영상을 확보했어요. 오랫동안 뇌를 연구한 학자답게 그는 자신의 뇌를 이해하면 효율적으로 공부할 수 있다고 했죠. 중요한 것은 더 열심히 하는 게 아니라 더 효율적으로 하는 것이라고요. 그는 그와 관련된 내용을 자신의 책《공부하는 뇌》에서 소개하고 있죠."[1]

"노오오오력을 더 하라는 말이 아니라서 다행이네요."

"하하하. 지은 씨가 노력하지 않아서 공부를 못했던 건 아니잖아요. 나쁜 공부 습관, 비효율적인 시간 관리, 공부에 방해가 되는 환경, 부정적인 생각, 불안정한 감정 등 공부에 집중하기까지 수많은 방해 요소가 있었을 테니까요."

나는 격하게 고개를 끄덕였다. 제이는 마치 일기장이라도 읽은 듯 내 마음을 쏙쏙 짚어내고 있었다.

◆ ◆ ◆

"우리 뇌에는 엄청난 수의 뉴런이 있고, 우리가 생각하고 행동하고 뭔가를 느낄 때마다 뉴런의 일부가 활성화된다고 합니다. 만약 평생 같은 생각과 행동을 반복한다면 어떻게 될까요?"

"특정한 부분의 뉴런이 강화되겠죠."

"맞습니다. 에이멘은 생산적인 것이든 비생산적인 것이든 뇌세포 네트워크는 자동화 시스템을 만들어낸다고 설명해요. 먹이가 없어도 종소리를 들으면 침을 흘리는 파블로프의 개처럼 말입니다."

"처음부터 강화되진 않겠네요?"

"연결이 약한 상태겠죠. 무언가를 습관화할 때를 생각하면 쉽게 이해가 될 거예요. 아침에 일어나면 가장 먼저 무엇을 하나요?"

"양치질이요."

"언제부터 그랬나요?"

"한 달 전부터요. 빨리 잠에서 깨려고 시작했어요. 그러고 보니 얼마 전까지만 해도 눈뜨면 휴대폰부터 보는 게 습관이었는데."

"새로운 습관을 만들었군요. 그 행동이 마음에 드나요?"

"네. 이불 속에서 뭉그적거리지 않고 바로 일어나서 하루를 시작한다는 게 기분 좋게 느껴져요."

제이가 싱긋 웃었다.

"굿! 자신에게 좋은 것을 주고 있군요. 지은 씨가 새롭게 습관을 만든 것처럼, 에이멘도 우리 뇌가 무엇을 하도록 가르치느냐에 따라, 우리를 더 훌륭한 학생으로 만들 수도 있고, 반대로 되기 어렵게 만들 수도 있다고 했어요. 뇌를 새롭게 배선해 행동을 변화시킬 수 있다는 말이죠."

뇌를 새롭게 배선한다니 전기 수리공이 되어야 하나 싶었지만, 제이의 이야기는 분명 흥미로웠다.

"틈날 때마다 휴대폰을 들여다보고 싶은 충동을 누른다면 어떤 부분이 강화될까요?"

"의지력이요. 그건 정말 대단한 의지력을 필요로 하거든요."

"힘든 일을 해낼수록 지은 씨 뇌는 나쁜 습관을 좋은 습관으로 바꾸는 신경망을 건설하기 시작할 겁니다. 물론 시간은 걸리겠지만요. 에이맨은 뇌가 변할 때 여섯 단계의 변화를 거친다고 했어요. 뇌의 배선을 새롭게 하는 과정이죠. 공부 습관을 잡아갈 때 나타나는 변화를 예로 들어볼게요. 1단계는 부정입니다."

"부정이요? 더 나빠지는 거 아닌가요?"

"처음엔 그렇게 보일 수 있죠. 단점이 부각되어 보일 테니까요. 공부를 시작하는 것보다 누워서 휴대폰을 보는 게 더 달콤한 법이죠. 5분만 더 본다고 세상이 무너지는 것도 아니고요."

나는 쓴웃음을 지었다. 5분만, 5분만 하다가 공부를 접었던 날이 어디

한두 번이던가. 매번 정해진 시간 동안 공부를 하겠다고 마음을 먹고도 '5분만'의 유혹에 번번이 넘어가곤 했다.

"1단계에서 어려움을 느낄 땐 이 질문을 해보세요. '내가 이 변화를 결심한다면 어떤 이득이 있을까?' 우리 뇌는 질문을 하면 답을 찾으려고 합니다. 반복적으로 이 질문을 하면 뇌가 변화에 따르는 이로움에 초점을 맞추게 되죠."

"2단계는 뭔가요?"

"의심입니다. 우리가 변화를 시도할 때 뇌 역시 반감을 가진다고 해요. 기존에 하던 일이 아니니까요."

"그럼 이럴 땐 어떤 질문을 하는 게 좋나요?"

"변화하기로 마음먹었다면, 내가 취할 수 있는 가장 쉬운 단계는 무엇일까? 이렇게 물어보라고 합니다. 아주 작은 것이라도 좋으니 가장 먼저 할 수 있는 게 뭔지 찾는 것이죠."

"가장 먼저 할 수 있는 거라…… 의자에 앉아 손에 펜이라도 쥐어야겠네요. 3단계는요?"

"의지입니다. 3단계까지 오면 변화에 어려움보다 장점이 더 많다는 것을 이해하게 되죠. 적극적으로 계획을 짜기도 하고요."

"여기까지 오면 한고비 넘긴 셈이네요."

"하지만 여기서 멈추면 안 됩니다. 다음 단계로 가야죠. 에이멘에 따르면 신경망을 새로 깔기 시작하는 단계인 4단계는 가장 중요한 포인트인데, 바로 실행입니다. 행동을 통해 장기적으로 강화하는 단계이지요."

"4단계가 행동이라면 5단계는요?"

"유지입니다. 새로운 행동이 확실하게 뿌리를 내렸다면 반사적이고 자동적으로 느껴지는 단계지요. 하지만 안심을 하긴 아직 이릅니다. 지속적으로 주의를 기울이지 않으면 언제든 예전으로 돌아갈 수 있으니까요."

"공부를 하다가 딴생각을 할 때가 있는 것처럼요?"

"내가 지금 딴생각을 하고 있다고 '아는' 건 주의를 기울이고 있다는 의미지요. 진짜 딴생각에 빠져 있을 땐 그조차 알아차리지 못하니까요. 이걸 메타 주의력이라고 하는데, 메타 주의력은 집중력의 비결이기도 해요. 결국 메타 주의력이 강해지면 주의력이 떨어져 산만해질 때 다시 회복할 수 있고, 지속적으로 주의를 기울일 수 있지요. 그런 점에서 어떤 분야든 자신이 좋아하는 것을 공부하는 건 주의력을 키우는 아주 훌륭하고 탁월한 방법이에요. 주의력이 높아지면 공부가 더 잘되니 선순환을 이루는 셈이죠. 현대 심리학의 아버지로 불리는 윌리엄 제임스는 '방황하는 주의력을 자주적으로 계속 돌려세울 수 있는 능력이 바로 판단력, 인격 그리고 의지력의 뿌리다. 이 능력이 없는 사람은 자신의 주인이 될 수 없다. 이 능력을 키우는 것이야말로 최고의 교육이다'[2]라고 했어요."

"마지막 6단계는 뭔가요?"

"실수입니다."

뜻밖의 단어였다. 행동하고 유지하는 것을 넘어 더 강력한 무언가가 나올 줄 알았는데 실수라니?

"뇌의 배선을 새롭게 까는 과정에서 여러 번 실수할 수 있어요. 한 번도 실수를 하지 않는 게 오히려 비정상이죠. 양치질이 완전히 습관이 된 후에도 가끔 안 할 때가 있잖아요. 그러니 실수에 대해 너무 엄격하게 굴진 말아요. 한눈팔았다고 자신을 탓하거나 집중력이 없다고 몰아세우지도 말고요. 자신을 온화하고 부드럽게 대해주세요. 다시 시작하면 되니까요. 자신에게 관대하면 마음의 디폴트, 즉 초기값이 달라져요."

"마음의 초기값이요?"

"평소 마음 상태지요. 우리 마음은 긍정적인 경험을 하거나 부정적인 경험을 하고 난 후 원래 마음으로 돌아오지요. 지은 씨는 평소 마음 상태가 어떤가요? 자신에 대해 평온하고 긍정적인가요?"

"음, 주로 부정적이었던 것 같아요. 왠지 모르게 짜증이 나 있거나, 화가 나 있거나, 무기력했죠. 그러다 재미있고 즐거운 일이 생기면 조금 행복한 마음이 들기도 했지만, 일상을 떠올리면 지루한 게 대부분인 것 같아요. 그런데 멘토링을 하면서 바뀐 것 같기도 해요. 할 수 있다는 자신감이 생겨서 그런가. 특히 아침에 일어날 때 기분이 달라졌어요. 피곤에 절어서 겨우 일어날 때가 많았는데, 요즘엔 설레는 기분으로 일어나거든요. 정말 뇌가 변했나?"

나는 이리저리 머리를 만져보았다. 조금 우습게 보일지도 모르는 행동이었는데, 제이는 온화한 미소를 지으며 나를 보고 있었다. 달라진 점은 또 있었다.

"실수를 해도 예전처럼 좌절감에 빠지지 않는 것도 변화네요. 중요한 건 넘어지지 않는 게 아니라 넘어져도 다시 일어나면 된다는 거죠?"

제이가 엄지를 높게 세워 보였다. 나에게 이로운 것을 준다는 의미는 좋은 습관을 많이 만드는 것이었다. 공부 습관은 내가 내게 줄 수 있는 최상의 선물일 터였다.

타인의 뇌에 접속하라

"자신의 뇌에 접속하는 방법을 배웠으니, 이젠 타인의 뇌에 접속하는 방법을 배워볼까요? 이건 새롭게 배운다기보다 지은 씨도 이미 알고 있는 것을 새롭게 환기한다고 생각하는 게 옳겠군요."

"제가 그 방법을 알고 있다고요?"

타인의 뇌에 접속하는 어마어마한 방법을 내가 알고 있다고 제이는 진심으로 믿고 있는 걸까, 타인의 두개골을 열 수 있는 의사도 아니고, 타인의 꿈에 들어가는 능력도 없는데 왜 그런 생각을 하는 걸까. 진심으로 어리둥절할 수밖에 없었다. 하지만 제이의 표정을 보니 진짜였다.

"어제 웹소설 쓰는 법을 공부하셨나요?"

"네. 오늘도 멘토링을 시작하기 전에 책을 읽었죠."

"아하! 타인의 뇌에 접속하고 오셨네요."

"네? 그러니까 그게 무슨 말인지…… 아! 독서요!"

나는 무릎을 탁 쳤다. 타인의 뇌에 접속한다는 건 독서를 의미하는 것이었다.

"독서는 타인의 뇌에 접속하는 가장 강력한 방법입니다. 책은 그것을 쓴 사람의 생각이지요. 한 권의 책이 그냥 나오는 일은 없습니다. 기존의 지식과 새로운 지식을 대조하고, 그것에 대해 수많은 사람들의 의견을 듣고, 많은 자료를 읽고 보고 연구해서 담아낸 것이 바로 한 권의 책이지요. 저는 지금까지도 책보다 더 위대한 생각의 보고를 발견하진 못했어요. 종이책이든 전자책이든 매체는 달라질 수 있고, 책이라는 이름도 변할지 모르지요. 하지만 현재 저에게 책은 가장 정확하고 깊이 있는 지식을 주는 최고의 매개체입니다. 저 또한 독서를 꾸준히 해온 것이 제 인생의 변화를 일궈냈다고 자부하고요."

"독서가 왜 그렇게 강력한 방법인가요?"

"뇌를 변화시키기 때문이지요. 뇌를 변화시키는 좋은 방법 중 하나는 언어 능력을 발달시키는 거예요. 우리 뇌에는 언어를 관장하는 두 가지 영역이 있는데, 하나는 베르니케(Wernicke) 영역이에요.[3] 독일 신경정신과 의사인 카를 베르니케(Carl Wernicke)가 발견했지요. 이 부분이 손상되면 의미를 알 수 없는 말을 하고, 타인의 말도 알아듣지 못해요. 또 하나는 브로카(Broca) 영역인데, 프랑스 의사인 피에르 폴 브로카(Pierre Paul Broca)가 발견했어요.[4] 베르니케 영역에서 처리된 정보를 입을 통해 표현하도록 통제하는 일을 하지요. 듣고 쓰고 읽고 말하는 행위, 즉 언어 능력이 발달한다는 건 베르니케 영역과 브로카 영역이 균형적으로 함께 발달하는 것을 뜻해요."

"그러니까 언어를 관장하는 두 가지 영역인 베르니케와 브로카를 발달시키면 뇌가 바뀐다는 말인가요? 독서가 그 영역을 자극하는 거군요!"

"맞습니다. 책을 읽으면 베르니케와 브로카 영역이 자극을 받지요. 언어 구사력이 뛰어난 사람과 그렇지 않은 사람의 차이를 주변에서도 쉽게 발견할 수 있을 겁니다."

박 과장이 생각났다. 논리적이고 설득력 있는 그의 언변과 더불어, 그의 책상에 늘 놓여 있는 책이 자연스럽게 연상되었다.

"독서를 하면 확실히 어휘도 풍부해지고, 생각을 정리하는 데도 도움이 되겠네요."

"물론이지요. 제가 독서를 타인의 뇌에 접속한다고 표현할 만큼 중요하게 여기는 이유는, 독서가 언어 능력만이 아니라 전반적인 뇌 발달에 막대한 영향을 미치기 때문이지요."

"전반적인 뇌 발달이라니…… 독서가 그렇게 대단한가요?"

"일본 도호쿠대학 의학부의 가와시마 류타(川島隆太) 교수는 독서를 할 때와 하지 않을 때 뇌가 어떻게 다른지 연구했어요. 그는 상상력과 독서는 깊은 연관이 있고, 상상력을 관장하는 부분은 뇌의 전두전야(前頭前野)라고 했지요. 책을 많이 읽을수록 상상력을 향상하는 우수한 전두전야가 많이 만들어진다는 의미겠지요."[5]

"뇌의 전두전야요?"

"뇌의 사령탑이라 불리는 곳으로 이성, 상상력, 판단력 등을 담당하지요. 이곳을 발달시키는 데 독서만한 것이 없고요. EBS 〈다큐 프라임: 학교란 무엇인가〉에서 서울대학교 학생들을 상대로 조사한 사례에 따르면, 재학생 중 70퍼센트의 부모가 아이의 초등학교 시절, 가장 신경쓴 부분이 바로 독서 환경을 조성하는 일이었다고 해요. 초등학교 때 가장 신경써야 할 과목이 독서라는 답변도 압도적으로 많았지요."

◆ ◆ ◆

"독서 습관을 들이는 게 가장 중요한데, 말하자면 숙련된 독서가가 되는 것입니다. 미국 터프츠대학교에서 인지 신경 과학과 아동 발달을 연구하는 메리언 울프 교수는 '독서는 인류 역사상 최고의 발명품이며 역사의 기록은 그 발명의 결과 중 하나'라고 말했어요. 울프 교수는 아이들의 뇌가 독서를 어떻게 배우는지 다섯 가지로 구분했어요. 생후 5년간은 주로 부모의 음성으로 책의 내용을 듣습니다. 말하자면 '예비 독서가' 단계지요. 이후 스스로 글자를 읽게 되면 단어마다 뜻이 있다는 것을 알게 된다고 해요. 이때는 '초보 독서가'라고 할 수 있겠군요. 이후 아는 단어들이 많아지면서 단어와 단어를 연결하고, 뜻을 추론할 줄 알게 되는 '해독하는 독서가'가 됩니다. 그리고 점점 읽는 것이 원활해지면서 '유창하게 독해하는 독서가'를 거쳐 '숙련된 독서가'로 발전하는 겁니다."[6]

"숙련된 독서가는 일반인과 뭐가 다른가요?"

"메리언 울프의 책《책 읽는 뇌》에 따르면, 시각 영역에서 큰 차이가 있다고 해요. 숙련된 독서가는 문자, 문자 패턴, 단어 등 시각적 이미지를 담당하는 세포망이 발달한 상태입니다. 짧은 순간에도 많은 단어를 파악하고, 뇌 신경망의 다양한 프로세스가 동시에 작동해 추가적인 개념을 끌어내는 데 익숙하지요. 자신의 뇌를 독서로 탄탄하게 훈련시킨 사람들이 각 전문 분야에서 탁월한 능력을 발휘하는 이유도 이 때문입니다. 성공한 사람들 대부분은 독서를 가장 중요한 습관으로 손꼽았어요. 빌 게이츠는 '하버드대학 졸업장보다 독서 습관이 더 중요하다'는 말까지 했을 정도니까요."

"뇌를 깨우는 데 독서가 최고인 셈이네요!"

"말 그대로예요. 일정한 훈련을 지속적으로 하면 능력이 커지고 그렇지 않으면 퇴보하고 말지요. 뇌는 경이로울 정도로 놀랍고 복잡한 물체예요. 앞서 살펴봤던《공부하는 뇌》에 따르면 뇌 바깥 부분의 주름질 피질은 1000억 개의 신경세포인 뉴런과 100조 개의 신경연접부인 시냅스로 이뤄져 있지요. 여기에서 생성되는 경로의 수는 우주 전체의 원소 입자보다 훨씬 많다고 합니다. 그중에서도 가장 놀라운 능력은 가소성을 갖는다는 점이에요. 아무 일도 일어나지 않을 때 뉴런은 1초 동안 1~5회의 신호를 보냅니다. 그러나 흥분하면 1초 동안 평균 10~100회에서 최대 500회까지 신호를 보내지요. 경험과 학습에 따라 뇌의 신경회로가 변하고 재조직되는 겁니다."

"와! 컴퓨터와는 비교할 수 없을 정도로 엄청나네요!"

"독서는 글자를 읽는 단순한 활동이 아니에요. 뇌를 자극해서 변화하게 하는 영향력이 큰 행위니까요. 우리의 행위에 따라 뇌 구조를 바꿀 수 있으니, 독서 습관이야말로 노력해서 습득할 만한 가치가 있는 것이지요. 일단 습관이 되면 평생 지속되는 변화에 적응할 수 있는 강력한 무기를 가지는 셈이니까요."

"일단 습관이 된다면 말이죠……."

그게 말처럼 쉬운 일이라면 나 또한 벌써 독서 습관을 가졌을 것이다. 하루라도 책을 안 읽으면 혀에 가시가 돋는다고 누가 말했던가. 하루에 책 한 번 보지 않아도 입맛은 놀랄 만큼 좋았고, 혀에 가시는커녕 혓바늘이 돋는 일도 없었다. 나는 한숨을 길게 내쉬었다.

"좋다는 건 알지만 그게 참 어렵더라고요. 독서 습관은 어릴 때 길렀어야 하는데…… 아니 변명을 하는 게 아니고, 정말 어려운 일이잖아요."

"어렵다고 생각할 뿐이지요."

"실제로는 그다지 어려운 일이 아니라는 거죠?"

"그럼요."

제이의 목소리가 어느 때보다 명료하게 들렸다. 그래도 이번만은, 정말 이번만은 쉽게 고개를 끄덕일 수가 없었다. 독서와 나 사이의 승부에 대해 말하자면 100전 100패. 언제나 나의 일방적인 패배로 끝났다. 독서 습관에 대한 책도 읽고, 주변의 조언도 듣고, 자기계발 강연장에서 결코 실패하지 않는 독서 습관을 갖는 법에 대한 강의도 들었다. 그럼에도 언제나 나의 완패였다.

'꾸준히 독서를 하는 사람들이 이상한 거지.'

지구를 구하는 일보다 꾸준히 독서를 하는 일이 더 어려워 보였다. 제이를 신뢰했지만 절대로 이 질문엔 대답할 수 없을 터였다.

'어떻게 꾸준히 독서를 할 수 있는가?'

◆ ◆ ◆

독서가 우리 뇌를 광범위하게 변화시키고, 언어 능력은 물론 사고의 질을 높이는 데도 막강한 영향력을 발휘한다는 사실 또한 진리일 터였다. 그러나 거기엔 한 가지 전제 조건이 있었다. 바로 꾸준함이었다.

"독서 습관을 기르기 위해 노력을 해봤지만 번번이 실패로 돌아갔어요. 매일 운동을 하는 것보다 매일 책을 읽는 일이 더 어렵던걸요."

"어떤 노력을 했나요?"

"1년에 백 권 읽기 목표도 세우고, 1일 한 권 읽기에도 도전해봤죠. 주말엔 도서관에도 가고, 독서 환경을 조성하기 위해 방안에 책장도 놓았고요, 잠들기 전에 내일 나는 책을 읽는다! 외치기도 했어요. 물론 이런 제 노력이 부족했다면 할말이 없지만, 이상하게 점점 책과 거리가 멀어질 뿐이었어요. 1년에 한두 권 읽을까 말까 그 이상은 안 되던걸요. 항상 강한 결심을 하고 책을 잡았지만 일주일 이상 지속하기가 힘들었어요."

"뭔가 혁신적이고 과감한 변화를 시도한 것처럼 들리는군요."

"진짜 혁신적인 결심을 하고 과감하게 시도했죠. 결과는 비록 결심에 못 미쳤지만……."

"우리 뇌가 변화를 싫어한다는 걸 알고 계신가요?"

"……그때는 몰랐지만 지금은 알고 있죠. 로버트 마우어 교수 이야기도 해주셨잖아요. 뇌의 가소성에 대해서도요."

"그럼 한번 생각해보죠. 독서가 중요하니 독서 습관을 기르자! 라는 이성의 명령에 항상 순순히 따랐나요?"

"아뇨. 머리론 알지만 게임을 하거나 인터넷을 했죠."

머리로는 책을 읽어야 한다고 생각하면서도, 손은 스마트폰을 집어 들고 눈은 재미있는 동영상으로 향했다. 그러면서 동시에 맥주 캔을 따서 의식할 새도 없이 마시고 있었다.

"인간의 뇌는 우리가 도전을 하려 할 때 두려움도 함께 생기도록 프로그래밍되어 있습니다. 우리가 강렬하게 변화를 바라면 바랄수록 더 강한 강도로 저항하지요 그러니 과감한 독서 시도가 번번이 실패로 돌아갔던 것 또한 이상한 일이 아니에요."

"그럼 어떻게 해요? 뇌 몰래 독서 습관을 길러야 하나요? 설마 저의 뇌를 속이라고 하진 않으시겠죠?"

"하하하. 비슷합니다."

"네에에에에?"

그동안 제이는 예상을 벗어나는 말을 백번은 더 했지만 지금 이 순간, 진심으로 심각하게 제이의 뇌 구조가 궁금해졌다.

"우리가 이 문제를 다루기 위해선 로버트 마우어 교수를 한번 더 소환해야겠네요. 이번에는 그의 다른 책《아주 작은 반복의 힘》에 나오는 이야기들입니다. 마우어 교수는 인간의 삶에 성공을 가능하게 하는 요인이 무엇인지 늘 궁금해했어요. 그가 줄곧 호기심을 가졌던 질문은 두 가지였지요. 하나는 '사람들은 어떻게 성공하는가?'였고, 다른 하나는 '성공한 사람들은 어떻게 그 성공을 유지하는가?'였어요. 그는 성공의 방법은 성공한 사람들의 수만큼이나 많다는 것을 알았습니다. 하지만 공통되는 한 가지 특별한 방법이 있다는 것도 알았지요. 사람들은 그 원칙을 통해 다이어트에 성공해서 원하는 몸무게를 유지했고, 나쁜 중독에서 벗어난 이후 다시는 예전으로 돌아가지 않았으며, 좋은 인간관계를 지속적으로 맺는 데 성공했어요. 크게 성공한 사람이든 일상을 소소하게 살아가는 사람이든, 자신의 삶에서 목표를 성취하여 삶에 만족을 느끼는 사람들은 모두 이 '비밀'을 공유하고 있었지요."[7]

'비밀'이라는 말에 호기심이 증폭되었다. 그 '비밀'이 무엇인지 알기만 하면 그 어렵다는 독서 습관을 만들 수도 있을 것 같았다. 제이는 객관적이고 과학적인 공부법이 마법이 아니라고 누누이 강조했지만, 그 비밀이야말로 해리 포터의 마법 지팡이 같은 게 아니고 무엇이겠는가.

"마우어는 성공과 실패의 법칙에 대한 도식을 만들었어요. 실패에 이르는 길은 다음과 같습니다. 큰 목표를 가질수록 두려움에 직면하게 되고, 이것은 대뇌피질 기능을 저하시킵니다. 자동적으로 실패의 길을 걷는 것이지요. 반면 작은 목표를 갖게 되면 두려움을 우회하게 되어, 대뇌피질 기능이 정상화됩니다. 이것이 바로 성공의 비밀입니다."

"그러니까 정리하면, 지나치게 큰 목표를 추구하기보다 작은 목표를 성취하라는 건가요?"

"그렇습니다, 아주 작은 일부터 하는 것. 마우어는 이것을 '스몰 스텝 전략'이라고 불렀지요."

"독서에도 스몰 스텝 전략을 적용할 수 있나요?"

"물론입니다."

가슴에 반짝 희망의 불이 들어왔다. 심장이 두근두근 뛰었다. 책이 아무리 훌륭한 변화의 도구라도 이번 생은 틀렸다고, 온몸의 피를 바꾸어도 독서 습관만큼은 절대로 내 것이 될 수 없을 거라고 자포자기하고 있었다. 그런데 쉽고 작은 일을 하는 것만으로도 독서 습관을 키울 수 있다면, 그야말로 두려울 것이 없을 터였다.

◆ ◆ ◆

"어떻게 하면 독서 습관을 기를 수 있나요?"

"마우어가 제시한 방법대로 아주 작은 것부터 시작하는 겁니다."

"아주 작은 것이라면? 설마 매일 책 한 장만 읽어도 되나요?"

농담 삼아 던진 말이었다. 아무리 그래도 설마 한 페이지는 아닐 거라고 생각했다.

"아닙니다."

역시 그럴 리가 없는 것이었다. 적어도 한 챕터는 될 게 틀림없었다. 하지만 나에게는 한 챕터도 결코 적은 분량이 아닌데 어쩌나 마음을 졸였다. 그때 제이의 말에 눈이 번쩍 떠졌다.

"한 줄입니다."

"……네? 지금 뭐라고 하셨나요?"

"한 줄이라고 했습니다."

"그러니까 한 장이 아니라 한 줄만 읽으라고요?"

"네."

매일 한 줄 읽기는 독서 습관을 위한 스몰 스텝입니다, 라고 제이가 덧붙였지만, 나는 대답할 엄두조차 내지 못하고 있었다. 입을 다시 여는 순간 이 한 줄이 다른 한 줄이 될 것 같아서였다. 대신 말을 꺼낸 사람은 제이였다.

"매일 한 줄씩 읽는 건 쉬운 일이지 않습니까?"

"숨쉬는 것만큼 쉬운 일이죠."

"그럼 일독을 하세요."

"일독이요?"

"일독(一讀)이자, 일독(日讀)입니다. 처음 독서 습관을 잡기 위해선 매일 읽을 것을 권해요. 어떤 것을 읽어도 좋아요. 시 한 줄도 좋겠군요. 감성이 풍부해지는 건 덤일 테고요."[8]

"그렇게 작은 행위로 정말 독서 습관이 길러질까요?"

오히려 너무 쉬운 일이라 의심이 생겼다. 독서 습관이라는 엄청난 변화를 만들어내는 일이었다. 엄청나게 박력 있고, 눈부시게 화려하고, 무지막지하게 강하고, 하여튼 누가 들어도 입이 떡 벌어질 만큼 무시무시하게 힘든 도전이어야 하지 않는가. 그런데 하루 한 줄?

"정말 그래도 되는 거죠? 부끄러울 정도로 작은 일인 것 같아서……."

"괜찮아요. 시작은 하루 한 줄 읽는 것만으로도 충분하니까요. 독서는 거창한 일이 아니에요. 말 그대로 책을 읽는 일이지요. 책이 친근하게 느껴지면 다음 스텝으로 넘어가면 되고요."

하루 한 줄이라면 부담 없이 읽을 수 있었다. 오히려 장난처럼 느껴져 재미있을 것 같기도 했다. 한 줄 더 읽고 싶을 때마다 "오늘은 이걸로 충분해. 내일 또 한 줄 읽자"고 말하는 모습을 상상해보았다. 상상만으로도 슬쩍 미소가 지어졌다.

"그건 절대 실패할 수가 없겠는데요. 오히려 두 줄 세 줄 더 읽고 싶어질 것 같아요."

"매일 한 줄씩 읽으며 책을 펼치는 습관을 들이면, 어느새 부담 없이 한 장도 읽게 되고 한 권도 읽게 될 거예요. 처음부터 독서 습관을 잡고야 말겠다고 힘을 주면 내가 과연 할 수 있을까, 하는 두려움도 커져 실패할 확률이 높지요."

"빨리 실패하는 것보다 천천히 가더라도 성공하는 게 낫겠죠? 중요한 건 속도가 아니니까요."

제이가 웃으며 고개를 끄덕였다. 옳은 방향으로 가고 있다면 조금 느리더라도 꾸준히 가면 괜찮을 터였다. 게다가 하루 한 줄만 읽어도 된다고 하니 마음이 한결 가벼워졌다.

"내일부터, 아니 오늘부터 당장 시작하겠어요."

"좋습니다. 저도 응원할게요. 작은 일부터 시작하면 신경 체계를 효과적으로 재구성해서 변화에 능동적인 뇌가 된다고 해요. 큰 스트레이트 한 방을 노리다가 KO패 당하기보다, 여러 번의 잽을 치면서 기회를 만드는 게 효과적이라고 생각하세요."

한 줄만 읽어도 된다니, 독서에 대한 두려움이 서서히 사라지고 있었다. 두려움을 느낄 때 그 두려움을 추진력 삼아 앞으로 힘차게 나아가는 것도 때로는 필요한 일일 터였다. 그러나 지금껏 내면의 두려움 때문에 변화에 저항해왔다는 것도 잘 알고 있었다. 지금까지 써왔던 무기가 더 이상 통하지 않는다면, 이제는 무기를 바꿔야 할 때였다. 모든 것을 일시에 바꾸려고 했던 원대한 욕망을 내려놓고, 저항감이 느껴지지도 않을 만큼 가볍게 즐기자고 생각했다.

운동과 자세의 비밀

제이가 고개를 돌리더니 안타깝다는 듯 말했다.

"정말 아깝군요."

"네? 뭐가요?"

"햇빛 말입니다. 걷거나 뛰러 나가기 딱 좋은 날씨잖아요."

제이가 웃었다. 제이가 있는 곳은 여기보다 상황이 더 나쁠 수도 있었다. 마음대로 나가서 걷거나 뛸 수 없는 심정이 이해되었다.

"운동을 좋아하시나봐요."

"저보다 제 뇌가 좋아하죠."

제이가 자신의 머리를 손가락으로 가리키며 웃었다.

"우리 뇌가 운동화 신는 것을 좋아하는 걸 아시나요?"

아무래도 오늘은 '뇌 공략'의 날인가보았다. 타인의 뇌에 접속하는 것을 넘어 이젠 운동화 신은 뇌까지 나왔으니, 이보다 더한 이야기가 나온다고 해도 놀라지 않을 터였다.

"우리 뇌가, 운동화 신는 걸 좋아한다고요?"

"공부 이야기를 하다 왜 뜬금없이 운동 이야기를 하는가 싶지요? 하지만 이 또한 꼭 필요한 이야기랍니다. 공부는 평생의 활동이에요. 지은 씨에게는 그것이 현재 웹소설 공부일 테고, 누군가에겐 외국어 공부거나, 심리학 공부일 수도 있겠지요. 어떤 배움이든 즐겁게 지속적으로 해 나가려면 뇌가 운동화 신는 걸 좋아한다는 사실을 알아야 합니다."

"운동화라면, 운동이 공부에 도움이 된다는 건가요?"

"그렇다고 헬스 클럽에 가서 근육을 키우라는 게 아니에요. 하루에 한 번, 햇볕을 쬐며 10분 정도 걷기만 해도 도움이 되니까요."

"햇빛 아래 걷는 걸로 충분하다…… 그러고 보니 걸을 일이 점심시간 때 밥 먹으러 오가는 것밖에 없네요."

낮에는 눈이 부셔 블라인드를 내리고 일했기에 평소에 햇빛을 느낀 기억이라곤 아침 출근길이 고작이었지만, 그나마도 허둥지둥 들어가느라 햇빛을 느낄 여유는 없었다. 그동안 피곤했던 이유가 햇볕만 쬐어도 형성된다는 비타민 D가 부족해서였던 건 아닌가 하는 생각이 들었다.

◆ ◆ ◆

"집중하고 몰입하는 능력, 즉 주의력이 공부에 꼭 필요한 능력이라는 이야기는 앞에서도 했지요. 주의력을 높이면 집중력이 커지고 뇌에 변화를 가져온다고도 했습니다. 운동 또한 우리의 뇌를 변화시킨다는 사실을 알고 계시나요? 저명한 신경 과학자이자 하버드 의대 교수인 존 레이티(John Ratey)에 따르면, 활발한 운동은 뇌에 산소를 공급해줘요. 책상에 오래 앉아 있는 게 좋지 않은 이유는, 혈액이 하체로 몰려서 뇌에 필요한 산소와 포도당이 부족해지기 때문이지요."[9]

"몸을 움직일수록 뇌에 좋은 거네요?"

"존 레이티는 뇌 건강이 운동에 미치는 영향에 대한 책《운동화 신은 뇌》를 썼는데, 많은 연구 결과를 보면 운동을 한 후에 학습력이 더 높아진다고 합니다. 신경세포에서 생산되는 단백질인 뇌 유래 신경 영양 인자(Brain-Derived Neurotrophic Factor, BDNF)가 운동할 때 증가한다는 것을 발견한 사람은, 노화와 치매 연구 분야의 세계적 석학인 칼 코트먼(Carl Cotman) 교수라고 해요. BDNF는 '기적의 분자'라는 별칭으로 불릴 만큼 자가 치유, 뇌세포의 생존력 강화, 우울증 치료, 학습과 기억력 증진 등에 영향을 미치는 물질이에요."

"공부 잘하는 뇌를 만들고 싶다면 운동화 끈을 졸라매야겠네요."

"엉덩이를 붙이고 공부를 하는 시간에 최대한 집중력을 발휘하기 위해 신체를 어떻게 더 좋은 상태로 만들 수 있을까? 라는 생각은 충분히 고려할 가치가 있지요. 레이티의 책에 따르면 운동할 때 생기는 신경세포들은 다른 신경세포들을 자극해서 해마의 장기 상승 작용(Long Term Potentiation, LTP)이 잘 일어나도록 돕는다고 합니다. LTP가 일어난 신경세포는 같은 신호를 받더라도 이를 증폭해서 전달하죠. 이렇게 해마를 LTP가 생기기 쉬운 상태로 만들면 기억력이 향상돼요."

"그럼 운동 부족일 경우엔 뇌에 부정적인 영향을 미치는 건가요?"

"운동 좀 안 한다고 무슨 문제가 되겠냐고 생각하겠지만, 존 레이티는 '운동 부족은 우리 뇌를 죽음으로 이끈다'고까지 말했어요. 운동을 하지 않으면 실제로 우리 뇌가 오그라든다고 하지요. 최근 fMRI나 MRI로 뇌세포를 촬영할 수 있게 되는 길이 열리자, 뇌 과학자들은 뇌에 대한 비밀에 접근할 수 있었습니다. 스트레스로 우울증에 걸린 환자의 뇌를 촬영해보았더니 뇌의 해마가 줄어 있었고, 노인들의 뇌도 크기가 줄어들었다는 것을 알아냈지요."

"공부를 잘하려면 운동을 생활 습관으로 만들어야겠네요."

"좋은 팁을 한 가지 더 드리자면 운동은 매끈한 피부를 만드는 데도 도움이 된답니다. 뇌와 피부는 발생학적으로 외배엽에서 똑같이 출발했다고 해요. 그만큼 뇌와 피부가 긴밀하게 연결되어 있다는 얘기지요."

얼굴을 슬쩍 만져보았다. 거칠거칠한 피부가 느껴졌다. 스트레스 때문에 좋은 피부는 나와 거리가 먼 이야긴 줄 알았는데 운동으로 호전될 수 있다니, 확실한 동기부여가 되고 있었다. 뇌에도 좋고 피부에도 좋으니 이보다 더 좋을 순 없었다.

"운동에 대한 이야기를 하다보니 좀 신기하다는 생각이 드네요."

"어떤 점이요?"

"뭐랄까, 공부라는 게, 섬처럼 뚝 떨어져 있는 게 아니라 다양한 것들과 연결되어 있다는 생각이 들어서요. 예를 들어 운동은 뇌에 영향을 미치고, 뇌세포가 활발하게 움직이면 공부에 도움이 되잖아요. 공부에 탄력이 붙으면 새로운 것을 배우는 데 두려움이 없어지고, 두려움이 적어지면 삶을 살아나가는 데 자신감이 생길 테고요. 시작하는 동기야 무엇이었든지 어떤 분야를 공부해서 실력을 키울 만큼 해내면, 그 분야의 전문 지식을 얻는 것 이상으로 엄청나게 긍정적인 힘이 생길 것 같아요. 공부가 가진 진짜 위력은 삶을 살아가는 힘을 만드는 데 있는 걸까요?"

제이가 놀란 표정을 지었다. 나와 제이의 눈빛이 허공에서 만났다. 그의 눈빛이 그 어느 때보다 빛나고 있었다.

◆ ◆ ◆

"공부의 진짜 힘은 삶을 다시 일으켜 세우는 데 있지요. 지은 씨가 그것을 깨달았다니 정말 기쁩니다. 다음주 마지막 멘토링 때 세 가지 질문에 대해 어떤 답을 가져올지 무척 기대되네요."

"아직 정리가 다 된 건 아니지만, 제 나름대로 생각한 것을 말할 수 있으면 좋겠네요."

"그것으로 충분합니다. 현재의 지은 씨 생각이 중요하니까요. 지금 이 순간을 충실하게 살아가면 10년 후엔 더욱 세밀하게 다듬어진 자기 생각을 갖게 되겠지요. 그래도 역시 가장 중요한 건 지금입니다. 지은 씨의 생각을 듣는 것만으로도 저는 의미 있다고 생각해요."

제이의 부드러운 격려가 큰 힘이 되었다. 어떤 대답을 하든 제이는 공감하고 지지해줄 터였다. 정답인지 아닌지 전전긍긍하며 눈치를 볼 필요가 없다는 것만으로도 자신감이 한 단계 높아졌다.

"몸을 움직여 생각에 영향을 미치고 더 나아가 뇌를 변화시킨다는 건 운동에만 국한된 이야기는 아닙니다. 앉아 있거나 서 있을 때도 우리가 할 수 있는 게 있지요. 숨이 차지도 않고, 발을 떼지 않아도 되지만 강력한 효과는 이미 검증된 방법이지요. 이 방법을 잘 익혀두면 두려움을 느끼는 상태에서 자신감 있는 상태로 몸을 변화시킬 수 있습니다."

내 눈이 더 크게 확장되었다. 기다리던 내용이었다.

"운동을 하지 못하는 사정이 생겼을 때, 긴장감이 감도는 회의에 들어갈 때, 공부를 시작하기 전에 하면 좋을 겁니다. 게다가 때와 장소를 가리지 않고 할 수 있답니다. 공부에 대한 자신감을 높이는 것은 물론 끝까지 해낼 수 있는 의지력도 길러주지요. 가장 좋은 소식은 누구나 할 수 있을 만큼 정말로 쉽다는 겁니다."

"세상에 그런 게 있다고요? 미리 좀 알려주시지……."

"화룡점정. 마지막을 완성시키는 최후의 한 방울 같은 것이지요."

흐-읍! 마지막을 완성시키는 화룡점정을 위해 크게 숨을 들이쉬고 자세를 바로잡았다.

"최후의 한 방울이란 바로 우리의 '자세'입니다. 자세가 우리를 결정하고, 우리의 성공을 좌우한다면 믿겠습니까?"

"자세가요? 그렇게나 큰 역할을 한다고요?"

"이건 비언어적 행동 분야의 권위자이자 하버드대학교 교수인 에이미 커디 박사의 연구 결과예요. 저는 그녀를 강연회에서 만난 적이 있는데 누구보다 균형 잡힌 생각과 활기 넘치는 눈빛을 가진 사람이었답니다. 사람의 몸이 마음과 행동에 어떤 영향을 미치는지 획기적인 생각을 배우게 된 계기였지요. 정말로 깊은 인상을 받았어요. 커디의 통찰을 제 삶에 받아들이면서 저도 큰 변화를 경험했지요. 언어뿐만이 아니라 태도, 행동, 표정 등 비언어적인 측면이 얼마나 중요한지도 깨닫게 되었고요. 하찮게 생각했던 것이 사실은 큰 의미가 있음을 알게 된 것만으로도 아주 중요한 삶의 터닝 포인트가 되었답니다."[10]

제이의 말은 나에게 '자세'가 얼마나 중요한지 환기시켰다. 운동처럼 자세도 공부에 영향을 주는 것인지 궁금해졌다.

"특정한 자세가 기억력을 높이거나 집중력을 강화시키나요?"

"그보다 훨씬 더 근본적인 일을 하지요. 물론 특정한 자세를 취한다고 필요한 지식을 얻을 수 있는 건 아닙니다. 하지만 무력감이나 두려움을 떨쳐내고 자신감을 갖는 데 도움이 되지요. '심리적 상태'를 변화시키니까요."

"심리적 상태라면……?"

"지은 씨도 알고 있는 것처럼 우리가 공부에 집중하지 못하는 이유는 내용이 심각할 정도로 어려워서는 아닙니다. 자신이 관심을 갖는 분야일 경우, 주의를 기울이고 꾸준히 하면 해낼 수 있는 수준이이죠. 시험에 합격하기 위한 공부든 전문 지식을 쌓기 위한 공부든 마찬가지입니다. 그런데도 어려움에 부딪히는 이유는 '공부 자체의 어려움'보다는 '공부를 어려운 것이라고 느끼는 마음' 때문이지요. 즉 공부가 어려운 것으로 느낄 수밖에 없도록 스스로 마음의 벽을 세워왔던 겁니다."

그것이 어떤 것인지 웹소설 공부를 시작한 최근에야 어렴풋하게나마 깨닫고 있었다. 공부가 어렵고 지루하다는 것은 그저 하나의 생각일 뿐이었음을. 그렇다면 공부가 쉽고 흥미롭다는 생각도 할 수 있는 게 아니겠는가. 기왕 해야 하는 공부라면, 할 수 있다는 생각으로 자신감을 높이는 게 확실히 도움이 될 터였다.

◆ ◆ ◆

"공부에 몰입해 있을 땐 현재에 충실한 것 같은데, 항상 그 상태를 유지하진 못하는 것 같아요."

"일시적으로 사라지는 것뿐이지요. 다시 불러오면 돼요."

"다시 불러온다고요? 쉽게 되는 일인가요?"

"불러오는 방법을 몰랐을 때는 어렵게 느껴지겠지만, 그 방법을 배우면 간단히 해결되지요. 그 방법 중의 하나가 오늘 배울 에이미 커디의 '파워 포즈'랍니다. 그녀는 이걸 자신의 책 《자존감은 어떻게 시작되는가》에서 소개하고 있어요."

드디어 궁금했던 말이 제이의 입에서 나왔다. 자세가 우리의 성공을 좌우한다고 했던 때부터 도대체 언제 이걸 배우는지 몹시 궁금했던 것이다.

"아주 새로운 건 아니에요. 지금까지 지은 씨가 배운 것들과 연관되는 것이지요. 마음이 산란해지고 머리가 복잡해지면서, 공부에서 의미를 찾기 힘들다고 느껴질 때 '파워 포즈'를 해보세요."

제이는 자리에서 일어나 두 팔을 허리에 올리고 등을 폈다. 나도 따라서 했다. 우리는 '원더우먼' 자세를 한 채 서로를 바라보았다. 자세를 바꾸는 것만으로도 싱싱한 기운이 가슴 가득 들어오는 것 같았다. 뿌리를 단단히 내린 나무처럼 온몸에 도는 자신감이 느껴졌다.

"이번엔 반대로 의자에 앉아서 팔짱을 끼고 고개를 숙여보세요."

제이의 말에 따라 자세를 바꿔보았다. 평소 자주 하던 자세였기에 어려울 것도 없었다. 그런데 이상한 일이었다.

'어라? 뭔가 아까랑 기분이 다른데.'

약간 의기소침한 기분을 느끼며 고개를 들었다.

"파워 포즈를 했을 때와 몸을 움츠렸을 때, 기분이 어때요?"

"움츠리면 소심해지는 기분이 들어요. 자신감이 축소되는 기분이 들고요. 반대로 가슴을 펴거나 등을 세웠을 땐 내가 확장되는 기분이 들어요."

"화가 나거나 낙심했을 땐 어떤 자세를 취했나요?"

"주로 의자에 앉아서 팔짱을 끼고 고개를 숙였던 것 같아요. 방금 전 했던 그 자세였죠."

"기분이 나쁘면 우리는 저절로 지은 씨가 했던 그런 자세를 하게 되어 있지요. 그럼 이렇게 생각해보면 어떨까요? 그런 자세를 자주 하면 기분이 나빠지고 생각도 폐쇄적이 된다고 말입니다."

살면서 자세에 대해 크게 신경써본 일이 없었다. 늘 하던 대로 익숙한 포즈를 취했을 뿐, 그것이 어떤 영향을 미쳤는지 알지 못했던 것이다. 제이의 말을 듣기 전까진 그냥 가벼운 이야기라고 생각했다. 그런데 자세는 생각보다 큰 문제였다.

"파워 포즈는 몸을 개방하는 자세예요. 커디는 개방적인 자세가 심리적 변화까지 유발한다는 강력한 증거를 확인했지요. 이와 같은 연구를 한 사람이 커디가 처음은 아니었습니다. 커디 이전에도 개방적 자세를 취할 때 나타나는 효과를 연구한 학자가 있었지요. 커디의 같은 책에 소개된 내용인데, 심리학자였던 존 리스킨드(John Riskind)는 이미 1980년대에 바른 자세를 취하는 사람이 구부정한 자세를 취하는 사람보다 많은 이점을 창출한다는 사실을 입증했어요. 1990년대에는 프리츠 슈트라크(Fritz Strack)와 자비네 스테퍼(Sabine Stepper)가 업무를 성공적으로 수행했다는 칭찬을 듣는 사람들이 바른 자세로 앉아 있을 경우 한층 더 자부심을 느낀다는 것도 발견했고요."

"공부를 시작하기 전 파워 포즈를 하면 좋겠네요."

"공부는 물론, 일상에서 부딪히는 일들을 해결해야 할 때, 더 큰 도전이 필요한 일을 할 때도 도움이 됩니다. 어려운 주제로 대화를 해야 한다거나 면접을 볼 때, 회의에 들어가기 전이나 까다로운 협상을 앞두고 있을 때 등 거의 모든 일에 도움이 되니까요."

"그런데 허리에 손을 올리고 대화를 하면 상사가 뭐야, 이 자식! 이렇게 생각하지 않을까요?"

"하하하. 상사를 만나기 전 기세를 올리기 위해 하면 되지요. 파워 포즈의 본질은 상대를 위협하거나 압도하기 위한 게 아니에요. 어떤 사람들은 상대를 제압하기 위해 일부러 힘이 들어간 자세를 취하기도 하지요. 그런 사람과 대화를 나누고 싶던가요?"

"아니요. 빨리 그 자리를 벗어나고 싶죠."

"파워 포즈를 오해하면 안 돼요. 자존심을 세우거나 자만하는 게 아니라 자존감을 느끼면 되는 거예요. 내 안의 힘을 최대한 끌어내기 위한 것이니까요. 참, 한 가지 더 말씀드리면 고개를 숙이고 스마트폰을 너무 오래 들여다보지 마세요. 몸을 구부리는 것도 좋지 않겠지요. 가능한 한 몸을 활짝 펴고 시선을 드세요."

"복잡한 전철 등 몸을 펴기 힘든 곳에서는 어떻게 하나요?"

"상상 속에서 취하면 된다고 합니다. 가장 강력하고 확장적인 자세를 취하는 자신의 모습을 그려보세요. 만약 공부를 하기 위해 도서관이나 카페에 갔다면 먼저 공간을 활보하면서 마음을 차분히 하고, 자리에 앉아 파워 포즈를 취해보세요."

"공부를 하다가 나도 모르게 자세가 무너지면요?"

"바른 자세를 유지하는 게 좋지만 만약 자세가 비뚤어지면 다시 바로잡으면 됩니다. 생활 속에서 파워 포즈가 습관으로 자리잡으려면 일상에서 다양하게 실천하는 게 좋겠지요. 커디가 제안하는 건 아주 쉬운 방법들이에요. 예를 들어 웅크리고 자는 습관이 있다면 잠들기 전 최대한 팔다리를 쭉 뻗으세요. 잠에서 깨어날 때도 스트레칭을 통해 몸을 펴는 게 좋습니다. 전화 통화를 많이 한다면 휴대폰을 귀에 가까이 대기보다 이어폰을 사용하고 들을 때 몸을 확장하는 게 좋겠지요. 마우스도 되도록 멀리 두는 게 좋습니다. 팔을 크게 벌릴 수 있으니까요. 컴퓨터 모니터를 눈높이에 맞게 높이세요. 시선을 낮게 두지 마세요. 당신을 행복하게 해주는 사진을 벽에 붙여두고 자주 올려보는 것도 좋은 방법이지요. 양치질을 할 때 한 손을 허리에 올리고 하는 방법도 있고요."

첫날 제이를 만났을 때 느꼈던 강력한 아우라의 비밀을 이제야 비로소 알게 된 것 같았다. 자신감 넘치는 사람은 몸짓부터 다른 법이었다. 제이는 멘토링 중 내게 집중하고 있음을 표현하며 몸을 기울였을 때를 제외하고는, 몸을 웅크리거나 숙이는 법이 한 번도 없었다. 마치 이 공간의 주인은 자신이라고 선언하고 있는 듯했다. 예전에는 깨닫지 못했지만 이제는 확연히 알 수 있었다. 그의 당당함이 어디에서 오는지를.

멘토링이 끝나고 거울 앞에 서서 두 팔을 쭉 뻗어 올렸다. 최대한 가슴을 열고 팔다리에 힘을 주었다. 지구를 구한 슈퍼맨처럼 거울 속의 나를 보며 힘차게 웃었다. 몸은 마음을 바꾸고 마음은 행동을 바꾸고, 행동은 결과를 바꿀 터였다. 잠들기 전에도 팔다리를 쭈욱 뻗고 잤다. 참으로 오랜만의 숙면이었다.

| 6부 |

이별

B와 D 사이에 있는 것

동생에게 전화가 온 것은 토요일 이른 아침이었다. 마지막 멘토링 전날이었다.

"누나, 저기…… 오늘 집에 올 수 있어?"

"왜? 무슨 일 있어?"

"강이가 오늘 새벽에…… 무지개다리를 건넜어……."

눈앞이 캄캄했다. 내가 뭘 들은 걸까. 최근 부쩍 기운이 없다는 얘기를 듣긴 했지만 설마 '그날'이 이렇게 빨리 올 줄은 몰랐다. 집으로 가는 길 내내 눈물이 났다.

장례는 소박하게 치렀다. 화장을 한 후 강이가 평소 좋아하던 뒷마당 감나무 아래 묻었다.

"여기서 자는 걸 그렇게 좋아했는데…… 아직도 눈에 선하네."

엄마가 끝내 눈시울을 붉혔다. 아빠도 말이 없었지만 한동안 나무 옆을 떠나지 못했다. 무슨 말을 하고 싶긴 했지만 목울대가 뜨거워져서 섣불리 말을 꺼낼 수 없었다.

"에구, 언제까지 이러고 서 있을 거야. 당신이 자리를 못 뜨니 그렇잖아요. 지은이 아침밥도 못 먹고 왔을 텐데."

엄마는 상 가득 따듯한 음식을 차렸다. 파릇파릇한 나물과 잘 익은 김치, 두부를 듬뿍 넣은 된장찌개, 고소한 냄새를 풍기는 생선과 잘 구운 고기까지 있었다.

"회사에서 좋은 일 있니? 얼굴이 펴 보이네."

"최근 부서 이동을 했는데 이제 좀 적응이 됐어."

아빠가 고기를 밀어주었다. 엄마는 슬그머니 생선을 내 앞에 놓았다. 동생이 억울하다는 표정을 지었다.

"뭐야, 나도 고기 좋아하는데."

"누난 힘들게 일하잖아."

"나도 힘들어."

"학교에서 공부만 하는 놈이 힘들 일이 뭐 있어."

"와, 진짜. 우리집은 차별이 너무 심해."

동생이 고개를 절레절레 흔들었다. 새어 나오는 웃음을 겨우 참으며 고기와 생선을 동생 앞으로 밀어주었다. 가게문을 닫은 후 부모님이 어떻게 지내시는지 걱정이었는데 다행히 기운을 차리신 듯했다.

"앞으로 장사는 어떻게 할 거야?"

"아, 그거. 다시 시작하기로 했어."

"응? 아니, 그 얘길 왜 이제야 해."

"차차 하려고 했지. 아직 알아볼 것도 좀 있고."

한 골목에서 30년 넘게 장사를 하다보니 단골들이 많았다. 가게문을 닫자 전화로 안부를 묻는 분들도 많았다고 한다. 어떤 분들은 배달을 해보면 어떻겠냐고 조언을 전해오기도 했다.

"거봐, 진즉에 내가 그랬잖아. 배달 앱에 가입 좀 하자고."

동생이 옆에서 투덜거렸다.

"이런 일이 생길 줄 알았냐. 이런저런 변화를 겪었지만 이렇게 세계적으로 난리가 날 줄은 몰랐지. 그런데 코로나19가 끝나도 또 다른 뭔가가 올 수도 있겠다고 생각하니 정신이 번쩍 들더라. 작정하고 변하지 않으면, 가게 몇 달 문 닫는 게 문제가 아니라 진짜 망하겠구나 싶었지. 그런데 잘 생각해보니 하던 대로만 할 게 아니라 변하는 시대에 맞는 방법을 찾아야 할 것 같아. 이참에 아예 배달 전문 음식점으로 해보면 어떨까 싶다. 그래서 유튜브도 보고 책도 보면서 공부하고 있어."

"와, 우리 아빠 멋있다! 걱정 마요. 잘될 거야. 우리 아빠 솜씨 어디 가겠어? 대박 난다, 대박!"

나는 신이 나서 쌍따봉을 날렸다. 변화에 마음을 열고 공부를 시작한 부모님을 무조건 응원하고 싶었다. 제이와의 멘토링이 끝나면 내가 배운 공부법을 알려드리겠다고 마음먹었다.

◆ ◆ ◆

오랜만에 온 집이었다. 하룻밤 자고 싶었지만 내일 제이를 만나기 전에 준비할 게 있었다. 아쉬운 마음에 뒷마당 감나무 쪽을 보았다. 부모님의 얼굴이 유난히 적적해 보였다.

"……강아지 한 마리 입양하실래요?"

엄마가 고개를 저었다.

"당분간은 싫다. 너무 빨리 잊어버리는 것 같잖아."

집을 떠나기 전 강이가 묻힌 감나무 아래로 갔다. 새 흙이 작은 무덤을 봉긋하게 덮고 있었다. 강이는 특히 공놀이를 좋아했다. 낡은 테니스공만 던져주면 어찌나 신나하는지, 이 세상이 공놀이로 흥하고 공놀이로 망한다 해도 상관없다는 마음이 들 정도였다.

강이는 진정한 '공빠'였다. 강이가 그토록 사랑했던 테니스공을 강이와 함께 묻어주었다. 꼬리를 흔들며 공을 쫓아가던 강이가 떠올랐다. 집에 가면 누구보다 먼저 반겨주었고, 언제 어느 때든 변덕 부리지 않고 사랑을 주었다. 강이 덕분에 내 마음은 조금 더 따뜻해졌고, 조금 더 부드러워졌다. 강이는 가고 없지만 정겨운 추억은 가슴에 오래 남아 있을 터였다. 그것은 강이가 주고 간 선물이었다.

기차역까지 동생이 차로 데려다주었다.

"누나, 지금 일이 잘 맞나봐. 얼굴이 진짜 좋아 보여."

"그래 보여?"

"응. 취업했을 때보다 지금이 훨씬 더 보기 좋은데. 의젓해 보이고, 진짜 직장인 같아."

"야, 나 직장인이거든."

"그러니까 말이야. 진짜 직장인이구나. 이런 생각이 들었어. 하긴 누난 어딜 가든 적응을 잘했잖아. 뭐든 곧잘 잘해냈고. 그게 참 부러웠어."

"뭔 소리야. 내가?"

이제까지 제이에게 들었던 말보다 한 차원 더 높은 당황스러움을 주는 말이었다. 남동생에게 듣기엔 너무나 낯간지러운 말이 아닌가. 이것은 현실 남매가 나눌 만한 대화가 아니었다. 그러나 다행스럽게 화제는 의사 국가고시로 넘어갔다. 중압감이 큰 것 같았다.

"이런 이야기도 처음 듣네."

"그러고 보니 나도 처음 하네."

"우리 입이 무거운 남매였나?"

"누나랑 내가 생활 패턴이 달라서 그랬지."

"난 네가……."

나는 뒷말을 하지 않았다. 이 상황에서 '네가 나를 싫어하는 줄 알았어. 공부 못하는 누나라서'라고 말하고 싶지는 않았다. 화제는 다시 강이와 부모님 이야기로 전환되었다. 우리 부모님이지만 좀 특이하다는 데 의견을 같이했다.

나는 새삼스레 동생의 얼굴을 보았다. 평소와 달라진 것은 없었다. 달라진 건 내 마음이었다. 성적이라는 기준으로 사람들의 평가를 받기 전,

나와 동생은 사이좋은 남매였다. 사이가 멀어진 것은 순전히 내 자격지심 때문이었는지도 몰랐다.

◆ ◆ ◆

마지막 멘토링 날이었다. 언제나처럼 제이는 “웰컴!” 하며 환하게 웃는 모습으로 반겨주었다. 비록 화면으로 만나는 것이었지만 언제나 환영받는 기분이 들었다.

“잠을 못 잔 얼굴이네요.”

“어제 집에 다녀왔거든요. 강이, 그러니까 우리집 강아지, 아니 강아지는 아니지. 우리집 반려견이 무지개다리를 건넜거든요. 아, 키우던 반려동물이 죽었을 때 무지개다리를 건넜다고 해요.”

“가족과 같았을 텐데 마음이 많이 힘들었겠어요.”

“네. 특히 부모님이 힘드실 거예요. 줄곧 같이 생활했으니까요.”

잠시 제이는 침묵을 지켰다. 그 침묵이 고맙게 다가왔다.

“강이는 지은 씨에게 어떤 존재였나요?”

“무조건적인 사랑이요. 강이를 떠올리면 무한한 사랑이 느껴져요. 저는 누군가를 무조건적으로 사랑해본 적이 없거든요. 저 자신을 포함해서요.”

“지은 씨에게 또 그런 존재가 있었나요?”

“할머니요. 평생 저의 든든한 지지자셨죠. 작년에 돌아가셨어요.”

"만약 할머니와 강이가 아직 살아 있다면 어떻게 하고 싶나요?"

"바쁘다는 핑계 대지 않고 더 자주 보러 갈 거예요. 함께 있는 시간만큼 소중한 건 없으니까요. 이런 걸 이별한 후에야 비로소 깨닫게 되다니, 좀더 일찍 알았더라면 좋았을 텐데 말이에요."

"이별이 우리에게 선물해주는 가르침이지요. 질문 하나 할까요? B와 D 사이에 무엇이 있습니까?"

"B와 D 사이라면…… 혹시 C?"

농담처럼 한 말이었는데 제이가 빙고를 외쳤다.

"맞습니다. 그게 무슨 뜻인지 아시나요?"

"아뇨. 하하하. 그냥 알파벳 순서라고 생각해서 말해봤어요."

"말씀하신 대로 B와 D 사이엔 C가 있습니다. 즉, 탄생(birth)과 죽음(death) 사이에 선택(choice)이 있는 것이지요. 선택한다는 것은 경험한다는 것입니다. 도전을 선택하면 도전을 경험하고, 두려움을 선택하면 두려움을 경험하지요. 우리는 매일 깃털처럼 많은 선택을 하면서 살아갑니다. 오늘 공부를 하는 것과 포기하는 것, 자신을 성장시키는 것과 방치하는 것, 타인을 배려하는 것과 무례하게 대하는 것, 자신을 소중히 여기는 것과 함부로 하는 것, 중독을 끊는 것과 중독에 빠지는 것, 가족을 이해하는 것과 미워하는 것, 다른 사람들과 연대하는 것과 홀로 고립되는 것 등 삶은 선택의 연속이고, 그 선택의 순간들이 쌓여서 삶의 방향이 결정되지요."

자신이 선택하지 않았다고 생각한 것조차 결국엔 '선택하지 않는 선택'을 한 것이었다. 공부를 계속하는 것도, 제이의 멘토링을 진지하게 수용하는 것도, 삶을 질적으로 변화시키기 위해 노력하는 것도 마찬가지였다. 공부하지 않는 것을 선택하면 무엇을 경험하게 될지, 공부하는 것을 선택하면 무엇을 경험하게 될지, 나는 두 손을 물끄러미 바라보며 신중하게 마음을 가다듬었다.

공부의 진정한 목적

마지막 시간이니만큼 어느 때보다 집중했다. 온몸의 세포 하나하나가 선명하게 깨어날 만큼 제이의 말에 귀를 기울였다.

"공부를 할 때 가장 중요한 것은 무엇이라고 생각하시나요?"

"주의력, 집중력, 지속력, 이 세 가지요."

"왜 그렇게 생각하지요?"

"공부를 하려고 마음먹은 초기에 가장 어려운 건, 도무지 공부가 하고 싶다는 생각이 안 드는 거였어요. 압박감이 느껴지면 휴대폰으로 게임을 하거나 만화를 봤죠. 재밌는 동영상 몇 개만 보고 시작하려고 했는데 정신 차리고 보면 서너 시간이 훌쩍 지나가 있고요. 그러다가 작정하고 딱 5분만 공부하자, 그래도 하기 싫으면 차라리 하지 말자, 이렇게 생각하고 시작했는데 무려 30분 이상 지속하고 있더라고요."

"그런 변화는 어떻게 생긴 걸까요?"

"하고 싶은 마음이 생길 때를 기다리지 않고, 추진력이 생기는 상황을 스스로 만들어낸 덕분인 것 같아요. 공부를 하는 사람은 어쨌든 남이 아니고 나 자신이니까, 공부가 좋다 싫다 그런 마음을 떠나서 필요하다면 스스로 어떻게든 해나갈 수밖에 없다는 자각이 들었다고나 할까요?"

"음, '경기장의 투사' 같네요."

"경기장의 투사요……?"

"1910년 4월 23일 소르본대학교에서 루스벨트가 했던 연설중에 나오는 내용이지요. '관중석에서 비평이나 하는 사람은 중요하지 않습니다. 어떤 선수가 실수를 했다고 지적하거나 이러저러하게 하면 더 낫겠다고 훈수나 두는 사람은 중요하지 않습니다. 진짜 중요한 사람은 경기장에 서 있는 투사입니다. 그는 얼굴에 흙먼지와 땀과 피를 잔뜩 묻혀가며 용감하게 싸웁니다. 실책을 범하기도 하고 거듭 한계에 부딪히기도 합니다. 모름지기 노력을 하면 실수를 하고 한계를 드러내기 마련입니다. 하지만 경기장의 투사는 자신의 노력으로 경기를 치릅니다. 그는 위대한 열정이 무엇이고 위대한 헌신이 무엇인지 압니다. 그는 가치 있는 목표를 위해 온몸을 던집니다. 잘될 경우 그는 큰 성과를 맛봅니다. 최악의 경우라 해도 그는 용기 있는 실패를 하는 겁니다.' 오래전 강연이지만 여전히 감동적이죠."[1]

한동안 몸을 움직일 수 없었다. 제이의 말은 끝났지만 이야기의 여운이 남아 있었다.

"경기장의 투사를 공부하는 사람이라고 바꿔 생각해도 좋겠네요."

"그렇지요. 공부를 하지 않으면서 공부에 대해 이러쿵저러쿵 말하는 사람들의 이야기는 중요하지 않습니다. 공부는 해서 뭐 하냐고 말하는 사람들, 또는 인생은 공부 따위로 변화시킬 수 있는 게 아니라고 말하는 사람들도 마찬가지입니다. 중요한 것은 지은 씨가 공부에 필요성을 느꼈다는 것이고, 공부를 하면서 변화를 체감했다는 것이고, 공부를 통해 자신의 가능성을 발견했다는 것입니다. 경기장의 투사가 얼굴에 흙먼지와 땀과 피를 잔뜩 묻혀가며 싸우듯, 지은 씨는 자신의 노력으로 공부를 하고 있습니다. 목표에 도달하면 성과를 얻겠지만, 그렇지 않더라도 도전하고 노력하며 어제보다 더 나은 오늘 하루를 만든 성취감은 오롯이 지은 씨의 것입니다. 그것은 누구도 뺏어갈 수 없지요. 지은 씨가 이뤄낸 성취감과 자긍심은 지은 씨에게 속한 것이니까요."

◆ ◆ ◆

"공부를 잘하면 반드시 성공할까요? 성공하면 행복할까요? 지은 씨의 행복의 조건은 무엇인가요?"

"일단 돈을 많이 벌면 좋겠어요."

"얼마를 벌면 행복하다고 느낄까요?"

"연봉 1억 정도?"

"좋습니다. 지은 씨가 1억원의 연봉을 받게 되었다고 합시다. 불가능한 일은 아니지요."

연봉 1억원이 불가능한 일이 아니라니, 생각만으로도 입꼬리가 하늘 높은 줄 모르고 치솟았다.

"연봉 1억원을 받게 되면 뭘 하고 싶으세요?"

"돈 걱정 하지 않고 고급 리조트에서 휴가를 보내고 싶어요."

"돈과 시간을 원하는군요. 가능한 일이지요. 지은 씨가 가고 싶은 고급 리조트는 어디인가요?"

"하와이요. 꼭 한 번 가보고 싶거든요."

"하와이 좋지요. 특히 고급 리조트가 모여 있는 지역은, 여름이나 겨울이나 쾌적해서 전 세계에서 많은 사람들이 찾지요. 이런 생각을 한번 해볼까요? 하와이의 고급 리조트에서 휴가를 보내고 있는데 우연히 지은 씨와 같은 또래의 사람들과 만나게 되었습니다. 매너도 좋고 화제도 풍부하고 함께 어울리기엔 더없이 유쾌한 사람들이지요. 그중엔 한국어를 잘 못하는 사람도 있지만 언어는 문제가 되지 않습니다. 함께 있는 게 재미있으니까요. 이들과 남은 휴가를 더 보내고 싶을까요?"

"흥미로울 것 같은데요."

"좋아요. 계속해보지요. 이들과 며칠 동안 어울리는 동안 지은 씨는 무척 즐거웠습니다. 돌아가는 날이 아쉬울 정도로요. 하지만 휴가가 끝나는 날이 다가왔습니다. 그들을 식사에 초대하며 지은 씨는 작별 인사를 합니다. 휴가가 끝났으니 돌아가게 되었다고요. 그런데 그중 한 명이 휴가를 연장하면 되지 않느냐고, 자신의 요트에 초대하겠노라고 합니다. 또 다른 한 명은 하와이에 실컷 있었으니 남프랑스에 있는 자신의 별장에서 일주일 정도 함께 있으면 어떻겠냐고 해요. 초대하는 것이니 다른 걱정은 하지 말라고 하면서 말이지요. 그러자 다른 사람이 이렇게 말합니다. 이번에 투자에 대한 좋은 정보가 있는데 괜찮으면 함께 나누고 싶다고 말이에요. 그런데 자신이 이틀 후에 영국 출장이 있다고 합니다. 호텔은 자신이 예약해둘 테니 스코틀랜드, 아일랜드를 구경하면서 함께 이야기 나누면 어떻겠냐고 제안하는 것이지요."

그저 입이 떡 벌어졌다. 또래라면 서른 전후일 텐데, 그렇게 젊은 나이에 이런 삶을 사는 사람도 있다는 사실이 실감나지 않았다.

"와, 그건 영화나 드라마에서나 일어날 일인 것 같아요. 제가 하와이로 여행을 간들 과연 그런 사람들을 만나게 될까요?"

"미래는 알 수 없습니다. 나에겐 절대 일어나지 않을 것이라고 단정지을 필요는 없지요. 삶 속엔 우리가 생각하는 것보다 훨씬 더 큰 기회와 만남이 주어져 있으니까요."

나는 생각에 생각을 거듭했다. 하와이를 가는 것까진 가능한 일이었다. 화성 탐사 우주선에 타는 것도 아니었고, '고작' 하와이행 비행기였다. 연봉 1억원을 받아야만 갈 수 있는 곳도 아니었다. 그러나 제이가 말한 '그들'과의 만남을 지속하기엔 연봉 1억원은 너무 초라한 금액처럼 느껴졌다.

"조금 씁쓸한 생각이 드네요. 제가 지금 진짜로 연봉 1억원을 받고 있는 것도 아닌데, 그 돈이 보잘것없이 느껴져요. 그들이 만약 내 친구들이고, 자주 봐야 하는 사이라면 괴로울 것 같아요. 초라한 내 모습만 확인하게 될 테니까요."

"연봉 1억원의 행복은 다 어디로 갔습니까?"

제이가 농담처럼 물었다.

"그러게요. 1억원이 행복을 보장하는 건 아닌가봐요."

"맞습니다. 중요한 건 숫자가 아니라 내면의 균형감이지요. 단지 돈을 벌기 위해 공부를 하는 것이라면, 언제나 나보다 더 큰 부자가 있는 법이기에 끝없이 목마를 거예요. 우리가 생존에 위협을 받을 만큼 돈이 부족하지 않은 이상, 소득보다 중요한 것은 가치 있는 소비입니다. 얼마를 버는 게 중요한 게 아니라 그 돈을 어떻게 쓰느냐가 중요하지요. 시간도 마찬가지 아닐까요? 시간은 누구에게나 공평하게 24시간 주어집니다. 태어나서부터 죽을 때까지 똑같이 주어진 24시간을 누구는 가치 있게 쓰고 누군가는 덧없이 낭비합니다. 돈과 시간을 어떻게 쓰는가를 잘 들여다보면 그 사람이 어떻게 살고 있는지, 진짜 삶의 모습이 나타나지요. 말로는 삶의 변화를 원한다고 하면서도, 자신의 가치를 높이는 일에 돈과 시간을 전혀 쓰지 않는 사람도 있습니다. 가족을 사랑한다고 말하면서도, 가족과 보내는 시간을 내지 않거나 인색하게 구는 사람도 있지요. 지은 씨는 자신이 좋아하고 중요하다고 여기는 일에 일관성을 가지고 시간과 돈을 잘 쓰고 있나요?"

나는 고개를 저었다. 당장 눈앞의 만족을 얻거나 기분을 전환하기 위해 돈과 시간을 쓰는 데 익숙할 뿐이었다. 돈을 쓰면서 마음이 편한 것도 아니었다. 마음 한구석엔 이렇게 돈을 막 써도 되나, 이렇게 시간을 허비

해도 되나, 하는 이상한 죄책감이 있었다. 그러나 그때뿐, 다시 습관처럼 돈과 시간을 썼다. 갖고 싶었던 물건을 살 때 일시적으로 만족감을 느꼈지만, 조금만 지나면 방구석 어딘가에 처박아두거나 몇 달 후 중고 사이트에 내놓곤 했다.

"공부 또한 마찬가지입니다. 목적 없이 돈과 시간을 낭비하고 나면 허무해지듯, 자신의 삶에 뚜렷한 가치를 부여하지 않고 하는 공부는 공허할 뿐이지요. 열심히 공부를 해도 삶이 나아지지 않는다든가, 공부를 왜 하는지 모르겠다는 사람들도 있겠지요. 공부가 아니더라도 인생을 잘 살아갈 수 있다고 생각할 수 있고요. 그러나 그건 공부를 좁게 보기 때문이에요. 자격증을 따기 위해서나 시험에 합격하기 위해 단기 목표를 세우고 집중적으로 공부를 해야 할 때도 있지만 궁극적으로 공부는 새로운 것을 배우는 일이고, 배움은 평생에 걸쳐 해야 하는 일이지요."

"평생에 걸쳐서 공부해야 한다는 말을 몇 달 전에 들었다면 참 끔찍했을 것 같아요. 지금은 다르게 생각하지만요."

"불과 몇 달 만에 생각이 크게 바뀐 건가요?"

"네. 사람의 생각은 쉽게 바뀌는 게 아니라고 생각했는데, 꼭 그런 것도 아니네요. 솔직히 처음엔 큰 기대를 하지 않았어요. 사람이 극적으로 변하는 일은 없다고 생각했거든요."

"어떤 생각은 바뀌기도 하고, 어떤 생각은 고정된 채 오래가지요. 어떤 차이가 이런 변화를 만드는 걸까요?"

"제 경우엔 긍정적인 경험인 것 같아요. 멘토링을 경험하지 않았다면,

생각을 바꾸진 않았을 테고 제 생각이 옳다고 여기며 고집부리듯 살았을 것 같거든요."

"좋은 통찰이군요. 크든 작든 성공적인 경험을 쌓는 건 변화에 대한 두려움을 줄여주지요. 변화에 유연한 태도를 삶의 자세로 받아들이는 건 공부를 통해서 얻을 수 있는 커다란 지혜 중의 하나고요. 자신을 위해 좋은 것을 받아들이고, 기존과 다른 생각을 하게 되었다는 것만으로도 성장하고 발전한 겁니다."

제이의 미소에 나도 기분 좋게 웃었다. 스스로 이뤄낸 변화가 자랑스러웠다. 그러나 현재의 변화가 언제까지 지속될지 알 수 없다는 생각도 했다. 공부가 항상 잘되는 날만 있는 것도 아닐 터였다. 멘토링이 끝나기 전에 마음을 더 단단하게 다지고 싶었다.

◆ ◆ ◆

"지금은 멘토링 효과가 있으니 공부에 대한 열의가 높고 객과공도 열심히 실천하겠지만, 완전히 공부 습관이 몸에 밴 것은 아니라서 걱정도 되네요. 그냥 꾸준히 해나가면 되는 걸까요?"

"오늘 할 이야기에 포함되는 주제군요. 어떻게 하면 공부를 지속적으로 할 수 있는가는 아주 중요한 문제입니다. 지은 씨의 상황은 앞으로 다른 국면을 맞게 될 겁니다. 공부를 하기 싫어서가 아니라 공부를 할 수 없는 시간이 올지도 모르니까요."

"공부를 할 수 없는 시간이라니요……?"

"지은 씨는 앞으로 더 넓은 삶의 영역으로 나아가게 되겠지요. 인간관계도 넓어지고, 사랑하는 사람을 만나 결혼을 하고 육아를 하게 될지도 모르지요. 승진을 해서 더 많은 책임을 맡게 될 것이고 부하 직원을 가르치는 일도 주어질 겁니다. 팀 프로젝트를 맡아 성과를 내는 일에 투입되고, 다른 팀과 협력하며 신사업을 구상하는 업무를 맡게 될 수도 있습니다. 공부할 개인 시간이 점점 줄어드는 상황에서 어떻게 지속적으로 공부를 해나갈 건가요?"

말문이 턱 막혔다. 현재 상황에서 공부하는 것만 생각했지 앞으로 어떤 일이 벌어질지, 그 속에서 어떻게 공부 시간을 만들지는 미처 염두에 두지 않았던 것이다. 제이의 말이 맞았다. 어쩌면 지금이 가장 시간이 많은 때인지도 몰랐다.

"단기 목표를 이루고 나면 더이상 공부를 하지 않기도 합니다. 하지만 자신의 분야에서 더 잘하기 위해선 어떤 식으로든 공부를 해야겠지요. 공부란 자신이 하는 일을 더 잘하기 위해 '의식적으로' 노력하는 겁니다. 일종의 훈련과 같지요. 어떤 분야든 꾸준히 공부하는 사람들을 보면 그 분야의 내용만 잘 알고 있진 않습니다. 공부를 하는 과정에서 많은 능력을 얻게 되지요. 문제 해결 능력을 높이고, 판단력을 키우며, 의지력을 강화시키고, 집중력을 높입니다. 새로운 분야로 가게 되어도 기본적으로 갖춰진 '기초 체력'이 있어서 배우고 적응하는 일도 수월합니다. 평범했던 이들이 과연 어떻게 그런 일을 해내는 사람이 되었을까요?"

"개인 생활을 포기한 게 아닌가요? 사람이 모든 것을 다 가질 순 없잖아요. 더 강하게 원하는 것을 얻기 위해 다른 것을 희생할 수밖에요. 일을 잘하려면 친구들을 덜 만나는 등 관계를 포기하거나, 편히 쉬면서 보냈던 개인 시간을 버려야겠죠."

"그게 지은 씨가 원하는 삶인가요?"

제이의 질문이 다정하면서도 날카롭게 가슴에 파고들었다. 단호히 고개를 저었다. 희생하는 삶은 내가 원하는 게 아니었다.

"일은 잘하고 싶지만 개인 생활을 포기하고 싶진 않아요. 하지만 원하는 걸 다 갖는 건 욕심 같아요. 지금도 이런 고민을 하는데 나중에 육아를 하거나 회사에서 더 많은 책임을 맡게 되면, 개인 시간을 갖는 것 자체가 사치일 수도 있겠죠? 아, 진짜 지금 당장이 문제가 아니네요."

"언제나 지금 이 순간이 가장 중요합니다."

"하지만 결국 공부를 하지 못하는 순간을 맞닥뜨릴 수밖에 없잖아요. 내가 노력한다고 바꿀 수 있는 것도 아닐 테고요."

"우리 삶에서 공부가 중요하지만 공부는 삶의 일부입니다. 공부 때문에 삶을 희생시켜야 한다고 생각한다면, 그건 정말 착각 중의 착각입니다. 많은 사람들이 오해하고 있는 것 중의 하나가 중요한 것을 가지려면 다른 것을 버려야 한다는 생각이지요."

"하지만 공부, 일, 인간관계, 여가 생활, 그걸 다 어떻게 해나가나요?"

"최근 저와 멘토링을 시작한 후 개인 시간을 전혀 내지 못하고 있나요?"

"음…… 그렇진 않아요. 친구와 만나 고민을 상담해주기도 하고, 회계

말고도 웹소설 쓰기 공부도 하고 있으니까요."

"회사도 다니고, 웹소설 공부도 하고, 친구도 만나고 있군요. 지은 씨 하루가 24시간에서 30시간으로 늘어났나요?"

"아뇨. 하루야 똑같이 24시간이죠."

"그런데 어떻게 그 많은 일들을 하게 된 거죠?"

"시간을 효율적으로 쓰게 된 덕분인 것 같아요. 집안일을 할 때도 예전엔 요리, 세탁, 청소를 마구잡이로 했는데 지금은 세탁기를 돌리는 동안 청소와 요리를 끝내거든요. 스스로 정한 규칙대로 하니까 집안도 청결하게 유지되고 공부 시간도 충분히 나와요."

"자신의 삶을 스스로 꾸려간다는 감각을 느끼고 있네요?"

"아! 맞아요. 예전에 비해 시간을 어떻게 쓸지 스스로 정하고, 그것을 지키는 것만으로도 혼란스러움이 줄었거든요. 내가 내 삶을 안정적으로 끌고 가고 있다는 감각을 처음으로 경험한 것 같아요."

"자기 삶의 주도권을 갖는 것을 '토털 리더십(Total Leadership)'이라고 하지요. 리더십 연구의 선구자로 불리는 스튜어트 프리드먼(Stewart D. Friedman)이 말한 겁니다. 토털 리더십은 프리드먼이 리더십에 대한 연구를 하던 중 균형 있는 삶을 살아가는 방법에 대해 생각하면서 시작되었습니다. 회사를 운영하거나 팀을 이끄는 사람만 리더인 것은 아니에요. 일과 개인적 삶을 통합시키며 자신의 삶을 주도적으로 살아가는 사람이야말로 진정한 리더니까요."[2]

"직장인이든 프리랜서든 자영업자든 직업은 상관없는 거네요?"

"그렇습니다. 프리드먼은 일과 삶을 성공적으로 통합시켜 살아가는 사람들에게서 세 가지 공통점을 찾았지요. 진정성, 완결성, 창의성이었어요. '진정성'은 진짜 내 모습에 맞게 사는 것이에요. 내 삶에 중요한 것이 무엇인지 파악해서 분명한 목표를 세우고 상냥하면서도 굳건하게 행동하는 것이지요. '완결성'은 온전하게 살아가는 것입니다. 내 삶에서 중요한 사람들을 지지하고 존중하며 유대감 속에서 건강한 관계를 맺는 것이지요. '창의성'은 진취적으로 살아가는 것입니다. 마음을 활짝 연 채 더 좋은 방법을 찾고 호기심을 잃지 않으며 적극적이고 긍정적으로 일을 대하는 것이지요. 그러려면 일, 가정, 공동체, 자신이라는 네 가지 영역에서 눈에 보이는 변화를 만들어야 합니다."

제이는 나에게 일, 가정, 공동체, 자신을 각각의 원으로 그려보게 했다.

"네 가지 영역이 삶에서 통합될수록, 내가 삶의 책임자가 되어 일관된 행동을 할수록 원들의 겹치는 부분이 많아집니다."

아쉽게도 내가 그린 그림은 겹치는 면이 많지 않았다. 단순한 그림이었지만 눈으로 보니 현재의 삶이 일목요연하게 드러난 듯했다.

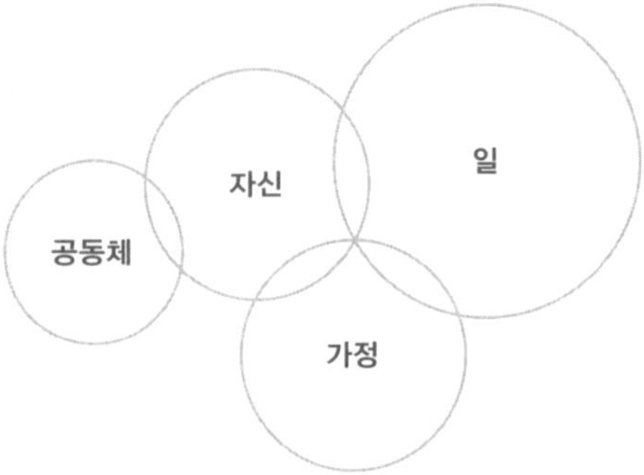

◆ ◆ ◆

"멘토링이 끝난 후에도 앞으로 어떻게 하면 네 원들의 중심이 더 겹쳐지게 할지 생각해보면 좋겠군요. 공부를 꾸준히 해나가면 아이디어가 더 많이 생길 거예요. 시간이 지나면서 중요한 영역이 바뀌기도 하겠죠. 지은 씨에게 앞으로 크게 바뀔 영역은 어디일까요?"

"결혼을 하게 되면 아무래도 가정이겠죠."

"그 시점에서도 네 영역이 지금과 같다면 어떻게 될까요?"

"생각만 해도 끔찍하네요. 일과 가정 사이에서 엄청난 갈등을 겪을 것 같아요. 워라밸(Work & Life Balance)은 다른 사람 이야기겠네요."

"벌써부터 부정적으로 단정지을 필요는 없어요. 프리드먼에 따르면 자신이 중요하게 여기는 부분을 충분히 가치 있게 만들면서도 다른 영역을 희생시키지 않아도 되니까요. 그러기 위해선 내 삶이 어떤 모습이길 바라는지, 내가 어떤 사람이 되길 원하는지, 내가 무엇을 할 때 행복감을 느끼는지 알아야 합니다. 일, 가정, 공동체, 자신 등 우리 삶의 다양한 영역들이 조화를 이룰 때 행복감은 더 높아지지요. 원의 크기는 어느 것을 더 중요하게 여기는가에 따라 개인마다 달라질 겁니다. 중요한 것은 어떤 것도 희생시키지 않아도 된다는 사실이지요. 아름다운 음악을 들을 때를 생각해보세요. 베이스 기타 소리를 더 잘 내기 위해 드럼을 멈출 필요는 없습니다. 악기들이 자신의 소리를 잘 낼 때 음악의 완성도가 훌륭해지듯, 자신이 중요하게 여기는 영역을 찾았다면 그중 어느 것도 희생하지 마세요. 일과 개인 생활을 상반되는 것으로 여길 게 아니라 상호 보완할 수 있는 길을 찾아야 합니다. 조화로운 삶을 생각하지 않고 개인 생활을 포기하면서까지 공부에 매달리면 모럴 라이선싱(Moral Licensing)에 빠질 위험이 큽니다."

"모럴 라이선싱이요?"

"일종의 '도덕적 허가'라고 할 수 있지요. 올바른 일을 한 후 유혹에 약해지는 성향이죠. 예를 들어 운동을 열심히 한 후 디저트를 먹거나, 다이어트중인데도 야근 후에 야식을 먹고, 일주일 내내 밤마다 참고 공부했으니 토요일엔 종일 게임을 하는 등 자신이 옳다고 생각하는 행동을 한 후에는 마음이 해이해지지요. 더 큰 위험은 실제로 행동을 하지 않고 생각만 해도 모럴 라이선싱에 빠진다는 겁니다. 저녁 뉴스에 끔찍한 사건이 보도된 후, 노출된 광고의 상품 매출이 오른다는 사실을 아시나요? 부당하고 힘든 사건에 마음 아파하는 '올바른 행동'을 하고 나면, 현재 상태에서 벗어나고자 기분 전환이 필요한 거죠."

"그러고 보니 유난히 힘든 일을 한 후 스스로 보상을 준 적이 많았던 것 같아요. 평소 사지 않던 비싼 물건을 사기도 하고요."

"노력한 자신에게 보상을 하는 일 자체가 나쁘진 않지요. 적절한 보상은 동기부여가 되기도 합니다. 하지만 모럴 라이선싱이라는 마음의 작용을 알면 자신의 행동을 선택할 때 도움이 되지요."

"어떻게 하면 덜 휘둘릴 수 있을까요?"

"공부를 하는 게 옳으니까 한다, 해야 하니까 한다는 생각보다 좋아하니까 한다, 하고 싶어서 한다고 생각해보세요. 좋아서 한 일에 굳이 보상을 바라진 않으니까요."

일이든 공부든 힘들다고 느끼던 일을 하고 난 후에 마음이 해이해지던 이유를 알게 된 기분이 들었다. 공부를 '옳은 일'로 여기기보다 '좋아하는 일'로 만들어가는 게 훨씬 도움이 된다는 것도.

생의 마지막 시간에 남는 것

"진작 공부에 대한 생각을 좀더 진지하게 했더라면 어땠을까, 아쉽네요. 제 인생이 많이 달라졌을 것 같아요."

"지금도 늦은 건 아닙니다. 공부를 시작하기 좋은 나이지요."

"제가 마흔 혹은 쉰이 넘었어도 좋은 나이라고 하셨겠죠?"

제이가 당연하다는 듯 고개를 끄덕였다.

"공부를 시작하기에 특별히 좋은 나이가 있나요? 공부하고 싶은 마음이 드는 그때가 가장 좋은 순간이지요."

"그래도 어린 시절부터 영재였던 사람도 있잖아요."

"어릴 때 영재 소리를 들었어도 어른이 된 후 두각을 나타내지 못하는 경우도 많이 봤습니다. 반면 30~40대까지 두각을 나타내지 못하다가 50대 이후에 남다른 성과를 내는 사람들도 있지요. 서두르지 않고 인생 후반에 역사에 남을 만한 업적을 남긴 인물들도 많습니다."

"자기 분야에서 꾸준히 공부하고 노력한 덕분이겠죠?"

"전문가가 되기만 하면 저절로 무언가 이룰 거라고 생각하는 건 착각이지요. 대학에만 들어가면 인생의 모든 문제가 해결되던가요? 사법시험에 합격하거나 의사 자격증을 따면 공부를 안 해도 되나요? 자기 분야에서 두드러지는 능력을 보여 성공이라는 과일을 많이 수확한 사람들도 '배우면 배울수록 모르는 게 더 많다'고 겸손하게 말하더군요. 심지어 나무도 가만히 있는 것만으로 열매를 맺지는 않습니다. 중력을 거스르는 수직의 힘으로 버티면서 땅속 깊은 곳에서 있는 힘껏 물과 양분을 빨아올리고, 잎들을 활짝 펴서 햇빛을 받아들이지요. 아무것도 하지 않고도 저절로 성공한 경우를 보셨다면 저한테도 알려주세요."

제이는 농담으로 한 말이었겠지만 나는 웃을 수가 없었다. 공부는 로또가 아니었다. 심지어 로또에 당첨이 되려고 해도 일단 로또부터 사는 '행동'이 필요한 법이었다.

"나이 때문에 공부를 하지 못한다는 건 우리가 잡기 좋은 핑계일 뿐입니다. 와튼스쿨의 조직 심리학 교수 애덤 그랜트가 쓴《오리지널스》를 보면, 이런 이야기들이 나와요. 그랜마 모지스(Grandma Moses)라는 애칭으로 불리는 애너 로버트슨(Anna Robertson)은 70대에 처음 그림을 배워 100세가 넘을 때까지 그림을 그렸는데, 미국의 국민 화가로 사랑받는 동시에 세계적인 화가가 되었어요. 일찍 재능을 발휘하는 사람들이 있는가 하면 뒤늦게 발휘하는 사람들도 있어요. 특정 분야에서만 그런 게 아니라 거의 모든 분야에 공통되는 현상인데, 경제학자 데이비드 갤런슨(David Galenson)이 증명한 사실이지요. 제임스 왓슨은 25세에 DNA의 이중나선 구조를 밝혀낸 반면, 로저 스페리가 뇌의 우반구와 좌반구가 서로 다른 기능에 특화되어 있다는 것을 밝혔을 때의 나이는 49세였어요. 오선 웰스는 걸작《시민 케인》을 25세에 만들었지만 앨프리드 히치콕은 자신의 대표작이라고 할 수 있는 〈현기증〉〈북북서로 진로를 돌려라〉〈사이코〉를 50세 후반에서 60세 초반에 만들었지요. 갤런슨은 창의적인 인물들을 연구한 결과 서로 두 가지 다른 유형이 있다는 사실을 발견했습니다. 개념적 혁신가(Conceptual Innovator)와 실험적 혁신가(Experimental Innovator)지요."[3]

"이 둘은 어떻게 다른가요?"

"개념적 혁신가는 대단한 아이디어를 생각해내고 그 개념을 실행합니다. 실험적 혁신가는 시행착오를 통해 문제를 해결하면서 지식을 축적하고 진화하지요."

"개념적 혁신가가 단거리 주자라면 실험적 혁신가는 마라토너네요?"

"적절한 비유군요. 갤런슨은 이들을 비교하면서 '개념적 혁신가들은 보통 처음으로 해당 분야에 노출되고, 얼마 지나지 않아 그 분야에서 자신의 업적 가운데 가장 중요한 공헌을 하게 된다'고 했습니다. 아인슈타인이 대표적인 경우지요. 개념적 혁신가에 해당하는 그는 20대 때 상대성이론을 발견했지만 양자역학은 불완전한 이론이라며 반대했습니다."

개념적 혁신가들은 이른 나이에 독창적인 아이디어를 생각하지만, 그 아이디어를 반복할 우려가 있었다. 반면 실험적인 혁신가들은 결과물을 내는 데 시간이 오래 걸렸지만, 계속해서 생산적인 일을 해내갈 수 있었다. 어차피 이른 나이에 성과를 내지 못했으니 나는 실험적 접근 방식을 취하는 게 낫겠다고 생각했다.

"번뜩이는 생각이 자주 떠오르지 않는다고 좌절할 필요는 없습니다. 우리처럼 평범한 사람들에겐 꾸준히 천천히 해나가는 편이 실력을 발휘할 수 있는 좋은 방법일 테니까요."

"토끼는 토끼대로, 거북이는 거북이대로 자기 인생을 사는 법이죠."

내 말에 제이가 엄지를 치켜세우며 환하게 웃었다.

◆ ◆ ◆

"지은 씨는 삶의 마지막 모습을 그려본 적이 있습니까?"

"삶의 마지막 모습이라면, 죽는 순간을 말씀하시는 건가요?"

"네. 임종의 순간에 자신의 삶을 돌아보며 어떤 생각을 하게 될까요? 사랑하는 사람들에게 어떤 말을 남기고 싶습니까? 세상에 남길 수 있는 유산이 있다면 무엇을 주고 가겠습니까?"

한 번도 생각해보지 않은 질문이었다. 생명을 가진 사람으로 태어난 이상 언젠가는 죽는다는 것을 머리로는 알고 있었지만 죽음은 남의 일, 혹은 먼일이었다. 누군가는 오늘 죽음을 선고받는다 해도 나를 포함해 가족 등 가까운 사람에게 일어나는 일은 아니라고 생각했다. '언젠가는 죽어도 지금 당장은 아니다'라는 것이 감정적 진실이었다.

'갑자기 왜 이런 이야기를…….'

제이가 왜 갑자기 죽음에 대한 이야기를 꺼내는지 궁금했다. 강이 소식을 듣고 생각난 것인지, 오늘이 마지막 멘토링이어서인지 정확한 이유는 알 수 없었다. 하지만 제이는 즉흥적으로 이야기를 꺼낼 사람은 아니었다. 마지막 시간에 할 이야기로 이미 정해두고 있었을 것이다. 멘토링과 관련해 중요한 메시지를 담고 있을 것이라는 생각이 들었다. 진지하게 제이의 말에 귀를 기울였다.

"우리는 죽음을 추상적으로 생각하지요. 하지만 죽음은 우리의 실존적 문제이고, 인간은 죽음 앞에서 공평합니다. 죽음을 떠올리는 일을 불쾌하거나 부정적인 일처럼 여기기도 하지만, 죽음의 의미를 생각할 때 비로소 삶을 가치 있게 살아가게 되지요. 저는 종종 죽음 명상을 합니다. 내 의식이 점점 약해지면서 생명의 불꽃이 사라지는 것을 떠올리면, 다급했던 일상에서 한 발 물러나 지금 이 순간 정말 중요한 것이 무엇인지 다시금 깨닫게 되지요. 지은 씨가 만약 일주일 뒤에 죽는다면 남은 시간을 어떻게 보내겠습니까?"

"어려운 질문이네요. 무엇을 하든 헛되이 보내고 싶진 않지만, 우왕좌왕하다가 그냥 죽을 것 같기도 하고……."

"'I knew if I stayed around long enough, something like this would happen(갈팡질팡하다가 내 이럴 줄 알았지).' 자신의 묘비명으로 이 말을 쓴 사람은 노벨 문학상을 받은 아일랜드의 작가 버나드 쇼입니다. 자기 삶에서 명확한 목표를 갖고 살아가는 사람은 드물 거예요. 대개는 삶이라는 물결 속에서 이렇게 할까 저렇게 할까 우물쭈물 갈팡질팡 하다가 어떤 결정도 하지 못하는 경우가 많지요."

제이가 내 속마음을 훔쳐본 게 아닌가 할 정도로 놀랐다. 그만큼 평소 행동을 정확히 드러내는 이야기였다.

"딱 제 이야기인 것 같아요. 어느 날은 공부가 잘되지만 어느 날은 공부에 몰입하기까지 시간이 걸리거든요. 한번 결정을 내린 일도 우물쭈물하면서 어기다가 작심삼일로 끝나기도 하고요."

"지은 씨 혼자 겪는 일은 아닙니다. 오랜 시간 정성을 들여 다듬어나가지 않으면 우리 생활은 일관성을 갖기가 어려워요. 지금 하고 있는 일과 하고 싶은 일이 달라서 매번 갈등을 느끼거나, 일 자체에 만족하지 못하거나, 열정이 부족한 것은 아닌지 자신을 탓하거나, 뒤떨어졌다는 느낌에 사로잡혀 있으면서도 정작 중요한 일은 제시간에 끝내지 못하지요. 변하고 싶다고 생각해도 진정한 변화를 만들어가기보다 일시적인 기분 전환에 머무를 뿐, 적극적으로 새로운 방법을 모색하지 않습니다. 성장하고 있다는 느낌은커녕 조각난 시간 속에서 한꺼번에 많은 일을 해치우느라 마음만 분주합니다. 생각은 방향을 잃고 마음은 여기저기 헤매지요."

"대책이 없어⋯⋯ 이번 생은 망했어⋯⋯ 이렇게 생각하면서요."

솔직히 불안한 마음이 완전히 사라진 것은 아니었다. 그럼에도 달라진 부분은 매일 할 일을 한다는 것이었다. 공부를 포기할 생각은 조금도 없었다. 오히려 제대로 하고 싶었다. 공부는 제대로 된 방법으로 해야 하는 것이고, 제대로 하는 것보다 더 빠른 지름길은 없다는 사실을 지금은 분명히 알고 있었다.

“흔들리는 마음이 들 땐 버나드 쇼가 한 말이 힘이 될 거예요. 저도 인생의 지침으로 삼고 자주 생각하는 말이지요. 그는 대학 교육을 받지 않았지만 대영박물관에서 책을 읽으며 스스로 지식을 쌓았다고 하지요. 그는 이런 말을 남겼습니다. ‘나에게 인생은 더이상 곧 꺼질 촛불이 아니다. 인생은 잠시 들고 있는 영롱한 횃불 같은 것이다. 다음 세대에 그것을 넘겨주기 전에 가능하면 밝게 타오르게 하고 싶다.’ 지은 씨의 인생은 결코 망한 것이 아닙니다. 자기 인생을 진지하게 대하며 공부하는 사람의 인생이 결코 망할 리가 없지요. 지은 씨는 앞으로 더 크게 활활 타오를 수 있는 횃불이 될 것이고, 자신의 인생은 물론 누군가의 인생을 밝히는 사람이 될 겁니다.”

제이의 말을 듣는데 가슴이 뜨거워졌다. 누군가 자신의 가능성을 믿어준다는 것이 이렇게 벅찬 일인지 몰랐다. 순간 머릿속으로 가족과 박과장, 이 대리가 스쳐지나갔다. 내가 원하는 대로는 아니었을지도 모른다. 그러나 형태는 달라도 그들은 나를 믿어준 게 아닐까, 하는 생각이 들었다. 뒤늦은 깨달음이었지만 가슴 가득 감사함이 차올랐다. 죽는 순간 결코 후회하는 삶을 살고 싶지 않았다.

◆ ◆ ◆

"긴 인생을 산 건 아니지만 지금껏 살면서 잘했다 하는 일보다 후회할 일을 더 많이 한 것 같아요. 멘토링이 끝나가는 시점에서 아쉬운 점도 많이 남고요. 최선을 다할 때도 있었지만 적당히 넘어갈 때도 있었거든요."

"힘을 줘야 하는 순간이 있다면 힘을 빼야 할 순간도 있지요. 계속하다보면 능숙해지고, 능숙해지면 재미가 생기고, 그러면서 점점 잘해나가게 될 거예요."

"그러면 죽음의 순간이 와도 후회하지 않을까요?"

"사람인 이상 실수도 하고 잘못도 하겠지요. 어떤 후회도 하지 않는 사람은 없을 겁니다. 그래도 자신이 원하는 삶을 살면, 죽는 순간 억울함이 남아 죽고 싶지 않을 만큼 크게 후회할 것은 없겠지요."

제이가 말을 멈췄다. 생각에 잠기는 듯했다.

"가능하다면 삶에서 되돌리고 싶은 순간이 언제일까요? 내 옆에 영원히 있을 줄 알았던 사랑하는 사람을 잃기 전이 아닐까요? 원하는 것은 단 하나, 그 사람과 함께할 수 있는 시간. 다시는 돌아올 수 없는 시간을 꿈꾸고 바라는 것. 제게도 그런 경험이 있습니다."

나는 놀란 눈으로 제이를 바라보았다. 원하는 것을 모두 이루면서 승승장구해온 것처럼 보였기 때문이었다. 탁월한 능력으로 손을 대는 일마다 성공시키는 제이에게도 아픈 상처가 있었다니, 뜻밖이었다.

"제게는 나이 차이가 많이 나는 여동생이 한 명 있었습니다. 상냥하고 따뜻한 아이였지요. 요리를 가르쳐주고, 제가 뭔가 잘못하면 부드럽게 일깨워주었어요. 20대 중반까지 저는 제가 무엇을 잘하는지 몰랐습니다. 좋아하는 것도 딱히 없었고, 흥미를 갖고 싶은 일도 없었지요. 부모님조차 저를 한심하게 바라볼 때 무조건 제 편이 되어주었어요."

"그런 여동생이 있다니 부럽네요."

제이가 멋진 미소를 지었다. 그런데 어딘가 기분이 이상했다. 줄곧 '과거형'으로 말했기 때문이었다. 궁금증을 누르고 제이가 계속 말하길 기다렸다.

"지금 살아 있다면 아마 지은 씨 나이쯤 되었을 겁니다. 신호등을 무시한 운전자가 낸 사고 때문이었지요. 휴대폰으로 문자를 보내던 중이어서 미처 앞을 보지 못했다고 하더군요."

몇 주 전, 제이가 휴대폰과 관련되어 주의력 이야기를 하던 때를 떠올렸다. 그의 감정이 격렬하게 변화하는 듯 보였던 이유가 이제야 이해되었다. 사랑하는 가족을 잃은 기분이 어떨지 감히 상상조차 되지 않았다. 무슨 말이든 하고 싶었지만 말이 목에 걸려 나오질 않았다. 그저 안타까움이 가득한 얼굴로 제이를 바라보았다. 제이는 담담하게 이야기를 계속했다.

"그날 동생은 저를 만나러 오던 길이었습니다. 일에 치여 사느라 일주일 넘게 집에 들어가지 못할 때였어요. 갈아입을 옷을 챙겨달라고 부탁했지요…… 사고 직후 동생은 급히 병원으로 이송되었지만 이틀을 넘기지 못하고 눈을 감았습니다."

"아……!"

"왜 하필 나에게, 왜 하필 우리 가족에게 이런 일이 일어났는지 누구에게든 원망을 퍼붓고 싶었습니다. 중환자실에서 의식을 잃고 누워 있는 동생을 보며, 다시 살아나기만 한다면 해줄 수 있는 건 다 해주겠노라 맹세했어요. 하지만 동생은 두 번 다시 눈을 뜨지 못했습니다. 이후 저는 폭풍처럼 밀려오는 죄책감에 시달렸습니다. 동생의 죽음이 꼭 내 탓인 것 같아서요. 내가 그날 만나자고 하지 않았다면 살아 있지 않았을까, 내가 동생을 죽인 거라고 수천 번 수만 번 저를 비난했습니다. 자신을 비난하는 것으로 동생이 살아 돌아온다면 평생 그렇게 살아도 좋다고 생각했어요. 동생의 죽음은 그때까지의 삶을 완전히 박살냈지요."

"그런 아픔이 있을 거라곤 생각도 못했어요……."

"동생을 생각하면 지금도 가슴이 아픕니다. 이 아픔은 평생 제 안에 남아 있겠지요. 하지만 슬픈 존재로만 남아 있는 건 아닙니다. 동생은 여전히 제게 자랑스러운 존재예요. 우리는 아름다운 추억을 많이 남겼고, 이 기억은 제가 죽는 날까지 제 안에 남아 있을 테지요."

제이는 잠시 말을 멈추었다가 다시 이야기를 이어갔다.

"왜 하필 동생이 죽어야 했을까를 오랫동안 생각했습니다. 그러다 문득 이런 생각이 들더군요. 죽음 앞에 자유로운 사람은 아무도 없다고요. 왜 내 동생이 죽어야 하냐는 질문은 왜 내 동생만 죽음에서 비켜나 있어야 하느냐는 질문으로 되돌아왔습니다. 그리고 그 질문은 제 자신에게 향했지요."

"질문에 대한 답은 찾으셨나요?"

"대답은 B와 D 사이에 있었습니다. 죄책감에 시달리며 낭비하는 삶을 선택할 것인지, 동생이 남긴 심리적 유산을 계승하는 삶을 선택할 것인지 말이지요."

"동생이 남긴 심리적 유산은 어떤 건가요?"

"도움이 필요한 사람을 돕는 일이었어요. 동생은 사회복지에 관심이 많았지요. 공부와 연구를 하는 학자이자 현장에서 일하는 활동가로 사람들을 돕고 싶어했어요. 자신의 공부가 사람들의 삶을 조금이라도 낫게 만들 수 있는 일에 쓰이길 바랐던 거지요."

"아, 혹시 제 멘토링을 수락하신 이유도 그 일과 연관이 있나요?"

"여동생의 영향도 물론 있지만 실제론 박 과장의 당부 때문이었죠. 꼭 도와줄 사람이 있다고 하더군요. 무조건 맡아달라고요."

"과장님도 참……."

"제 친구지만 정말 괜찮은 사람이에요. 겉으로는 까칠해 보여도 뒤에서 함부로 타인의 험담을 하지 않고, 묵묵히 자기 책임을 다하지요. 사람 아낄 줄 알고요. 토털 리더십을 가진 친구입니다."

"전 그냥 부하 직원일 뿐인데 왜 그렇게까지……."

"아마 지은 씨에게서 자신의 옛 모습을 보았기 때문이 아닐까요? 박 과장도 분명 살아오는 동안 중요한 순간 누군가의 도움을 받았고, 그 결정적인 도움이 그를 성장시켰을 테니까요."

"네? 설마요. 과장님은 태어나면서부터 완벽했을 것 같아요."

"하하하. 제가 박 과장의 흑역사를 많이 알고 있는데. 물론 박 과장도 저의 흑역사를 어마어마하게 알고 있지요."

제이는 유쾌하게 웃었다. 두 사람의 흑역사가 무엇인지 궁금했지만 뛰어나 보이는 두 사람이 나처럼 평범했던 때가 있었다는 것을 알게 되니, 묘하게 위로가 되었다.

◆ ◆ ◆

"동생의 죽음은 비극적이었지만, 삶은 빛났습니다. 죽음이 삶을 송두리째 삼키진 못한 것이지요. 가족의 죽음을 통해 나에게 주어진 시간이 영원하지 않다는 것을 깨달았어요. 다른 사람들의 죽음을 보면서도 마치 나 자신과 사랑하는 사람들은 죽지 않을 것처럼 생각했다는 사실이 이상하기까지 했지요. 지은 씨와 저의 만남과 이별 또한 삶의 본질을 상징적으로 보여줍니다. 멘토링을 시작하면 끝내야 하는 순간이 오듯, 우리에게 주어진 시간은 영원하지 않지요. 그래서 삶이 허무한가, 하면 그 반대예요. 한계가 있기에 소중한 것이지요. 시간의 한계성은 저 자신을 겸손하게 만들어주었어요. 중요하고 소중한 것에 더욱 집중하게 되었으니까요."

만남이 있으면 이별이 있고, 삶이 있으면 죽음이 있었다. 이별이 있기에 만남이 애틋하고, 죽음이 있기에 삶이 더 소중할 터였다.

"어떤 헤어짐은 안타깝지만 그로 인해 우리가 느끼는 상실감은 우리를 더욱 성장하게 하지요."

"상실이 우리를 성장시킨다고요?"

"사랑하는 대상을 잃었을 때 비로소 중요한 걸 배우는 건, 삶의 아이러니 같기도 합니다. 하지만 인생에서 가장 큰 상실은 죽음이 아니에요. 가장 큰 상실은 우리가 살아 있는 동안 우리 안의 어떤 것이 죽어버리는 것이지요. 그것은 사람마다 다를 테지만 우리 삶에 생기를 부여해주는 것입니다. 저의 경우는 동생과 함께하는 시간이었지요. 그 시간이 사라지고 난 후엔 삶이 멈춰버린 것 같았어요. 살아 있어도 죽은 것과 다름없는 좀비 같았지요."

나도 한때 그럴 때가 있었다. 날이 밝으면 눈을 뜨고, 날이 저물면 눈을 감는 것이 하루의 전부였다. 태엽을 감아놓은 인형처럼 움직였을 뿐 살아가는 게 아니었다.

"제가 인생에서 배운 가장 소중한 가르침은 빛나는 성취를 통해서 얻은 게 아닙니다. 동생의 죽음이라는 쓰디쓴 상실이 아니었다면 지금과는 무척 다른 삶을 살고 있을 거예요. 스위스 태생의 정신과 의사이자 호스피스 운동의 대모로 불리는 엘리자베스 퀴블러 로스는 자신의 책《상실 수업》에서 '인생이라는 학교에서 우리가 배워야 할 것이 있다면 그것은 바로 상실'이라고 했어요. 그는 제2차세계대전이 끝나고 자원봉사 활동에 나섰는데, 폴란드 마이데넥 유대인 소용소 벽에 수없이 많이 그려져 있던 나비 그림을 보면서 인생을 바칠 소명을 발견했다고 합니다."[4]

"나비……그림이요?"

"지옥 같은 수용소에서 고통을 당하면서도 사람들이 찾고자 했던 희망이 아니었을까요. 퀴블러 로스는 나비 그림을 보면서 삶과 죽음에 대해 새롭게 눈을 떴다고 해요. 새가 되려면 알을 깨고 나와야 하듯, 나비가 되려면 반드시 탈피 과정을 거쳐야 합니다. 고치 안이 안전하다고 머무른다면, 나비가 되지도 못하고 죽지요. 죽음 앞에서 인간은 가장 진솔해진다고 합니다. 이후 그녀는 죽음을 눈앞에 두고 있거나 죽을 고비를 넘기고 다시 살아나 두번째 인생을 사는 사람들의 이야기를 기록했어요. 그리고 우리가 인생의 마지막 순간에 간절히 원하게 될 것, 그것을 지금 하라고 했지요. 바로 '네 가지 L'입니다."

"네 가지 L?"

"살고(Live), 사랑하고(Love), 웃고(Laugh), 배우는(Learn) 것입니다. 제가 객과공 멘토링에서 최후로 해드리고 싶은 이야기도 바로 이것이고요. 우리는 살아가는 법을 배우고, 사랑하는 법을 배우고, 웃는 법을 배우고, 배우는 법을 배워야 합니다. 이것이야말로 삶에서 정말 중요한 것들이지요. 삶의 마지막 순간에 후회하며 원하게 될 것이 있다면 미루지 말고 그것을 지금 하세요. 지은 씨가 가치 있다고 여기는 것에 돈과 시간을 쓰세요. 좋은 추억을 많이 만들고, 소중한 사람과 행복한 시간을 보내고, 즐겁게 웃고, 자신을 성장시키는 공부를 하세요. 우리가 마지막 멘토링을 하고 헤어지는 것처럼, 지은 씨가 사랑하는 사람들과 헤어질 날이 언젠가는 올 테니까요. 그러니 이별 앞에서 후회하지 않도록, 의미 있는 시간을 살아가세요."

세 가지 질문에 대한 답

마지막 멘토링이었기 때문인지 우리는 그 어느 때보다 높은 몰입 상태를 유지하고 있었다. 나는 제이의 말 한마디, 눈빛과 손짓 하나에도 의미를 찾아 읽으며 내 것으로 흡수시켰다. 시간이 어떻게 흐르는지조차 느끼지 못했다.

"우리 인생이 하나의 이야기라면, 이야기의 주인공은 자기 자신이지요. 지은 씨 인생은 어떤 이야기입니까?"

"찌질하고 보잘것없는 주인공이 영웅으로 거듭나는 이야기?"

"재밌군요. 그 주인공이 영웅으로 자각하기 전까진 아마도 수많은 난관과 만나게 되겠지요?"

"진짜 어마어마한 난관들이죠. 상상도 못할 이야기가 펼쳐지니까요. 그런데 내 인생을 이야기라고 생각하니 좀 다르게 느껴지네요."

"어떻게 다릅니까?"

"내 인생 이야기는 내가 만들어가는 것이라는 생각을 하게 돼요. 이전에는 주어진 상황에서 수동적으로 움직였다면, 이제는 내가 바꿀 수 없는 것이 있을지라도 어떤 부분에서는 내가 할 수 있는 일이 있다는 자신감도 생기고요."

"우리 삶은 각자 만들어가는 이야기지요. 내가 감독이자 각본가이고 주연배우입니다. 지은 씨는 어떤 삶을 살고 싶습니까? 어떤 이야기의 주인공이고 싶으신가요? 원하지 않는 부서에서 하기 싫은 공부를 강제로 하는 불행한 주인공인가요? 자신의 인생에서조차 남의 인생 주변을 맴도는 조연 혹은 엑스트라 역할을 하고 싶으신가요?"

"아니요, 그건 아니에요."

"객과공은 공부를 지속적으로 꾸준히 하게 하는 방법이지만, 공부 자체가 우리의 목적은 아닙니다. 공부를 하는 궁극적인 이유는 우리가 바라는 것을 인생에서 이루는 데 있으니까요. 이제 세 가지 질문에 대답할 시간이 되었군요. 지은 씨는 누구입니까? 어떤 사람이 되고 싶습니까? 어떤 삶을 살고 싶습니까?"

나는 똑바로 제이를 바라보았다. 지금까지 제이를 만나 멘토링을 한 이유가, 이 세 가지 질문에 대한 나만의 대답을 하기 위해서였다는 생각이 들었다.

◆ ◆ ◆

"첫번째 질문입니다. 지은 씨는 자신을 누구라고 생각합니까?"

세 가지 질문 중에 가장 어려운 질문이었다. 최대한 진솔하게 대답하자고 생각하며 말문을 열었다.

"저는 저 자신, 강지은이죠. 그렇다고 이름이 곧 나 자신이냐 하면 그건 또 아니에요. 이름은 저를 부르는 호칭일 뿐이니까요. 내가 생각하는 나, 그러니까 자기 정체성을 갖고는 있지만 정확하게 이런 사람이라고 단정짓긴 어렵네요. 내가 아는 나도 있지만 아직 발견하지 못한 나도 있고, 더 알아야 하는 나도 있거든요. 조금 더 시간이 지나면 자신에게 더할 것도 생기고, 뺄 것도 생길 것 같아요. 나는 용기도 있지만 두려움도 있고, 자신을 신뢰하기도 하지만 불안해하기도 해요. 공부의 중요성을 깨달았지만 공부 습관을 아직 확실하게 몸에 익히진 못했죠. 일관된 태도를 갖고 싶지만 변덕스러운 점이 많아요. 강아지를 좋아하는데 고양이를 키우고 싶기도 하거든요. 음…… 내가 누구인지 나에 대해 말하는 건 생각보다 더 어려운 일이고…… 아직 완성된 나라고 말하지 못하는 걸 보면 내가 되어가는 중인 것 같아요."

이제 겨우 첫번째 질문에 대한 답을 했을 뿐인데 머리가 화산처럼 폭발하는 게 아닌가 하는 생각이 들었다. 생각을 정리하고 왔건만 조리 있게 말하는 건 여전히 어려웠다. 그래도 말하고 나니 스스로 조금 기특하다는 생각이 들었다.

“내가 누구인지 말할 수 있는 자는 누구인가. 셰익스피어의 희곡 〈리어왕〉에 나오는 말이지요. 우리가 다른 사람에 대해 일부만 아는 것처럼 우리 자신에 대해서도 그렇지 않을까요? 하지만 한 가지 분명한 것은 우리는 우리 자신에게 속한다는 것이지요.”

“우리 자신에게 한하다고요?”

“20년 넘게 감정의 가장 복잡한 부분과 사회적 상호작용을 연구해온 브레네 브라운 박사는 자신의 책 《마음가면》에서 ‘우리가 무엇을 아느냐’보다 ‘우리가 어떤 사람인가’가 더 중요하다고 했습니다. 자신답다는 건 자신에게 속한다는 것이고, 진정한 나로 살아가는 것이며, ‘온 마음을 다하는 것’이지요. 공부를 통해 나를 변화시킨다는 건 나 아닌 다른 존재가 된다는 것이 아닙니다. 진정한 나에 더 가까워진다는 의미이지요. 브라운 박사는 온 마음을 다하는 삶을 위해 개발해야 할 것과 버려야 할 것을 각각 열 가지 지침으로 제시했어요. 개발해야 할 것은 진짜 나를 소중히 여기는 것, 나 자신에게 공감하는 것, 회복 탄력성을 기르는 것, 감사하고 기뻐하는 것, 직관력을 기르고 믿음을 키우는 것, 창의력을 기르는 것, 놀이와 휴식을 늘리는 것, 고요한 명상의 시간을 마련하는 것, 의미 있는 일을 만드는 것, 웃음과 노래와 춤을 더 자주 즐기는 것이에요. 반대로 놓아버려야 할 것의 목록은 사람들이 나를 어떻게 생각하느냐에 구애받는 것, 완벽주의, 무기력, 부족함에 대한 공포, 모든 것이 예측 가능할 것이라는 생각, 남과 비교하는 버릇, 과로, 만성적인 불안, 자신에 대한 의심, 하지 않은 일에 대한 미련, 쿨한 태도로 모든 것을 통제하려는 태도지요. 얼마나 많은 일을 해내든, 미처 하지 못한 일이 많든 상관없이 자신을 긍정하고 괜찮다고 생각하는 겁니다. 지은 씨가 자신을 어떤 사람으로 규정하든, 때로 뭔가를 두려워하고 약한 점을 보이더라도 사랑하고 사랑받는 존재이며, 스스로 괜찮은 사람이라고 여기길 바랍니다. 왜냐하면, 지은 씨는 정말로 괜찮은 사람이니까요."[5]

제이의 말을 들으니 내가 정말로 괜찮은 사람처럼 느껴졌다. 앞으로 어떤 어려운 순간을 만나더라도 자신을 믿자고 다짐했다. 자신을 믿는 것보다 더 큰 용기는 없었으니까.

"두번째 질문입니다. 지은 씨는 어떤 사람이 되고 싶습니까?"

"변화를 유연하게 받아들이되 자기 기준이 있는 사람이 되고 싶어요. 말씀하신 대로 다른 사람이 되기 위해 노력하진 않을 거예요. 제가 말하는 변화는 자신을 성장시키는 변화예요. 하고 있는 일을 더 잘하고 싶거든요. 물론 실수도 하고 배우는 데 시간이 걸리기도 하겠지만, 그렇다고 자신을 구박하진 않을 거예요. 내가 어떤 일을 잘 못하는 것과 스스로 가치를 폄하하는 것은 다른 문제니까요."

"아주 좋은 생각이에요. 우리는 흔히 행위와 존재를 구분하지 못할 때가 있지요. 잘못을 하면 잘못한 행동을 고치면 됩니다. 잘못된 행위는 있지만 잘못된 사람은 없으니까요. 무언가 바꾸고자 할 때 크고 거창한 것을 생각하지 않아도 됩니다. 아침에 일어나서 이불을 개거나 식사 후 그릇을 싱크대로 옮기고 설거지를 하는 행위에서 시작될 수도 있어요. 집에 돌아오자마자 텔레비전 리모컨을 드느냐, 덤벨을 드느냐, 짧은 갈등의 순간에도 변화는 깃들어 있지요. 30도, 60도, 90도, 180도의 변화를 만들어내는 건 처음 1도예요. 99도까진 변화가 없는 물도 100도가 되면 끓기 시작하지요. 그 차이를 만들어내는 것도 1도입니다. 각도든 온도든 변화를 만들어내는 1도는 아주 미미하고, 심지어 눈에 보이지 않을지도 몰라요. 하지만 변화를 만들어내는 1도에 집중하세요. 타자가 눈앞의 공 하나에만 집중하는 것처럼 말이에요."

이번에도 나는 고개를 끄덕였다. 작은 변화가 큰 변화를 만들어낸다는 것은 제이를 만나는 동안 이미 경험하고 있기 때문이었다.

"마지막 질문이군요. 지은 씨는 어떤 삶을 살고 싶습니까?"

"살고 사랑하고 웃고 배우는 삶이요."

활짝 웃으며 대답하자 제이도 웃음을 터뜨렸다.

"배움이 빠른 학생이군요."

"어떤 상황에서도 배움을 놓치지 않는 삶을 살고 싶거든요."

"좋습니다. 배움을 놓치지 않았던 한 사람에 대한 이야기를 들려드리고 싶군요. 노숙자였다가 하버드대학교 학생이 되었고, '매니페스트 리빙'이라는 회사를 창립한 리즈 머리입니다. 지금은 강연과 워크숍을 통해 전 세계 사람들에게 희망과 용기를 전하고 있지요."[6]

"노숙자였는데, 하버드에 입학했다고요? 그런 영화 같은 일이?"

"하하하. 실제로 그녀의 이야기는 영화화되었지요. 책으로도 나왔고요. 리즈는 뉴욕에서 태어나고 자랐어요. 아버지는 심각한 알코올중독자였고, 어머니는 마약중독에 에이즈, 그리고 정신 질환까지 앓고 있었지요. 가족 중 리즈를 돌봐줄 사람은 아무도 없었어요. 여덟 살 때부터 길거리에서 구걸을 했는데 열다섯 살이 되었을 때 어머니가 사망했고 아버지도 보호소에 들어갔어요. 하지만 리즈는 자신의 인생을 버리지 않았습니다. 열일곱 살이 되어서 공부를 시작해서 2년 만에 고등학교 4년 과정을 마치고《뉴욕 타임스》가 수여하는 장학금을 받고 하버드대학교에 입학했어요. 빈민가에서 살았던 리즈에겐 오직 두 가지 길이 있었습니다. 하나는 돈을 받고 몸을 팔거나 도둑질을 하는 것이었고, 또 하나는 죽을힘을 다해 사는 것이었지요."

"당연히 죽을힘을 다해 사는 길을 선택했겠죠?"

"다행스럽게도요. 하지만 결과가 보장된 삶은 아니었습니다. 지하철에서 남들이 먹고 남긴 음식들을 주워 먹으면서, 정말 죽기 살기로 공부를 했다고 합니다. 왜 그렇게까지 했을까요?"

"더이상 물러설 곳이 없어서였겠죠. 다른 선택은 없었을 테니까요. 하지만 그녀도 힘든 순간이 있었을 텐데, 어떻게 버텨냈나요?"

"힘든 순간마다 하버드에서 공부하는 자신을 상상했다고 해요. 세계 최고라 불리는 교수들의 수업을 듣고, 훌륭한 동료들과 토론하고, 멋진 모습으로 발표하는 자신을요. 그녀는 반드시 그런 날이 오리라고 믿었어요. 자신은 불쌍한 아이가 아니라고, 멈추지 않고 앞으로 나아갈 것이라고, 오히려 역경을 겪는 것이 고맙다고 생각했지요."

"어떻게 그렇게까지 할 수 있죠?"

"그녀의 시선이 과거가 아닌 미래를 향해 있었으니까요. 리즈는 꿈을 보았고, 꿈을 향해 나아갔어요. 자신의 성공을 확신했고 그 확신은 리즈가 지칠 때마다 용기와 힘을 주었지요. 그리고 결국 자신의 삶을 혁명적으로 바꾸었어요. 지은 씨가 어떤 일을 겪든 더 나은 미래로 나아가고자 한다면, 그건 언제나 가능한 일입니다. 리즈의 말대로 인생이 한순간에 최악으로 변할 수 있다면 최선으로도 변할 수 있는 법이겠지요. 인생은 무엇을 시도하느냐 혹은 시도하지 않느냐에 좌우되는 것이니까요."

리즈 머리의 이야기는 큰 울림을 주었다. 금수저도 아니었고 천재라고 불리는 탁월한 재능을 갖고 태어난 것도 아니었다. 평범하기는커녕 밑바닥 인생을 살아왔다. 최악의 환경에서 태어나 제대로 된 보살핌을 받아보지도 못한 채 살았다. 그럼에도 그녀는 자신의 꿈을 이뤘다. 마음 속 눈이 과거가 아닌 미래로 향해 있었기 때문일 터였다.

◆ ◆ ◆

세 가지 질문에 대한 나만의 대답이 끝났다. 현재 상태에서 최선을 다한 대답이었기에 아쉬움은 없었다. 대답을 들은 제이도 만족스러운 표정이었다.

"세 가지 대답 모두 훌륭했습니다. 솔직히 기대 이상이었어요. 멘토링에서 드린 내용 이상의 것을 지은 씨 스스로 배운 것 같군요."

"여러 가지로 감사했습니다. 공부에 대한 생각이 바뀐 건 제 인생이 바뀐 것과 마찬가지예요."

"어떻게 바뀌었나요?"

"공부는 지겹다고만 생각했어요. 필요하지만 하기 싫은 것이고, 시험 때만 하는 것이라고 여겼거든요. 대학을 졸업하고 입사했을 때 가장 좋았던 건 지긋지긋한 공부를 더이상 안 해도 된다는 사실이었어요. 하지만 지금은 공부를 바라보는 시각이 넓어진 것 같아요. 업무력을 키우는 일 등 단기적으로 해야 할 공부가 있고, 인생을 길고 넓게 보면서 장기적으로 채워야 하는 공부가 있다는 것을 깨달았죠. 인생의 단계마다 주어지는 과제에 직면하고, 스스로의 힘으로 해결책을 찾아야 할 때 공부가 힘이 된다는 것도 알게 되었고요."

"문제를 해결하는 방법엔 여러 가지가 있지요. 다른 사람이 원하는 정답을 찾아야 할 때도 있지만, 자신이 정답을 만들어야 할 때도 있을 테고요. 시험 문제엔 정답이 있지만 삶의 문제엔 정답이 없습니다. 다른 사람의 해결 방법을 참고하되, 자신의 문제는 스스로 풀어나가야지요. 앞으로 살아가면서 지은 씨는 필요한 공부를 하게 되겠지요. 회계 공부, 외국어 공부, 자격증 공부 등 그때마다 하는 공부도 달라질 겁니다. 하지만 원리는 같습니다. 객과공을 삶의 베이스캠프로 삼으세요. 모든 공부를 성공적으로 해내고 더 높은 목표에 도전할 수 있을 겁니다."

이제 곧 헤어질 시간이었다. 제이가 테이블에 있던 작은 찻잔을 들어 올렸다. 투명한 유리잔 안에 맑은 노란빛 차가 담겨 있었다.

"제가 자주 마시는 국화차입니다. 말린 상태의 국화 찻잎은 보잘것없어 보이죠. 하지만 여기에 따뜻한 물을 부으면 화사하게 부풀어 오릅니다. 우리도 이와 비슷하지 않을까요? 마른 상태로 계속 있을 수도 있고, 물을 만나 피어날 수도 있지요. 누군가는 자신의 가능성을 평생 알아차리지 못한 채 상황에 적응하며 살아갑니다. 하지만 누군가는 따뜻한 물이라는 변화를 받아들이고 자신의 가능성을 최대한 열어가며 자신의 인생을 꽃처럼 피워내지요. 지은 씨 인생도 분명 그럴 겁니다."

제이의 진심 어린 말이 국화차처럼 향긋하고 따뜻하게 와닿았다. 오랫동안 가슴에 남을 말이었다.

"분석심리학의 개척자 카를 융은 '무의식을 의식으로 만들 때까지 우리를 끌고 가는 것, 그것을 우리는 운명이라고 부른다'고 했지요.[7] 공부는 무의식을 의식으로 만드는 중요한 도구라고 생각해요. 생각하는 대로 살지 않으면 사는 대로 생각하게 된다고 하지요. 지혜롭게 생각하기 위해서라도 공부는 꼭 필요합니다. 의식이 확장되는 만큼 지은 씨가 원하는 삶의 넓이도 달라질 겁니다. 지은 씨의 인생은 풀리지 않는 난해한 문제 같은 게 아닙니다. 그것은 활짝 열려야 하는 문이지요. 때때로 인생이라는 문은 굳게 닫혀 있는 것처럼 보일지도 모릅니다. 그러나 그 문은 닫혀 있을지언정 한 번도 잠겨 있었던 적은 없어요. 이것이 제가 지은 씨에게 하고 싶은 마지막 말입니다. 당신 인생의 문을 활짝 여세요. 누구의 힘도 아닌 바로 당신의 두 손으로 말입니다."

멘토링이 끝났다. 말로 다 하지 못할 감사의 마음이 벅차올랐다.

"제이, 고마워요. 덕분에 정말로 소중한 것을 배웠습니다."

"지은 씨 덕분에 저도 감사했습니다. 좋은 시간이었어요."

"언젠가 꼭 다시 만나길 바랄게요."

"그땐 화면 밖에서 보면 좋겠네요."

"We will find a way. We always have!"

내 말에 제이가 그 어느 때보다 크게 웃으며 대답했다.

"Yes, sure!"

우리는 마주보면서 환하게 미소를 지었다. 언젠가 다시 제이를 만날 날이 올 것이라는 강한 예감이 들었다.

에필로그

삶의 문이 열릴 때

어두운 숲속에서 길을 잃었다고 생각했다.

도무지 빠져나갈 수 없는 무저갱 속으로 떨어졌다고.

소리쳐도 아무도 대답하지 않았다.

나는 철저히 혼자였다.

내가 할 수 있는 건 아무것도 없었다.

희미한 한줄기 빛을 발견하기 전까진.

나는 빛을 보았고, 그 빛을 따라 무작정 걸었다.

그리고 누군가의 목소리를 들었다.

그의 손을 잡았다.

나는 혼자가 아니었다.

- 지은의 일기 중에서

인생은 알 수 없는 것이다.

나는 대리로 승진했다. 예상했던 승진이었다. 박 과장이 이미 암시를 주었던 것이다. 그래도 막상 승진 소식을 듣자 마음속에선 영화에서나 보던 것처럼 폭죽이 터졌다. 귓가에서 환희의 팡파르가 울린다는 말은 딱 이럴 때 쓰는 말이었다.

"강 대리, 잠깐만."

"네."

"강 대리, 재신건설 서류 검토 끝났어요?"

"네."

박 과장과 이 대리가 5분 간격으로 '강 대리'를 불렀다. 때로는 일없이도 불렀다. 박 과장이 불러서 대답하고 일어나면 "아니야, 그냥 일봐"라면서 웃기만 하는 일도 있었다. 이 대리가 불러서 고개를 들면 "그냥 불러봤어"라는 대답이 돌아오기도 했다. 박 과장과 이 대리는 내 승진이 자신들의 승진보다 더 좋은 듯했다.

오전에 '강 대리'를 열다섯 번쯤 부른 박 과장은 점심시간이 끝나고 오후 업무가 시작되자마자 또다시 '강 대리'를 호출했다.

"새로 런칭할 싱가포르 프로젝트를 강 대리가 맡아요."

"네? 제가요?"

"강 대리가 적임자 같아서요. 아, 참 곧 팀원 1명 보충될 겁니다. 신입이에요. 잘 키워보세요."

"진짜 저한테 왜 그러세요? 이제 겨우 적응했는데요!"

"더 큰 물로 보내줘도 난리네요. 이 대리님, 대리 교육을 어떻게 시킨 겁니까?"

"이참에 아예 먼바다로 내보낼까요?"

박 과장과 이 대리의 대화는 물이 오를 대로 올라 나를 사이에 두고 탁구공처럼 오갔다. 나는 기분 좋게 웃으며 탕비실로 가서 커피를 만들었다. 각기 다른 석 잔의 커피였다.

'박 과장님은 더워 죽어도 핫 아메리카노. 이 대리님은 얼어 죽어도 아이스 아메리카노. 하여튼 둘 다 취향 한번 일관적이라니까. 그리고 이건 나를 위한 커피.'

나는 믹스 커피 두 봉지를 탈탈 털어넣었다. 커피 맛이 어느 때보다 그윽하고 달콤했다.

◆ ◆ ◆

지란은 최근 사업을 확장하느라 정신이 없었다. 친구들 사이에선 '회장님'으로 통했다. 예전처럼 술을 먹는 일은 없었고 썸 타는 일에 실패하고 나를 불러내 떡이 되도록 술 마시는 일도 없었다. 내가 쓴 소설을 읽을 때마다 무자비하게 팩트 폭행을 날리긴 했지만 그 덕분에 제법 괜찮은 이야기를 쓸 수 있었다. 조만간 공모전에 내려고 막바지 작업에 박차를 가하고 있었다.

동생은 국가고시를 무사히 치르고 졸업 후 귀신도 안 잡아간다는 대학병원 인턴 생활중이었다. 엄마는 여전히 새로 담근 김치를 보내왔고 나는 냉장고에 알뜰히 넣어 잘 먹었다. 부모님은 지난달에 강아지를 입양했는데 이름을 두고 두 분 사이에 설전이 오갔다. 결국 이름은 아빠의 강력한 의지에 따라 '은수'가 되었다. 강아지 이름이 너무 사람 이름 같다고 엄마는 극구 반대하다가, 이내 내 이름 '지은'과 동생 이름 '지수'의 마지막 글자를 따서 짓는 게 첫 글자를 따는 것보다는 낫다며 한 발 양보했다. 하마터면 우리집 강아지가 '지지'가 될 뻔했다고, 그런 몹쓸 이름을 피하게 되어서 얼마나 다행이냐며, 엄마는 가슴을 쓸어내렸다. 이야기를 듣던 나도 가슴을 쓸어내렸다. 은수는 온 가족의 사랑을 듬뿍 받으며 날이 갈수록 토실토실 살이 오르고 있다.

◆ ◆ ◆

계단을 오르기 시작했다. 사무실이 있는 7층까지 걸어서 출근하는 일은 이제 습관이 되었다. 5층과 6층 사이에 있는 벽 앞에 잠시 멈춰 섰다. 통곡의 벽이라 이름 붙였던 곳이었다. 불과 1년 전인데 아주 오래전 일처럼 느껴졌다. 그때의 나는 지금의 내가 되리라곤 상상도 하지 못했다. 생각해보면 슬쩍 웃음이 나기도 했다.

'싱가포르 지사 발령이라니. 생각지도 못했는데.'

당장 준비해야 할 것들이 하나둘 떠올랐다. 갑작스러운 이야기였지만 당혹감보다는 도전하고 싶은 마음이 더 컸다. 정해진 대로 살아가야 하는 인생은 얼마나 시시한가. 실패도 없고 좌절도 없고 두려움도 없고 눈물도 없는 인생이란, 성공도 없고 도전도 없고 희망도 없고 웃음도 없는 인생이란 뜻이리라. 초기값이 정해진 대로만 살아야 한다면 어떤 꿈도 꿀 수 없을 터였다. 나는 다리에 힘을 주었다. 미래로 향하듯 쭉 뻗어 있는 계단을 한 걸음씩 힘차게 올라갔다.

인생은 뜻대로 되지 않는다. 그래서 살아볼 만한 것이다.

주

| 1부 | 만남

1 《피터 드러커의 자기경영노트》, 피터 드러커 저, 이재규 역, 한국경제신문, 2003. 본문 속 드러커의 목표 달성 능력 이야기는 이 책을 참고해 정리한 것이다.

| 2부 | 변화

1 블랙 스완은 아예 상상도 못한 일이 실제로 발생하는 현상을 이르는 말로, '월스트리트의 현자'로 불리는 나심 니콜라스 탈레브가 동명의 책을 내면서 널리 사용된 용어다. 해당 도서는 다음과 같다. 《블랙 스완》, 나심 니콜라스 탈레브 저, 차익종 · 김현구 역, 동녘사이언스, 2018.

2 두산백과. https://terms.naver.com/entry.nhn?docId=1346252&cid=40942&categoryId=31819

3 학습된 무기력은 마틴 셀리그먼이 동물을 대상으로 한 실험을 통해 발견한 개념이다. 그는 자신의 책에서 이에 대한 자세한 설명을 들려주는데, 해당 도서는 다음과 같다. 《학습된 낙관주의》, 마틴 셀리그먼 저, 최호영 역, 21세기북스, 2008.

4 Daum백과. https://100.daum.net/encyclopedia/view/185XX76700057 ; 〈포기하지 않은 2마리의 개… 긍정 심리학 연구 단초로〉, 이인열 기자, 《위클리비즈》, 2014. 10. 4. 본문에 서술된 셀리그먼의 '학습된 무기력 실험' 관련 내용은 이 자료들을 종합해 정리한 것이다.

5 《고정관념은 세상을 어떻게 위협하는가》, 클로드 스틸 저, 정여진 역, 바이북스, 2014. 본문에 서술된 '고정관념 위협'과 관련된 설명 및 실험 내용은 이 책을 참고해 정리한 것이다.

6 《마인드셋》, 캐럴 드웩 저, 김준수 역, 스몰빅라이프, 2017. 본문 속 캐럴 드웩과 마인드셋에 관련된 이야기는 이 책을 참고해 정리한 것이다.

7 가필드고등학교 이야기는 《마인드셋》에도 소개되지만 《무엇이 지능을 깨우는가》에도 나온다. 《무엇이 지능을 깨우는가》, 리처드 니스벳 저, 설선혜 역, 최인철 감수, 김영사, 2015.

8 자기효능감은 '나는 할 수 있다'고 자신의 능력을 믿는 것을 뜻하는 심리학 용어로, 스탠퍼드대 심리학과 교수 앨버트 밴듀라가 소개한 개념이다. 국내에 출간된 자기효능감 관련 밴듀라의 책은 다음과 같다. 《자기효능감과 삶의 질》, 앨버드 밴듀라 저, 박영신 · 김의철 역, 교육과학사, 2001.

9 《마틴 셀리그만의 플로리시》, 마틴 셀리그먼 저, 우문식 · 윤상운 역, 물푸레, 2011. 본문에 서술된 '세 가지 좋은 일 연습' 관련 내용은 이 책을 참고해 정리한 것이다.

10 《습관의 재발견》, 스티븐 기즈 저, 구세희 역, 비즈니스북스, 2014. 본문 속 작은 변화와 습관에 대한 이야기는 이 책을 참고해 정리한 것이다.

11 《아주 작은 습관의 힘》, 제임스 클리어 저, 이한이 역, 비즈니스북스, 2019. 본문 속 변화의 세 단계 등, 변화에 관련된 이야기는 이 책을 참고해 정리한 것이다.

| 3부 | 생성

1 《공부의 철학》, 지바 마사야 저, 박제이 역, 책세상, 2018.

2 《퍼펙트 마일》, 닐 베스컴 저, 박아람 역, 생각의 나무, 2004. ; 《1만 시간의 재발견》, 안데르스 에릭슨 · 로버트 풀 저, 강혜정 역, 비즈니스북스, 2016. 본문 속 로저 배니스터와 파보 누르미의 이야기는 이 책들을 참고해 정리한 것이다.

3 〈[His 스토리] '1마일, 4분 벽' 깬 배니스터, 영국 육상의 별이 지다〉, 이선목 기

자,《조선일보》, 2018. 3. 5.

4 《1만 시간의 재발견》, 안데르스 에릭슨 · 로버트 풀 저, 강혜정 역, 비즈니스북스, 2016. 본문 속 공중돌기 관련 이야기는 이 책을 참고해 정리한 것이다.

5 〈EBS 다큐 프라임: 교육대기획 10부작 - 학교란 무엇인가〉 중 '7부. 책 읽기 생각을 열다', 2010. 11. 24. ;《학교란 무엇인가 1 · 2》, EBS 〈학교란 무엇인가〉 제작팀 저, 중앙북스, 2011. 본문 속 전정재 교수의 이야기는 이 방송과 책을 참고해 정리한 것이다.

6 〈EBS 다큐 프라임: 교육대기획 10부작 - 학교란 무엇인가〉 중 '8부. 0.1%의 비밀', 2010. 11. 29.《학교란 무엇인가 1 · 2》, EBS 〈학교란 무엇인가〉 제작팀 저, 중앙북스, 2011. 본문 속 김현철 교수팀의 연구 관련 이야기는 이 방송과 책을 참고해 정리한 것이다.

7 'The Cornell Note Taking System – Learning Strategies Center'. http://lsc.cornell.edu/how-to-study/taking-notes/cornell-note-taking-system/ 본문 속 코넬대학교 노트 정리법 관련 내용은 이 사이트를 참고해 정리한 것이다.

8 《1등의 기술》, 김상운 저, 랜덤하우스코리아, 2007. 본문 속 압 데이크스테르하위스의 실험 관련 내용은 이 책을 참고해 정리한 것이다.

9 《1만 시간의 재발견》, 안데르스 에릭슨 · 로버트 풀 저, 강혜정 역, 비즈니스북스, 2016. 본문 속 와이먼과 델로리에, 슈루의 연구 관련 이야기는 이 책을 참고해 정리한 것이다.

10 《서울대에서는 누가 A+를 받는가》, 이혜정 저, 다산에듀, 2014. 본문 속 MIT 미디어 랩의 연구와 관련된 내용은 이 책을 참고해 정리한 것이다.

11 《1만시간의 재발견》, 안데르스 에릭슨 · 로버트 풀 저, 강혜정 역, 비즈니스북스, 2016. 본문 속 데이비스의 실험 관련 내용은 이 책을 참고해 정리한 것이다.

12 《기억력 수업》, 케빈 호슬리 저, 김지원 역, 현암사, 2017. 본문 속 호슬리와 기

억력에 관한 이야기는 이 책을 참고해 정리한 것이다.

13 《기억력 수업》에 따르면, 호슬리가 산 토니 뷰잰의 책은《토니 부잔의 마인드맵 두뇌사용법》《토니 부잔의 마인드맵 암기법》《빠르게 읽고 정확히 이해하기》였다고 한다.

14 《EBS 다큐 프라임 기억력의 비밀》, EBS 〈기억력의 비밀〉 제작진 저, 신민섭·김붕년 감수, 북폴리오, 2011. 본문 속 기억력과 뇌에 대한 설명은 이 책을 참고해 정리한 것이다.

15 《현대 심리학의 이해》, 현성용 외 저, 학지사, 2008. 본문 속 에빙하우스의 실험 관련 이야기는 이 책을 참고해 정리한 것이다.

16 〈[심리학 교실] '다음주에 계속…' 드라마는 왜 꼭 중요할 때 끊을까〉, 김남부 QRP연구소 주임연구원, 《매일경제》, 2019.11.9. ; 《흔들리지 않는 공부 멘탈 만들기》, 김상운 저, 움직이는서재, 2016. 본문 속 자이가르니크의 실험 관련 이야기는 이 자료들을 참고해 정리한 것이다.

17 《하루 10분의 기적》, KBS 수요기획팀 저, 가디언, 2010.

18 《플래토 이펙트》, 밥 설리번·휴 톰슨 저, 하윤숙 역, 비즈니스맵, 2015. 본문 속 플래토 효과 관련 이야기는 이 책을 참고해 정리한 것이다.

19 《원씽》, 게리 켈러·제이 파파산 저, 구세희 역, 비즈니스북스, 2013. 본문 속 휴대폰 사용과 집중력 관련 이야기는 이 책을 참고해 정리한 것이다.

20 《파킨슨의 법칙》, 시릴 노스코트 파킨슨 저, 김광웅 역, 21세기북스, 2010. 본문 속 파킨슨의 법칙 관련 내용은 이 책을 참고해 정리한 것이다.

21 《습관의 힘》, 찰스 두히그 저, 강주헌 역, 갤리온, 2012. 본문 속 의지력 관련 실험 등의 내용은 이 책을 참고해 정리한 것이다.

| 4부 | 혼돈

1 《스트레스의 힘》, 켈리 맥고니걸 저, 신예경 역, 21세기북스, 2015.

2 《두려움의 재발견》, 로버트 마우어 · 미셸 기포드 저, 원은주 역, 경향BP, 2016.

3 《스트레스의 힘》, 켈리 맥고니걸 저, 신예경 역, 21세기북스, 2015. ;《두려움의 재발견》, 로버트 마우어 · 미셸 기포드 저, 원은주 역, 경향BP, 2016. 본문 속 셀리에 박사의 스트레스 이론과 관련한 내용은 이 책들을 참고해 정리한 것이다.

4 《스트레스의 힘》, 켈리 맥고니걸 저, 신예경 역, 21세기북스, 2015. 본문 속 스트레스를 삶의 에너지로 수용하는 법에 관한 내용은 이 책을 참고해 정리한 것이다.

5 《창의성을 지휘하라》, 에이미 월러스 · 에드 캣멀 저, 윤태경 역, 와이즈베리, 2014.

6 《두려움의 재발견》, 로버트 마우어 · 미셸 기포드 저, 원은주 역, 경향BP, 2016. 본문 속 두려움과 이를 다루는 법에 관한 내용은 이 책을 참고해 정리한 것이다.

7 《테니슨 시선》, 앨프리드 테니슨 저, 윤명옥 역, 지식을만드는지식, 2011.

8 《스트레스는 나쁜 것이 아닙니까》, 이안 로버트슨 저, 임현경 역, 알에이치코리아, 2018. 본문 속 뇌의 티핑 포인트 관련 설명과 로버트슨의 이론은 이 책을 참고해 정리한 것이다.

9 〈[기획] 해리 포터의 작가 '조앤 롤링'의 하버드大 연설〉, 《한국경제》, 2008. 6.13.

| 5부 | 창조

1 《공부하는 뇌》, 다니엘 G. 에이멘 저, 김성훈 역, 반니, 2020. 본문 속 뇌의 변화와 관련된 이야기는 이 책을 참고해 정리한 것이다.

2 《너의 내면을 검색하라》, 차드 멍 탄 저, 권오열 역, 알키, 2012.

3 위키백과. https://ko.wikipedia.org/wiki/%EB%B2%A0%EB%A5%B4%EB%8B%88%EC%BC%80_%EC%98%81%EC%97%AD

4 위키백과. https://ko.wikipedia.org/wiki/%EB%B8%8C%EB%A1%9C

C%EC%B9%B4_%EC%98%81%EC%97%AD
5 《두뇌 단련 트레이닝 33》, 가와시마 류타 저, 김성은 역, 국일미디어, 2008.
6 《책 읽는 뇌》, 메리언 울프 저, 이희수 역, 살림, 2019. 본문 속 독서와 뇌에 관한 이야기는 이 책을 참고해 정리한 것이다.
7 《아주 작은 반복의 힘》, 로버트 마우어 저, 장원철 역, 스몰빅라이프, 2016. 본문 속 성공과 실패에 관한 이야기는 이 책을 참고해 정리한 것이다.
8 《일독》, 이지성 · 스토리베리 저, 차이정원, 2018.
9 《운동화 신은 뇌》, 존 레이티 · 에릭 헤이거먼 저, 이상헌 역, 김영보 감수, 녹색지팡이, 2009. 본문 속 뇌와 운동에 관한 이야기는 이 책을 참고해 정리한 것이다.
10 《자존감은 어떻게 시작되는가》, 에이미 커디 저, 이경식 역, 알에이치코리아, 2017. 본문 속 에이미 커디와 파워 포즈 관련 이야기는 이 책을 참고해 정리한 것이다.

| 6부 | 이별

1 《마음가면》, 브레네 브라운 저, 안진이 역, 더퀘스트, 2016.
2 《와튼스쿨 인생특강》, 스튜어트 프리드먼 저, 홍대운 역, 비즈니스북스, 2013. 본문 속 프리드먼의 토털 리더십 관련 이야기는 이 책을 참고해 정리한 것이다.
3 《오리지널스》, 애덤 그랜트 저, 홍지수 역, 한국경제신문, 2016. 본문 속 갤런슨의 혁신가 이야기는 이 책을 참고해 정리한 것이다.
4 《상실 수업》, 엘리자베스 퀴블러 로스 · 데이비드 케슬러 저, 김소향 역, 인빅투스, 2014. 본문 속 퀴블러 로스의 이야기는 이 책을 참고해 정리한 것이다.
5 《마음가면》, 브레네 브라운 저, 안진이 역, 더퀘스트, 2016.
6 《길 위에서 하버드까지》, 리즈 머리 저, 정해영 역, 다산책방, 2012. 본문 속 리즈 머리 관련 이야기는 이 책을 참고해 정리한 것이다.
7 《카를 융 기억 꿈 사상》, 칼 구스타프 융 저, 조성기 역, 김영사, 2007.

참고문헌

- 《12가지 행복의 법칙》, 릭 핸슨 · 포러스트 핸슨 저, 홍경탁 역, 위너스북, 2019.
- 《1등의 기술》, 김상운 저, 랜덤하우스코리아, 2007.
- 《1만 시간의 재발견》, 안데르스 에릭슨 · 로버트 풀 저, 강혜정 역, 비즈니스북스, 2016.
- 《90년대생 소비 트렌드》, 곽나래 저, 더퀘스트, 2019.
- 《EBS 다큐 프라임 기억력의 비밀》, EBS 〈기억력의 비밀〉 제작진 저, 신민섭 · 김붕년 감수, 북폴리오, 2011
- 《고정관념은 세상을 어떻게 위협하는가》, 클로드 스틸 저, 정여진 역, 바이북스, 2014.
- 《공부의 철학》, 지바 마사야 저, 박제이 역, 책세상, 2018.
- 《공부하는 뇌》, 대니얼 G. 에이멘 저, 김성훈 역, 반니, 2020.
- 《그릿》, 앤절라 더크워스 저, 김미정 역, 비즈니스북스, 2019.
- 《기브앤테이크》, 애덤 그랜트 저, 윤태준 역, 생각연구소, 2013.
- 《기억력 수업》, 케빈 호슬리 저, 김지원 역, 현암사, 2017.
- 《길 위에서 하버드까지》, 리즈 머리 저, 정해영 역, 다산책방, 2012.
- 《나는 불완전한 나를 사랑한다》, 브레네 브라운 저, 서현정 역, 가나출판사, 2019.
- 《내 안의 긍정을 춤추게 하라》, 바버라 프레드릭슨 저, 우문식 · 최소영 역, 물푸레, 2015.

- 《뉴 노멀의 철학》, 김재인 저, 동아시아, 2020.
- 《뉴타입의 시대》, 야마구치 슈 저, 김윤경 역, 인플루엔셜, 2020.
- 《두뇌 단련 트레이닝 33》, 가와시마 류타 저, 김성은 역, 국일미디어, 2008
- 《두려움의 재발견》, 로버트 마우어 · 미셸 기포드 저, 원은주 역, 경향BP, 2016.
- 《라이징 스트롱》, 브레네 브라운 저, 이영아 역, 이마, 2016.
- 《리더의 용기》, 브레네 브라운 저, 강주헌 역, 갤리온, 2019.
- 《마음가면》, 브레네 브라운 저, 안진이 역, 더퀘스트, 2016.
- 《마인드셋》, 캐럴 드웩 저, 김준수 역, 스몰빅라이프, 2017.
- 《마인드웨어》, 리처드 니스벳 저, 이창신 역, 김영사, 2016.
- 《마틴 셀리그만의 긍정심리학》, 마틴 셀리그먼 저, 김인자 · 우문식 역, 물푸레, 2014.
- 《마틴 셀리그만의 낙관성 학습》, 마틴 셀리그먼 저, 우문식 · 최호영 역, 물푸레, 2012.
- 《마틴 셀리그만의 플로리시》, 마틴 셀리그먼 저, 우문식 · 윤상운 역, 물푸레, 2011.
- 《맨발로 뛰는 뇌》, 존 레이티 · 리처드 매닝 저, 이민아 역, 녹색지팡이, 2016.
- 《몰입》, 미하이 칙센트미하이 저, 이희재 역, 해냄, 2007.
- 《무엇이 지능을 깨우는가》, 리처드 니스벳 저, 설선혜 역, 최인철 감수, 김영사, 2015.
- 《배우는 방법을 배워라》, 피터 홀린스 저, 민지현 역, 서래Books, 2018.
- 《상실 수업》, 엘리자베스 퀴블러 로스 · 데이비드 케슬러 저, 김소향 역, 인빅투스, 2014.
- 《생각의 지도》, 리처드 니스벳 저, 최인철 역, 김영사, 2004.
- 《생의 수레바퀴》, 엘리자베스 퀴블러 로스 저, 강대은 역, 황금부엉이, 2019.
- 《서울대에서는 누가 A+를 받는가》, 이혜정 저, 다산에듀, 2014.

- 《수치심 권하는 사회》, 브레네 브라운 저, 서현정 역, 가나출판사, 2019.
- 《스탠퍼드 성장 수업》, 켈리 맥고니걸 저, 오민혜 역, 알키, 2018.
- 《스트레스는 나쁜 것이 아닙니까》, 이안 로버트슨 저, 임현경 역, 알에이치코리아, 2018.
- 《스트레스의 힘》, 켈리 맥고니걸 저, 신예경 역, 21세기북스, 2015.
- 《스틱!》, 칩 히스 · 댄 히스 저, 안진환 · 박슬라 역, 엘도라도, 2009.
- 《습관의 재발견》, 스티븐 기즈 저, 구세희 역, 비즈니스북스, 2014.
- 《습관의 힘》, 찰스 두히그 저 강주헌 역, 갤리온, 2012.
- 《승자의 뇌》, 이안 로버트슨 저, 이경식 역, 알에이치코리아, 2013.
- 《아주 작은 반복의 힘》, 로버트 마우어 저, 장원철 역, 스몰빅라이프, 2016.
- 《아주 작은 습관의 힘》, 제임스 클리어 저, 이한이 역, 비즈니스북스, 2019.
- 《언컨택트》, 김용섭 저, 퍼블리온, 2020.
- 《언택트 시대 생존 방법》, 박희용 · 장종희 · 양나영 · 김세진 저, 정보문화사, 2020.
- 《오늘부터의 세계》, 안희경 저, 메디치미디어, 2020.
- 《오리지널스》, 애덤 그랜트 저, 홍지수 역, 한국경제신문, 2016.
- 《와튼스쿨 인생 특강》, 스튜어트 프리드먼 저, 홍대운 역, 비즈니스북스, 2013.
- 《왜 나는 항상 결심만 할까》, 켈리 맥고니걸 저, 신예경 역, 알키, 2012.
- 《운동화 신은 뇌》, 존 레이티 · 에릭 헤이거먼 저, 이상헌 역, 김영보 감수, 녹색지팡이, 2009.
- 《원씽》, 게리 켈러 · 제이 파파산 저, 구세희 역, 비즈니스북스, 2013.
- 《인생 수업》, 엘리자베스 퀴블러 로스 · 데이비드 케슬러 저, 류시화 역, 이레, 2006.
- 《인에비터블 미래의 정체》, 케빈 켈리 저, 이한음 역, 청림출판, 2017.
- 《자제력 수업》, 피터 홀린스 저, 공민희 역, 포레스트북스, 2019.

- 《자존감은 어떻게 시작되는가》, 에이미 커디 저, 이경식 역, 알에이치코리아, 2017.
- 《죽음과 죽어감》, 엘리자베스 퀴블러 로스 저, 이진 역, 청미, 2018.
- 《죽음과 죽어감에 답하다》, 엘리자베스 퀴블러 로스 저, 안진희 역, 청미, 2018.
- 《진정한 나로 살아갈 용기》, 브레네 브라운 저, 이은경 역, 북라이프, 2018.
- 《창의성을 지휘하라》, 에이미 월러스 · 에드 캣멀 저, 윤태경 역, 와이즈베리, 2014.
- 《책 읽는 뇌》, 메리언 울프 저, 이희수 역, 살림, 2016.
- 《초집중》, 니르 이얄 저, 김고명 역, 안드로메디안, 2020.
- 《충만한 삶, 존엄한 죽음》, 엘리자베스 퀴블러 로스 저, 장혜경 역, 갈매나무, 2020.
- 《코로나 사피엔스》, 최재천 · 장하준 · 최재붕 · 홍기빈 · 김누리 · 김경일 · 정관용 저, 인플루엔셜, 2020.
- 《코로나 이후의 세계》, 제이슨 솅커 저, 박성현 역, 미디어숲, 2020.
- 《토니 부잔의 마인드맵 두뇌사용법》, 토니 뷰잰 저, 권봉중 역, 비즈니스맵, 2010.
- 《토니 부잔의 마인드맵 북》, 배리 뷰잰 · 토니 뷰잰 저, 권봉중 역, 비즈니스맵, 2010.
- 《토니 부잔의 마인드맵 암기법》, 토니 뷰잰 저, 권봉중 역, 비즈니스맵, 2010.
- 《파킨슨의 법칙》, 시릴 노스코트 파킨슨 저, 김광웅 역, 21세기북스, 2010.
- 《퍼펙트 마일》, 닐 베스컴 저, 박아람 역, 생각의 나무, 2004.
- 《플래토 이펙트》, 밥 설리번 · 휴 톰슨 저 하윤숙 역, 비즈니스맵, 2015.
- 《하루 10분의 기적》, KBS 수요기획팀 저, 가디언, 2010.
- 《학교란 무엇인가 1 · 2》, EBS 〈학교란 무엇인가〉 제작팀 저, 중앙북스, 2011.
- 《현대 심리학의 이해》, 현성용 외 저, 학지사, 2008.
- 《회복 탄력성》, 김주환 저, 위즈덤하우스, 2019.
- 《회복력의 7가지 기술》, 캐런 레이비치 · 앤드루 샤테 저, 우문식 · 윤상운 역, 물푸

레, 2014.

- 《회사와 개인생활의 조화》, 스튜어트 프리드먼 저, 이상욱 역, 21세기북스, 2002.

객관적이고 과학적인 공부법

초판 1쇄 발행 2021년 1월 11일
초판 2쇄 발행 2021년 1월 21일

지은이 | 이지성, 인현진

발행인 | 박재호
편집팀 | 고아라, 홍다휘, 강혜진
마케팅팀 | 김용범, 권유정
총무팀 | 김명숙

일러스트 | 권예원
디자인 | 이석운
교정교열 | 권순영
종이 | 세종페이퍼
인쇄·제본 | 한영문화사

발행처 | 차이정원
출판신고 | 제25100-2016-000043호
주소 | 서울시 마포구 양화로 156(동교동) LG팰리스 814호
전화 | 02-334-7932 팩스 | 02-334-7933
전자우편 | 3347932@gmail.com

ISBN 979-11-973250-5-2 03320